BLACK SWAN 黑天鹅图书

为 人 生 提 供 领 跑 世 界 的 力 量

BLACK SWAN

# 粉丝经济

## 传统企业转型互联网的突破口

叶开 ◎著

中国華僑出版社

图书在版编目（CIP）数据

粉丝经济 / 叶开著. —北京：中国华侨出版社，2014.3

ISBN 978-7-5113-4480-9

Ⅰ. ①粉… Ⅱ. ①叶… Ⅲ. ①名人—经济学 Ⅳ. ①F0

中国版本图书馆CIP数据核字（2014）第042107号

粉丝经济

著　　者：叶　开
出 版 人：方　鸣
责任编辑：叶　辞
封面设计：红杉林文化
经　　销：新华书店
开　　本：710mm×1000mm　1/16　印张：18.5　字数：270千字
印　　刷：北京慧美印刷有限公司
版　　次：2014年6月第1版　2014年6月第1次印刷
书　　号：ISBN 978-7-5113-4480-9
定　　价：42.00元

中国华侨出版社　北京市朝阳区静安里26号通成达大厦3层　邮编：100028
法律顾问：陈鹰律师事务所
发 行 部：（010）82068999　传真：（010）82069000
网　　址：www.oveaschin.com
E-mail：oveaschin@sina.com

因为简单　所以信任

我说的都是些疯言疯语

这不是一本指南书

这是一本与微信对话的书

这是一本与微博对话的书

这是一本与微淘对话的书

这是一本与小米对话的书

这是一本与粉丝对话的书

不确定的是所有的人都能够读懂它

可以确定的是能够读懂的人不简单

如果你们　对我有信任

那么这件事情就很简单

目录
Contents

# 作者序
Foreword

《粉丝经济》的书稿完成之际，恰好是2013年年底到2014年年初，这段时间沟通最多的话题有两个：一是如火如荼的互联网思维会不会被颠覆？二是传统企业转型的趋势是什么？对于这两个话题，政府相关部门、相关行业、企业和经理人等都非常关注。

这两个话题的答案，或许可以在这本书里找到一些端倪：颠覆互联网思维的会是社群思维，而基于品牌社群的电商思维将成为主流；传统企业未来的转型重点或将不再是传统的电子商务，而是O2O（Online To Offline）移动电商。

无论是粉丝经济，还是社群思维，还是O2O，核心基础都是Social CRM（社会化客户关系管理，CRM是Customer Relationship Management的缩写），因为其主体都是个体，而且是社交网络中的个体。只是，大部分品牌习惯了以赢利和较高的ROI（Return On Investment，投资回报率）作为目的，而忽略了以信任和关系为回报的社会资本。一般来说，品牌效应需要赢利和信任两条路线，一左一右，两手都要硬。具体说来，我们可以理解为：会员、积分、价值和交易，属于赢利路线；而粉丝、关系、口碑和社会资本，则属于信任路线。二者缺一不可，某些特定情况下后者重于前者。

但可惜的是，很多品牌确实为了前者的利益最大化而放弃或者忽视了后者，这就造成了许多问题。因此，在这里，笔者希望这本《粉丝经济》可以提醒企业重新重视这个问题。

虽然互联网思维的应用正如日中天，但在其发展的背后又潜藏着许多问题。随着现代社会由PC计算机时代的互联网逐渐向智能终端时代的移动互联网和社交网络的靠拢，即社群思维或将颠覆互联网思维的趋势，这些问题也渐渐浮出水面。在此，笔者将运用粉丝经济的理论针对信任问题提出一些想法，希望对信任问题的解决能够有实质性的帮助。

粉丝经济的本质是品牌社群，就是一种典型的社群思维，这也是Social CRM的精髓。在此，我将Social CRM体系分为三部曲：社交运营、粉丝社区和O2O。第一阶段，是基于社交网络的互动，以期建立起与消费者的交互和连接；第二阶段，基于连接和互动培养粉丝参与和代言，最终形成有品牌认同和身份归属的粉丝社区；第三阶段，围绕客户体验和粉丝活动设计O2O来转化关系和价值。也就是说，要先进行社交建立粉丝群，然后才会有整个市场。反过来说，如果没有粉丝，就没有市场的未来！

首先，品牌社交运营的核心是建立起社会资本的管理意识，需要注意的是，企业不能只盯着一个消费者，而是要看到消费者背后的社交关系，比如传统运营会看有多少消费者，而社交运营要求的就不仅是消费者的数量，而且还包括每个消费者的微博粉丝、微信好友、线下亲朋好友的数量，这些因素都是企业可以影响的社会资本。

需要强调的是，社交运营的唯一目标不是订单转化率，而是信任！是的，微博互动、微信互动等手段的目的就是重构品牌与消费者的信任，并能够让消费者的信任关系强度进行转化和递进。只有信任关系强度提升了，才可能有口碑，有推荐，有新的社交关系，从而帮助企业有目标地进行私人定制工作。

其次，粉丝社区的核心是充分运用移动社交。为什么要依赖移动社交？因为移动终端与人的距离和连接在目前是最有效的，而且绝大多数客户的社交关系如今都是基于移动终端的，与此同时，移动社交还可以实现碎片化、移动化和社交化的交互。

品牌可以通过移动社交，比如微信、微博和百度贴吧，进行粉丝互动，从而培养粉丝，吸引粉丝参与活动等，并可以将不同渠道的粉丝统一聚合到移动终端上的粉丝社区，让他们可以随时随地进行互动，并利用零散的时间，便捷地分享或者推荐更多的社交关系参与进来。

不得不说，O2O现在是粉丝经济中实现企业目的的重要手段，一方面可以实现交易的转化，另一方面可以实现关系的递进。在整个过程中，除了商务电子化之外，还要围绕信息、物和人进行融合，并有效地结合客户体验进行详细规划和设计。

在O2O模式中，有两个因素很关键，即用来连接和推进社交关系的礼或红利，和用来进行连接和流转的虚拟货币。红利用来吸引新粉丝，加深老粉丝的归属感，而虚拟货币则是在关系路线的活动和行为与价值路线的交易转化中的桥梁。

如今，新兴的自媒体形式也将是这个体系中很有趣的部分。在个体声音越来越强的社会背景下，一个品牌企业不仅可以通过传统的品牌公关发出声音，而且还可以鼓励公司高管、品牌小团队、产品经理等以自媒体的形式发出声音；另外，在品牌激励机制下，消费者，尤其是品牌达人也开始更多地以自媒体的形式进行传播。

当然，这些过程并不是一蹴而就的，而是一个持续经营的过程。在经营过程中，会积累大量的线上线下、碎片化和移动化的数据，这些就是Social CRM的社交大数据，这些数据将会是粉丝细分、O2O设计、个性化的私人定制等工作的决策性依据。

在企业的实践过程中，数据的应用可以分为三个阶段：首先是运营阶段，主要是微信互动，以基础运营数据为主；其次是活动阶段，主要是粉丝社区，以活跃度、流动性数据为主；最后是大数据阶段，主要是数据分析设计O2O活动，以需求图谱、BI（Business Intelligence，商业智能）决策为主，了解客户的需求，帮助企业改变经营策略，实时掌握经济动脉。

在整个过程中，与传统电子商务不同的是，品牌社群提倡融合代理商与渠道终端的协同。传统电子商务是以交易为主，品牌与渠道和终端既有合作又有冲突，有比较大的障碍；而社群的O2O，是以关系为主，品牌和渠道的目标是一致的，而且O2O对于大部分渠道和终端而言是一种新的流量，可以作为品牌渠道的红利。

过去我们会享受坐在电视和电脑前面的时间，而现在基本上是低头刷手机；过去我们会欣赏路上的风景和帅哥美女，而现在则是匆匆地低头刷手机；过去我们在聚会中欢声笑语，而现在却是在安静地低头刷手机。可见，智能移动终端已经彻底进入了我们的生活，这个时代已经彻底开始社交化、移动化和碎片化了！

而这样的时代，是令人悲观还是令人雀跃呢？谁也没有正确答案。但是，我们还是有必要不断地与时俱进，学习和尝试新的思维和新的趋势。而Sccial CRM三部曲：之前的《社会化媒体运营》，当下的《粉丝经济》，不远的《O2O战略》，将会形成一个完整的Social CRM体系。

而这套Social CRM体系，不仅可以通过书籍来传播，还可以秉持实践的宗旨进行私人导师的企业实训课程，面向企业管理者开门纳徒，建立新颖的、加速器似的商学院模式，推动更多的企业进行社交互动、粉丝社区和O2O的实践和创新。

回顾过去的一年，自媒体的快速成长令人惊喜。作为WeMedia自媒体联盟的成员之一，我坚持着自己的专注，通过微信公众号“叶开”在Social CRM和O2O系列上不断发表原创内容，与订阅者进行互动，建立粉丝群体和社区，并通过线下沙龙和见面活动等进行O2O的联动。

一本书，是一种自媒体的形式；一个微信公众号，也是一种自媒体的形式。不过，最核心的还是个体和内容，因为有你们，所以有我，所以有专注的内容，也会有美好的未来！

叶开　于北京

2014年2月

# 前言
# Preface

在苹果和小米的粉丝狂潮中，粉丝经济算是2013年年底最炙手可热的一个词了，估计2014年将会是粉丝经济的元年。那么，粉丝经济到底是什么?

在此，本书给出了一个定义："粉丝经济，是基于粉丝参与的品牌社群，在其信任关系之上的社会资本平台和商业经营行为。"该定义的关键词有：粉丝、参与、品牌社群、信任、社会资本、商业经营。同时，本书内容将主要围绕这个定义和这些关键词来展开。

这本书定位为企业在移动社交网络上重构消费者信任、建立粉丝品牌社群的丛林指南。本书的整体结构围绕企业的信任重构和粉丝社群打造的整个过程，从粉丝互动的特点与优势，到详细分解粉丝经济构建的方法和步骤，然后再转回来反思企业在粉丝经济中的思维角度，进一步介绍了相关的业务情景和案例，还介绍了无所不在的移动社交工具平台，最后给出了粉丝经济的新思维和新思考。

**对于个人而言，这个时代已经被微博和微信给“毁”了。**

你有多久没有发短信了？而你又有多久没有刷微博、刷微信了？显然，这会是两个截然相反的答案。

这是一个通讯设备瞬息万变的时代。当人们正徜徉在微信的海洋中时，又有一波新的易信之浪涌来，但现在还不清楚它的发展前途。随着微信用户的爆发式递增，一波二维码进来又出去，然后一波大号进来又出去，接着一波唱盛的人鼓吹着，不多久又一波唱衰的人指责着，然而微信到底会是什么？将会做什么？未来将走向何方？

剔除微信和易信的表象，我们可以发现其本质的核心还是即时的聊天工具。对比之前的主要工具，如短信、电子邮件、微博来看，微信是一个MSIM（移动社交即时通讯），即Mobile+Social+IM。或者说，微信是一个代表，它代表着一系列类似的网络社交工具，比如飞信、米聊、陌陌、手机QQ、LINE、KIK以及微友、啵啵、旺信等，还有最近新出现的易信以及新浪做的微米。我在此只选取微信作为网络社交工具的代表，来对那些以移动终端为基础、以社交为主要目的的即时聊天工具做出解释。

当然，提到微信，我们就不得不提到其词源的前辈：微博。有人说，微信与微博的区别，就在于微博是一个基于弱关系的复杂网络，而微信是一个基于强关系的P2P（Peer-to-Peer，客户对客户，互联网直接交互）网络。在我看来，“微博是弱关系，微信是强关系”的说法是个伪命题，因为从社会网络的本质来看，微博和微信都类似于一个小世界的社会网络，其中的连接既有强连接，也有弱连接，很难说哪一个就是弱关系、哪一个就是强关系。

但从交流群体上看，微博可以看作一个陌生人社会，微信则可以看作一个熟人社会，二者都在演变。也就是说，微博正在从陌生人社会向半熟人社会延伸，微信正在从熟人社会向半熟人社会延伸，但也有例外，比如陌陌，一开始就是主打陌生人社会，这也是其特别之处。

最新发布的易信，可以单向关注，可以从朋友圈看到非好友的回复，添加不需要好友许可，既基于手机通讯录也基于电子邮件通讯录进行扩展，如此看来，其属性类似于弱连接。

微博基于媒体属性，突出明星、意见领袖和大V们（粉丝众多的网络贵宾账户）的中心性，其聚合的群组还是以弱关系或陌生人为主的，他们之间缺少深度的交互；但是又有一部分强连接的关系在微博中不断互动着，不过还没有成为主流。微信从QQ好友和手机通讯簿发展起来，突出的是一对一的好友交互，发展到好友邀请群组，其聚合的群组是典型的熟人模式，同时又开始结合公众账号、朋友圈分享等开始向半熟人社会发展，甚至通过“摇一摇”“附近的人”的方式向陌生人社会扩大队伍。

熟人社会和陌生人社会的最大区别就是信任。关系强度是信任的直接体现，熟人之间的交互频繁，有稳定的群组活动，信任基础深厚；陌生人之间缺乏交互，没有稳定的群组活动，信任淡薄，处于一种冷漠状态。因此，陌生人社会最大的问题是信任的构建，这也是当前微博的主要问题。

现代社会的社会资本是否稳定，其基础便是信任。信任的构建是个任重道远的过程，但是频繁而强关系的一对一交互、稳定的社群活动、充满信任的互惠互利，是可以有效提升人与人之间的信任的。这也是MSIM工具所能够影响和改变的。

因此，本书将要探讨的内容，有些是微信它们当前所涉及的，有些是微信它们当前没有、未来可能涉及的，有些是从理想状态分析所希望构建的。其实，微信不会是唯一一个类似的载体，比如易信、手机QQ、LINE、陌陌甚至阿里的旺信等都有可能，或者是一个单独的创新形态。

**对于企业而言，这个时代已经被小米给“毁”了。**

正是小米的互联网企业模式——粉丝经济，彻底冲击了传统企业的传统思路。

传统企业的思路只是传统的营销理念，而小米正是靠着粉丝的力量将其推到了大众的面前。近来，整个传统手机业已经进入小米时代，并掀起了全民学习小米的浪潮。魅族MX和中兴旗下的Nubia早就已经学习了小米营销并抢滩登陆互联网市场。2013年11月，联想集团公开表示联想VIBE Z（K910）开启现货预售并且以抢Z码形式进行，这正是学习小米的饥饿营销。而仅过了一天就被金立抢了头条，金立召开发布会，声称将推出全新互联网手机品牌IUNI，其战略口号为“以小米反小米”，首款产品将于春节前后发布，并搭载IUNI OS。与此同时，OPPO原营销掌舵人离职，他将策划全新互联网手机品牌，这意味着又一个新的杀入者出现。华为在2013年12月发布了两款比小米和红米手机更有竞争力、更超值的荣耀手机，将荣耀品牌从华为独立出来专门走电渠销售。

更令人不可思议的是，除了手机通讯行业，还有消费电子、家电、网络设备以及其他生产制造企业，也都在学习小米，试图复制小米的粉丝经济。

一家史无前例的公司，在史无前例的争议和吐槽声中“发烧”产生。“雷布斯”、粉丝经济、饥饿营销、发烧友玩的手机、秒杀、期货手机，仅在小米手机面市的十几个月间，围绕小米手机的很多词汇都在炒作与被炒作。从MIUI到米聊—小米1—小米1S—小米配件—小米青春版—小米2—小米2S—小米盒子—小米3—红米—小米电视，以及传闻中的小米路由器和小米Pad，甚至最近传闻中的小米豆浆机……只有你想不到的，没有小米做不到的。

如今，数以万计的米粉们（小米手机的粉丝，简称米粉）每周都参与到小米系统的开发订制中，小米创始人雷军曾自豪地表示：“苹果的更新是一年一次，谷歌是一个季度发布一个版本，而小米则是一个星期发布一个版本，风雨无阻。”聚集小米粉丝的小米社区用户已达到700万，每天关于手机讨论的帖子多达几十万条。

并且，我们还可以看到小米的饥饿营销和巨大的销售量：QQ空间1分30秒，10万台红米售罄；而今红米F码“一码难求”，网络中到处充斥着找F码的人，包括米粉和非米粉；另外，在天猫“双十一”节中，小米第一次参加便连夺数项第一，短短时间实现5.5亿销售额；而且小米手机3与微信合作，15万台被抢光，还当掉了微支付后台。这一切实在是太疯狂了。

其实，小米的粉丝经济学并不神秘，它源自于美国苹果公司，但却将这种粉丝经济扩展到极致：作为创始人的雷军，并非像苹果公司的乔布斯那样遥不可及，而是作为小米品牌第一人冲在社交媒体第一线上；他创办米粉节，让全国各地的小米粉丝们有了一种集体归属感；并且在全国各地创办小米之家，不断推出针对粉丝的线下活动；从微博到微信，小米可谓深谙社交媒体的沟通交流之道。

这一系列举措让小米公司成为中国发展最快的互联网公司之一，2013年的估值已经高达100亿美元。

由此可见，粉丝经济的核心本质是品牌社群。只不过这个品牌社群既是像小米一样的纯社交网络的品牌社群，又是像苹果一样线上线下融合的品牌社群。围绕着品牌社群，粉丝关系的经营尤为重要。基于此，小米总结了一个九字战略："定战略、做服务、涨粉丝"。一是将社会化营销定为品牌的主战略；二是服务营销，即快速服务和全民客服；三是通过事件营销和活动涨粉丝。

以聆听和事件吸引粉丝，在服务中加强粉丝的认同，促进粉丝的不断互动和参与，通过粉丝参与到产品、活动和社区中，形成一个强有力的粉丝社群，又通过爆米花、米粉节、同城会、小米之家等形成粉丝的认同和归属感，这一系列的具有创新性的粉丝活动，都逐步建立起了米粉的仪式和信仰，并最终打造了一个最忠实的用户群体，形成了一种数百万用户参与的粉丝经济学。

虽然信任不是一天可以建立起来的，也不是只凭借一个微信或者微博就可以改变的。但对于企业而言，无论如何，我们已经在路上！

**备注：**书中大量的案例图文、系统介绍等限于篇幅不能一一展开，读者朋友们可以关注"叶开"微信公众号（ID：yepoint），回复文中所提的相关关键字来阅读详文，用微信扫一扫如下二维码即可关注，也可以在微信中搜索公众号"叶开"来关注。

第1章

# 重构粉丝信任

在这个消费者做主的时代，企业或许已经开始发现客户并不愿意待在那里默默地忍受广告的折磨。无论是电视广告还是计算机广告，甚至是手机里面的促销短信和应用程序底部呈现的广告，都会引起消费者的反感和拒绝。即使是那些本来喜欢的品牌，消费者也会因为突然冒出来骚扰广告而心生抵触。那么，他们现在在做什么呢?

他们似乎聚集在一片不为人知的丛林里面，用微信、易信窃窃私语，用微博自言自语，在社交网络中相互分享。他们用微博组织了绵长的林带，也用朋友圈点缀了花花草草；他们有千奇百怪的视频分享而成的高山丘陵，还有千姿百态的照片分享而成的湖泊江河；他们在社交网络中织就了密密麻麻的小路，当然也在使用形形色色的协同工具和通讯工具；当然，他们也挖了不少陷阱，蓄养了各种各样的猛兽，在不断攻击和谣传着……

这个时候，你在哪里呢?

## 信任是第一要素

### 消费者还会看广告吗?

在中国家庭的日常生活中，总会有这样的一个场景出现：消费者坐在沙发上，手里拿着一个已经磨损的遥控器，正在频繁地更换电视频道，直到看到自己喜欢的节目才愿意暂时放下手中的遥控器；但是，只要电视节目开始进入广告时段，他又会拿起手中的遥控器，重复之前的动作。这就反映出一个现象，自从越来越多的广告自主地甚至带有逼迫性地进入我们的视野开始，毫无意外地，观众也逐渐地开启了“广告拒绝”的反应模式。

要知道，广告拒绝并不是一种新现象，你也许和我一样在不断地重复着这样的动作：当电视的广告插播的时候，我们或者抓住啤酒，或者前往洗手间，或者拿起薯片，或者按起手机……总之，我们可以做一切事情，但就是不看广告，因为我们已经不再信任它们。

遗憾的是，很多企业以及为他们服务的传统的市场营销和媒体公司在很大程度上却忽视了信任和拒绝的问题，或者是有意地忽视了这个问题。服务行业一边大张旗鼓地向我们宣扬着“客户是上帝”的观念，一边又以广告的方式来“控制客户”或“瞄准客户”，而不是真正地站在客户的角度上去“关心客户”。如果营销者真的是费尽心思地想要以对待上帝的礼遇来对待消费者，那么希望你能够停下来想想：如果你在生活中不断地以广告轰炸的模式来对待上帝，那么，你的“上帝”真的会高兴吗？

所以，在这里，企业也不妨想一想：如果你现在可以有一个满足客户需求的价值点，并能够提供可靠的承诺，你的客户是否会主动地与你接触并交谈呢？答案显然是肯定的，接下来与客户进行简单而真诚的接触，并有效地沟通是非常重要的，而你所用的沟通渠道又尤为重要，比如社交网络就是很好的渠道。消费者可以传播给更多的潜在客户，可以建立更多的信任。从某种程度上说，这样的广告方式更容易被人们所接受。

## 网络口碑营销

或许我们看多了街面上或电视中狂轰滥炸的营销和广告，而且随着消费者不断地成长和成熟，现如今，互联网已成为我们共享信息和扩大群体的主要渠道。在互联网社区里，每个人都可以传播或者创造内容信息，而不仅是由专家或者厂家来提供内容，随之便有越来越多的用户创建内容的媒体模式出现，比如YouTube和优酷视频等网站。在这些媒体中，相互传递着大量的口碑信息，因为消费者更愿意相信消费后的陌生消费者，而不是厂家的营销广告，这就是广告的信任危机问题。

因为不断的弹出式窗口和垃圾邮件已经对消费者造成了巨大的、不可弥补的信任损失，所以在消费者的购买决策中，企业便会毫不犹豫地选择相对更有诚信度的朋友和同事之间的信息，这就是口碑营销。但是，倘若口碑相传的来源是一个厂家的营销者，那么消费者还会口口相传下去吗？如若此时企业真的以客户需求为导向，充分考虑到客户的需求和利益，那么这种口碑可能会被认为是“值得信任的”。

颇具讽刺意味的是，当大量的广告和营销试图影响消费者的时候，口碑却早早地为一些企业取得了消费者的“信誉度”。因为它建立了一个比较形象的良好品牌和文字的组合，而且有些口碑相传的体验和品牌信息会立刻浮现在消费者的脑海中。很多企业还不清楚，创造积极的口碑相传会有多大的好处，口碑相传可以通过消费者说服消费者，使一些本来很难处理的客户问题成为平稳的传播的节点，即使是对商品的负面信息的传播，也会起到广告的作用，2013年苹果公司被央视负面报道的事件便是一个很好的例子。

在社交网络中，信任是首要因素。如果企业违反了这个法则，通过虚假信息来伪装口碑，这样的做法是很容易被发现的，而且会形成强烈的反应。所以，不要抱有侥幸心理，社交网络中有成千上万的网民互相连接，互相怀疑，他们会基于一点点的现象进行搜索、推理，就为了一个目的：它是不是真的？！

在这里，你是想继续欺骗，还是想建立起消费者的信任和口碑相传呢？

## 案例01 可口可乐的社群时代
### ——来源：采编自互联网

**导读** 可口可乐在当下处于全新的品牌与消费者的新联动时代，整个新媒体营销团队积极聆听了消费者最“前线”的声音，并秉持本土化的品牌策略，不断通过极具创意的品牌体验方式与年轻消费者沟通可口可乐快乐和分享的品牌精神，打造了一批活跃的粉丝和一个忠诚的社群。

### 新媒体时代，可口可乐突出“表达”

在传统媒体时代，品牌通过媒介发出自己的声音，自己需要做的只是不断地传播信息和将传播渠道不断扩大，但精准性和转化率却越来越让人质疑。不得不说，现在已经不是曝光率和流量的时代了。

但在新媒体时代，消费者成为主导，他们可以表达自己的意见。赞美固然会推广品牌效应，若是问责的声音，便会让大部分企业望而却步，但可口可乐给出了自己的答案：拥抱表达！支持也好，批评也罢，我们拥抱表达！随之便逐渐成为这个新媒体时代的品牌。

可口可乐认为，如果不能控制消费者，就参与到消费者之中。Coke的视频，在YouTube上产生了数亿次的点击量，而这其中，只有一小部分是可口可乐自己的，大部分都是消费者自己产生的。因此，企业要让消费者成为品牌的粉丝，成为品牌社区的管理者，成为品牌的形象大使，让他们在新媒体上发出声音，成为免费的客服代表，甚至作为忠实粉丝为品牌受到的攻击进行辩护。

## 粉丝声音：自媒体时代，你的品牌属于消费者

可口可乐中国高管在接受媒体采访时表示：创新一直是可口可乐的DNA，可口可乐百年品牌“保鲜”的秘诀就是“产品 + 营销 + 包装三个方面的创新”。

产品不需要解释，而营销开始以创新和双向互动为主，包装则有一个绝佳的“畅爽夏天昵称瓶”的营销活动。可口可乐将产品标签中一半的空间让位给消费者，直接让消费者用自己的语言和消费者沟通，这对可口可乐品牌来说是一次非常大胆的尝试。

从澳大利亚等可口可乐市场反应来看，产品标签是一个与消费者建立直接沟通的重要媒介。更换产品标签，赋予它社交的功能，激发消费者之间的分享，这个大胆的决定将有助于拉近品牌和消费者之间的距离。从先期的消费者调研和目前社交媒体上的反馈和市场反应来看，很多消费者表达了对昵称装浓烈的兴趣和强烈的购买意愿，认为这是有个性有特色的包装设计。可口可乐昵称瓶虽然源于澳大利亚的姓名瓶，但可口可乐将之注入中国特色，并发扬光大，这已经成为全球的一个成功案例。

互联网已经进入了一个全新的时代。随着数字媒介、社会化媒体全面展开，我们正在进入一个全新的自媒体时代。对于可口可乐而言，这也改变了他们的业务，改变了他们和消费者沟通的方式。有意思的是，可口可乐的Facebook页面并不是可口可乐自己发起的，而是由两个来自美国洛杉矶的可口可乐粉丝自发建立的。于是可口可乐选择主动和粉丝们一起发现、分享他们喜欢的品牌，一起建设品牌内容。

## 评估指标：可口可乐的社交营销策略

可口可乐是从品牌战略的高度来看待社会化，而非仅仅从战术层面讲如何进行社会化营销。其中的核心观点——从消费者印象（Impression）到消费者表达（Expression）中，很清楚地诠释了社会化对于品牌带来的本质性变化，在无处不在的社会化对话中，可口可乐要扮演的是一个主持人或协调人而非主导者的角色。

传统的大众轰炸式营销，强调的是多少人看到或者知晓产品，核心指标是到达率；而在新媒体时代，我们需要的是品牌与消费者之间的连接。

消费者的自发表达，可能代表了他们与可口可乐品牌联系的紧密程度。这可能是一个评论，一个“like”，上传一张照片、一个视频，或者转发帖子到他们的社交网络中。这是一个消费者被赋予权力、消费者和品牌关系非常紧密、消费者被网络紧密连接在一起的全新时代。

2009年，可口可乐通过消费者投票选出了3位他们中意的可口可乐大使，这三位大使会到销售可口可乐的206个国家访问，并主持网上的对话，讨论让世界各地的人们感觉开心的因素何在。在他们273000英里的旅行中，大使们要写博客，创作内容，而可口可乐的角色则是协助他们的整个旅行。这个时候，可口可乐只有放弃对内容的控制，大使们才可以自由地分享他们的体验。由此可见，在这个消费者表达主导的时代，品牌商应该做的就是去协助并参与到社区当中，而不是选择去控制。

**点评** 一个品牌社群不仅要培养粉丝，参与互动，还要在参与中传播品牌故事，建立社群规范，加强品牌认同，更重要的是企业要建立合理的评估体系作为整个社群体系的指挥部。因为在这个时候，任何功利的、有价值的诉求都可能误导以信任关系为主导的粉丝社群的发展。

## 让消费者主动

广告本身并没有错，因为它原本也是为了让消费者了解新产品和新服务。但是，很多广告却被很多人给泛滥地应用了，所以大多数消费者都会对广告敬而远之。随着社交网络的发展，越来越多的广告营销者开始正视新媒体对广告营销的侵入，他们认为社交网络是对传统广告的颠覆。

其实，社交网络的本质不在于颠覆，而是让消费者掌握主动。更多的、更透明的、更理性的信息在互联网上公布，这会让消费者主动判断这些信息的真实性。社交网络更多的作用是补充传统营销渠道的局限，它不断扩大并发挥网络的优势，推动现代营销发展到新的水平。

企业会发现，这是很有趣的互动的关系：你的客户利用社交网络，可以跟每一个对你的产品、服务和品牌有兴趣的消费者交流。你不能直接控制这个过程，你的邮件或者信息只能成为其中的一些对话，供你的客户选择。这是一个群体，你可能得到邀请，也可能被拒绝。

没有人会轻易说我同意你，但是只要你参与了，那么这就是开始。但问题是你没有参与，也没有关注对话，尤其是在你已经面临危机和问题的时候。不得不说，作为企业，你已经落后了。

社交网络的话题是你的消费者因为你的产品或者服务而产生的，你如果不参与，就不会知道，当然也不会成为其中的一员。试想如果你选择了不参与，就等于认可了消费者的行为，这也就等于放弃了企业的影响权利，而这时因为你的缺席，最终形成的社交网络信息和品牌形象就完全是消费者的声音，而那可能是好的，也可能是坏的，甚至是很坏的。

要知道，你可以控制你的客户在电视上看到你，即使他看你一眼就起身去了洗手间，但是你却控制不了你的客户是否会在社交网络中看到你，除非你选择去倾听和参与。所以，如果你想做一个百年企业或者成功品牌，参与其中显然是一个明智的选择。但如果要参与其中，你就不得不了解一些基本的知识，比如“社交媒体”和“社交网络”。

## 案例02 甜心果茶诚实测试和Marisa内衣装修真人秀
### ——来源：采编自互联网

**导读** 甜心果茶让消费者主动选择诚实度，而Marisa内衣利用装修的真人秀来吸引消费者主动成为传播和营销的扩散节点，这正是让消费者主动的成功运用案例。

甜心果茶（Honest tea）在美国进行了一个街头诚实测试，它的这一测试在Facebook和Twitter上吸引了大量的粉丝。

2009年正值全球金融危机的高峰时期，很多美国人的诚信都在接受拷问。此时，甜心果茶在美国选择了12个城市，并在这些城市的闹市区布置了无人管理摊位，摊位上面摆出了许多不同口味的罐装果茶，人们在拿走它们上面的果茶的时候，可以自觉选择是否付钱。甜心果茶的工作人员每天只需要清点茶和钱的数量，就可以知道这个城市中人们的诚实度。甜心果茶把这一街头诚实测试延伸到Facebook和Twitter上，吸引了许多的粉丝，还引来了许多新闻媒体的大量报道。

无独有偶，巴西Marisa女性服装连锁店曾经发起一场装修真人秀，使它成为了YouTube上一道香艳的风景。

Marisa公司决定从大类女装销售转为女性贴身内裤专营，它的实体店要停业装修。Marisa便把装修作为一次营销，它把装修围挡刷成了公司LOGO的标准色——粉色，并在围挡上面掏了一个小洞，旁边写了一句话："快看这里！看看Marisa为你准备了什么。"当人们纷纷驻足窥看的时候，就可以看到Marisa的美女只穿贴身内裤装修商店的场景。

这场香艳的内衣秀平均每1到2分钟就会吸引一个路人，由于吸引的人数越来越多，Marisa便把它上传到了YouTube，在不到4天的时间内就获得8万人次的访问量。通过YouTube，这一场香艳的真人秀很快就被扩散到各大门户网站、博客以及报纸和杂志等平面媒体上面，先后获得了超过80篇的新闻报道。Marisa用一场香艳的真人秀让大家见证了它的服务转型，可以说，它的这一次装修营销只赚不赔。

**点评** 吸引消费者主动参与已经成为主流，甚至让消费者主动成为传播和营销的环节，这是社交媒体吸引企业的关键。

## 经营粉丝和内容

### 粉丝

社交网络最核心的环节不只是创造内容，而且还有另外一个关键元素：人。对于企业而言，更关键的是这个"人"是不是你的"粉丝"。

这个主体是社交网络中的人，也是你的粉丝。这个人，不仅指名义上的粉丝，还有那些与你有关的、暂时还没有关注你的，但在社交网络上与你的关键字匹配、与你的相应业务场景对应的人，他可能已经是你的粉丝，可能还不是你的粉丝。所以，在企业的社交网络运营中，关注你的粉丝不是一切或者主要的，而是你的社交联系“人”或者社交“消费者”，这才是大粉丝的概念。

企业在社交网络的所有动作就是如何建立与人的信任。如果在这里面的人们说的内容是有效的、真实的，即使你参与进来也只能是有限地影响而不是控制，这似乎看起来很可怕。其实，我们要学习如何在社交网络上有效地“影响”他们，这不仅是在事件发生的时候才去行动，而是从一开始就要有效地创建一个重要的、可以防御的社交网络阵地，这里面更多的是你的客户和粉丝的声音，那才是你真正的“核武器”。

那么，你如何影响人群呢？既然你不能告诉“它”怎么说怎么想，因为你试图直接控制它的想法一定会失败；那么，就不如来认真地倾听它、利用它，并从中吸取经验教训。所以，社交网络的特征之一是，你可以倾听它，参与它，衡量它，跟踪它，与它互动，随着时间的推移，你可以对你所学到的经验进行不断的修改和完善，然后你就会明白应该提供什么，并逐渐学会如何影响一对一的社交对话。

这就引出了什么是社交网络的核心，以及如何将它作为一种营销工具的问题。社交网络是一个自然形成的、基于人群相互之间真正感兴趣的话题的交谈圈。如果你试图用各种权势、胁迫和控制等手段来影响结果，那么这种结果即使存在也是毫无意义的；你需要的是用透明的方式，找到“人”，那些可以“影响的人群”，引导他们在社区中积极地交谈，然后再对其产生的对话不断改善。是的，你需要找到你的达人和粉丝，影响他们在朋友圈或者所在的不同群组介绍和推荐你，如果你按照这种方法，随着时间的推移，你将被从那些不挖掘社交网络的竞争对手中区别出来，尤其是那些选择快捷方式或者水军营销的企业。

在这个过程中，企业需要关注的是对粉丝持续的跟踪和互动，以及信任程度的不断改变。

## 内容

纸媒必然会因为移动互联网和社交媒体的冲击而发生巨大的变化。现在，我们的交谈已经不再仅限于身边的人了，我们开始搜索和选择话题，甚至直接与这些话题的专家、作者、编辑等进行直接交流。当然，如果我们喜欢正在读的杂志或者报纸，就会一直购买它；如果不喜欢，我们就会停止购买或者切换到电视频道。可以想象的是，当后者情况出现时，广告业主会撤销他们在杂志上的广告，从而导致数百万的出版物取消出版，你会发现一个出版商因为失去消费者而逐渐退出市场。

社交网络使这一切都不同了，它可以通过花费少量的成本去创建一些让人们喜欢的、有价值的消息内容。它也使我们不再只是通过出版物与作家、编辑进行沟通，更关键的是可以和世界各地的人进行交流。现在每个人都可以申请一个博客网站或者微博账号，或者开通一个微信或易信的公众账号，然后可以添加文章或者视频。而且，每个人都可以评论其内容，影响它的风格和出版方向。

这就是社交媒体及其带来的内容革命。

正如Facebook，它并不是一家出版公司，本身不创建自己的任何内容，不发表任何文章和帖子，也不上传任何影片或者图片，它只是让用户按照自己的想法去设计自己的主页。当然，每一个人撰写文章后，都希望他们的朋友或者读者能够在文章的底部留下他们的意见，从而围绕这些争论点撰写新的文章和添加新的信息。

再比如移动社交的即时通讯软件微信和易信，也是通过朋友圈进行内容的分享和传播，虽然移动社交更多的是一对一的私密互动，但通过朋友圈这个具有媒体属性的功能，可以在强关系网络中传递和传播内容，即使传播数量不及微博等社交媒体，但到达率和打开率都遥遥领先。

这就是社交网络中的“社会”，它充分展现了发布消息就是参与。成功使用社交网络不仅是添加内容、他和她之间的交谈，还需要创建社区来进行交谈，这才是社交网络的美妙之处。是否达到这个目标就在于人们在该社交网络的参与程度如何。当这些关系被运用到商业中时，将有效地促进品牌的忠诚度。

社交网络吸引了大量的人，而这些人很多都是受过高等教育、享有高薪，并且是各个领域的专家。你现在应该很清楚，社交网络为企业提供了一个巨大的机会，一个去推广其产品、确定他们想要达到的市场范围，以及重构与消费者之间的信任关系的机会。

现在，你应该更好地了解到社交网络的核心是粉丝和内容。

是的，社交网络是以个体为中心，由用户创造内容的平台。首先是用户，其次是内容，二者缺一不可。企业的社交网络运营是经营粉丝和内容，内容包括定调性的资讯、基本面的商业、促销类的活动以及阻击类的竞争对手等，而粉丝是互动、分类和持续跟踪的对象，基于信任程度和社交管道进行可持续管理。

当然，社交网络上的人与内容需要整合，内容来源于人，影响于人并聚合人群；人创造内容，分享内容并利用内容。现在我们看来，企业有效地利用新媒体，本质上是一个整合的问题。你的企业可能已经进行整合营销很多年了，社交网络只不过是与其他营销工具一样的新的渠道，渠道可能会有所不同，但是你仍然需要将它计划在你的业务策略和活动目标的背景下，将目标客户转化为品牌的粉丝并与多渠道进行有效的整合。

## 案例03 PETCO宠物店保证分享质量的指引和规则

**——来源：采编自互联网**

**导读** PETCO宠物店在经营粉丝的同时，也为粉丝的内容提出了明确的分享指引和内容规则，这有利于内容的经营。

很多企业和机构都想要更多的粉丝参与互动，但它们很少告诉粉丝参与和分享的规则是什么，为了保证用更有质量的分享绑定社会化平台上的粉丝，PETCO宠物店的Facebook给粉丝提出了明确的分享指引和规则。

PETCO有1000多家宠物店，遍布在美国各地，其社会化运营的主要任务是把顾客更高质量地绑定到社会化媒体上。PETCO的Facebook的“基本信息”栏目除了介绍店铺情况，还用友好的方式明确了粉丝参与和分享的指引及规则：它首先欢迎粉丝光顾Facebook，然后口号是“Love Your Pet”，它为所有喜爱宠物的人服务，欢迎他们贴文或贴图，欢迎他们发表评论。

在此之后PETCO提出了鼓励发言的类型：

第一，期待粉丝们发布/分享自己宠物的图片、视频类的信息，所有爱宠物的人士在这里都可以找到共同语言，以便相互交流；

第二，可以提出任何与宠物有关的问题，你会知道其他粉丝能不能给你支招，而且PETCO也会尽力帮你解决疑问，但并不能百分之百地保证所有问题都会得到解答；

第三，PETCO希望尽快给你答复，你如果着急，它会提供直接咨询的客服电话，如果你有PETCO的不好体验，请拨打×××××的电话号码，

PETCO很愿意倾听你正面和负面的意见，并会以最快的速度给你答复。

最后，PETCO提出了Facebook禁止的言论，例如请勿发布与宠物无关的信息或者攻击性的话语以及无聊的链接、广告等。

PETCO的Facebook专注于粉丝价值的深度垂直挖掘，它希望提供更多的分享乐趣，希望所有的粉丝都能在这里找到共同语言。

**点评** 在吸引消费者参与活动的同时，要让消费者成为粉丝，并知道分享内容的规则或者方法。企业需要的不只是策划和推动，更重要的是经营，包括粉丝和内容都需要在一定的规范、规则和资源的条件下进行经营。

## 社群平台与互动

### 以人为本的社群平台

学术界一般将社群定义为“一个拥有某种共同的价值、规范和目标的实体，其中每个成员都把共同的目标当作自己的目标”。所以，社群可能会因为地域或者某种条件而形成。

社交网络突出的是个体，核心是用户产生内容。你可以通过社交网络充分地了解客户中不同角色的人的特点和喜好，以及互动的不同渠道和内容；同时你也可以通过社交网络，与你的客户或者潜在客户进行互动，去了解他们对产品和服务的需求。当然，你还可以在社交网络上了解相关竞争对手的情况。

社交网络虽然有很多的形式和类型，但无论是开放的还是半开放的，B2C（Business to Customer，企业对终端消费者）的还是B2B（Business to Business，企业对企业）的，其核心的本质是惊人的相似：人的聚合和内容的分享。它们有的强调个人风格，有的强调群体风格，但是却偏偏弱化了商务广告的元素。

社交网络上的社群，又往往带有虚拟社群的概念：“一种根源于网络空间，由有着共同兴趣的人组成的社会群体，其成员会在这一沟通渠道进行长期交流。”当具有共同理念的人们通过互联网长期交换信息、交流情感、参与讨论和分享经验，并形成某种程度的人际关系时，就建立了在线社群。这是目前国内外学术界普遍采用的定义。

还有部分人从商业角度去定义：“在线社群是一群有着共同兴趣爱好和需求的人在网上聚集而形成的群体，因此在线社群并不单单是一种社会现象。群组聚集的起因是共同兴趣而形成的，结果是大规模的购买力，这主要在于社区允许成员交换诸如产品价格和质量的信息。他们认为在线社区为组织提供了与消费者发展新的和更深关系的机会。”这基本上是互联网模式的再现。

在此，我们可以总结出组建在线社群平台的三要素：社交网络、共同的兴趣爱好、社群成员间的互动和参与。

企业可以在社交网络上建立面向粉丝的社群平台，比如在Facebook、新浪微博、微信或者Web2.0的论坛等建立粉丝俱乐部平台。传统媒体大多是单向的，而社交网络是互动的，但是问题在于听众握有中断权，他随时可以中断这种互动。在社交网络上，粉丝们更多是娱乐、学习、参与或者放松。你如何在娱乐和商业的交集上让他们更多参与呢？这就要运用到粉丝经济的概念，记住你的消费者就是你的媒体，此时需要你伸出手来，正确地“雇用”粉丝，让粉丝来为你建立品牌。

如果你的目的只是传播，那么对不起，之后很难再传播下去。如果你想进行转化，那么就要吸引他们参与进来，或者你参与到他们之中，进行互动对话并开始分享，这样才有可能形成转化。

作为企业，如果你具有好的产品服务或者较多的行业积累，那么你就会处于优势的位置，从而帮助社群中的粉丝获得更多更大的价值，比如生产登山服的商家可能对登山运动、服装准备等了如指掌，这样你谈论的经验和知识将成为受欢迎的因素之一。

当然，你还可以使用嵌入式的社交应用程序（APP）来吸引个体参与，或者通过轻应用（比如微信/易信公众账号）来吸引粉丝。这其中有些是娱乐性的，有些是商用性的，也有些是集合了娱乐和商业应用的。对于个体而言，娱乐并不是他的全部，还有生活中的柴米油盐酱醋茶等强应用也是其需求之一。

社交网络里面也有一些面向企业的，比如LinkedIn，而Facebook、新浪微博、腾讯微博等也都有面向企业的应用。当然，未来还会有更多的社交网络的商业应用，它们会促进企业在商业交易方面以及粉丝社群方面的工作。

## 围绕内容的互动

内容是社交网络的关键部分，无论是文章、照片和视频，或是评论、评级和建议等，都是用户创造、共享的内容。而社交网络中传播最多的对产品和服务的评分、评论更是一种重要的内容形式，它们可以直接应用到企业的商业中去。

在社交网络上，除了个人娱乐的内容，也会有许多基于评论性质的内容，包括对于时事新闻、政治、电子商务、消费者购买的产品和服务或者关于一个品牌的互动体验。这些评论会影响你的研发、你的营销、你的最终转化。这些内容，往往是非结构化的信息，在评论或者推荐着什么，而潜在的消费者又正在使用这些信息来衡量他们自己的购买决策。这个时候，你可能在沙滩上，或者在海浪中，但是你不能确保消费者的海浪会一直持续下去。

评论，一般是简单评论发生了什么，哪些喜欢哪些不喜欢，你和你的潜在客户都可以挖掘和使用。评级往往是带星的对产品或者服务的评价，通常采取十分或者五分制，比如五颗星评级，最差是一星，最好是五星。带星越多，推荐的人越多。建议，或者推荐，是告诉别人这东西是好是坏，是否值得购买，类似于一个投票过程，而社交网络中海量的人可以积累起巨大的能量。这些实际上都与消费者与你的信任关系有关。所以评论的内容很关键，需要企业的参与。

企业应该为消费者提供充分的工具和选项来进行评级和评价，来分享对你的产品服务的评论，或者建议你提供最新的服务，甚至参与你的最新产品的共同研发等。只可惜的是，很多企业往往故意忽略这个环节，但也就是因为这个环节，可能就会失去一个与消费者增进信任关系的宝贵机会。

可能你的产品还没有完善，这不要紧，你可以集中搜索所有的评级、评价和评论以及建议等，通过跟踪它们来改善你的产品服务，因为优秀的产品总是需要一个过程；可能你的产品是一流的，这就需要你提供更多的机会，让消费者添加评级，进行评论和建议，让现有的客户来便捷地告诉其他消费者为什么选择你的产品。

另外，企业可以将评论、评级和建议有效地整合到一起。比如亚马逊（Amazon）就将评级、评论和建议组合成一个强大的选项，从而真正帮助消费者做出选择，尤其是与新的消费者建立社交信任。消费者可以阅读别人的评论，以及对商品的评级和建议，然后还可以参与和给出自己的评论和评级，这样其他消费者也可以知道你是否喜欢这个产品。这个评级的过程逐渐积累起来的就是企业与消费者的社交信任。

很显然，社交内容中的评论、评级和建议是消费者购物时的重要参考工具。这些内容能够指导消费者如何购买，并越来越与购买的满意度相关联。企业需要注意的是，一个很满意的或者不满意的客户，往往是一个会话的开始。企业应该为消费者提供一个全功能的评论和评级平台，并同时吸引和鼓励粉丝们在平台中参与创造产品的价值内容。

### 社交互动信息

由前文可知，企业需要积极参与到社交网络中，并充分利用好评价平台，但企业往往要面对的是海量的社交信息，比如社群平台上的人和话题、社区、照片和会话对象等等。无数个社交网络，无数的文字、照片和视频，无数个实时的会话，还有事件、体育、音乐、电影等，就构成了海量的和无序的非结构化的社交信息。

在社会化信息中，每一个人都是平等的，社交信任就是一切。而不平等就在于你的信任出现了问题，如果你缺失了信任，那么在社交网络中，你的声音就不会有大的影响。所以，企业建立自己的忠实粉丝社群是非常重要的。

了解和利用社交信息流的基础，是企业基本的粉丝运营技能。首先，企业要进行社交网络的聆听，以此来了解改善其在网络中的会话风格和行为模式；其次，企业还要使用社交网络，以鼓励你的消费者成为你的传播者；最后，你需要去管理信息流，并在这一过程中持续投入社交网络的社群平台。

当然，社交网络将粉丝社群越来越虚拟化，社交网络中的粉丝们组成的虚拟社区或者社群往往结合了线上和线下的经验。每个人每天不仅在获取社会化信息，同样也在不断地告诉别人你在做什么。而移动社交是将移动终端和社交网络结合在一起，移动终端所带来的位置服务（Location Based Service，LBS）、扫描二维码（QR Code）等与微博、微信、易信等发生了巨大的碰撞，它将智能手机与在线社交网络进行了融合，它可以将线上和线下的行为有效地结合在一起，比如在微博上，我们经常可以看到“我现在在国贸星巴克，有人要来喝杯咖啡吗”，附带一个LBS的签到位置地图；在微信里，消费者给你发过来一个位置消息来查询你最近的专卖店。

如果你准备进行跟踪和管理你的社交互动信息，那么就意味着你需要整合大量的社交数据进行流媒体管理，而且你要关注到社交信息的来源。更关键的是，社交网络中最重要的是关系，而关系需要时间和信息来进行整合。

在传统媒体中，企业往往采取第三方系统来建设和管理。在社交网络中，也可以使用第三方系统来进行管理，但同时你必须保持参与。记住：参与并保持参与！这样，才可能在海量的社交信息上建立起强大的信任关系，构造出粉丝社群平台的整个生命周期。

### 案例04 互动和活跃：黄太吉的线上营销可以被复制吗？

**导读** 黄太吉煎饼果子店诞生于去年夏天，昨日在朝外SOHO正式营业，成为北京城内的第三家店面。一年多的时间里，赫畅和他的合伙人把一种街边最常见的煎饼果子，做成了一家月销售过160万元，估值过亿元的现代品牌。

小贴士

案例内容请在公众号回复“黄太吉营销”详阅。

## 重构粉丝的品牌社群

### 粉丝的信任

无论是恐惧还是向往，你总是要进入社交网络的，那么在进入之前，你需要明确一点：你不是来随便逛逛喊两声的，而是进来经营的，你要经营你的社交信任，经营你的粉丝社群。

信任是商业发展的基础，而社交网络给了企业一个机会：可以数字化和量化企业与消费者之间的信任，而在传统商业环境中是很难对信任进行量化和管理的。因此，社交信任是企业重构粉丝社群的关键。企业的粉丝运营要以重构粉丝信任为中心，主要经营粉丝的关系和互动的内容。它关注的不是短期行为，而是整体行为，并结合企业的发展战略在社交网络上的分解和细化，形成对粉丝信任的整合运营策略。

粉丝信任运营对于企业的关键意义在于，它可以避免侧重于短期的ROR（Return On Relation）投资回报，或只过度依赖社交媒体渠道进行营销或者服务，而忽略了ROR人际关系回报，忽略了对信任重构过程的整体性、持续性和积累性，以及系统的规模化、规范化和数据化。

由于信任的本质是企业与消费者的一对一的信任关系，因此重构与消费者的信任实际上是要通过一对一的关系维护来获得量化的信任关系的。而社交网络与传统线下环境不同的是，传统环境很难对信任关系进行量化，不能量化就意味着很难经营、管理和持续跟踪；而社交网络上的信任关系是可以被量化的，因为社交网络中的海量信息都是数字化的，是可以基于信任模型对关系强度进行量化评估的。因此，社交网络是企业最适合进行消费者信任重构的环境。

同时，由于信任是企业与消费者的一对一的关系，因此具有广播式媒体属性的微博是不适合的，反而是一对一交互的QQ、微博私信、微信、易信等更适合，由于智能手机终端的便捷性和即时性，而且可以基于智能手机进行一对一的识别，所以依托于智能手机的微信、易信等便成为企业重构粉丝信任的关键工具。

## 品牌社群

很多人热衷于分析苹果的果粉（苹果手机的粉丝，简称果粉）和小米的米粉，都在大谈1000粉丝理论或者参与个性化等，却忽视了最根本的一点：果粉和米粉等粉丝经济模式的核心本质是品牌社群。

2001年国外著名学者Muniz和O’Guinn首次明确提出了“品牌社群”（Brand Community）的概念：“建立在使用某一品牌的消费者间的一整套社会关系基础上的、一种专门化的、非地理意义上的社群。”

品牌社群已突破了传统社区意义上的地理区域界限，是以消费者对品牌的情感利益为联系纽带的。它的概念包含以下三个方面：首先，品牌社群是围绕特定的品牌（有形产品或服务）而成立的社群，因此品牌社群是特定的；其次，品牌社群已经超越了地域的限制；最后，品牌社群建立在品牌使用者一整套社会关系的基础上，所以它是一种社群。

Muniz和O’Guinn同时指出，品牌社群有三个类似于“传统社区”的基本特征，即共同意识、共同的仪式和传统以及责任感。

共同意识：一种集体意识，它指社群成员彼此间存在固有的联系，并和社群以外的人相区别。

共同的仪式和传统：品牌和品牌社群的意义通过共同的仪式和传统得以复制和传递，社群所共有的历史、文化和意识也因此得以传承。

责任感：社群成员感到自己对整个社群和其他社群成员负有一定的责任或义务。

上述三个基本特征是品牌社群本质的体现，也是形成品牌社群的必要条件，缺失任何一个特征，都不能形成品牌社群。

西方社群主义者一般将社群定义为“一个拥有某种共同的价值、规范和目标的实体，其中每个成员都把共同的目标当作自己的目标”。因此，品牌社群是有自己的共同价值观和责任的，同时构建社群的规范，要通过制度、层级和角色来进行粉丝的区分，并通过权利和权益的不同分配、激励的干预和惩罚措施等影响和控制社群的集体行动，提升社群的认同。

通过社群认同，强化社群内的粉丝之间的信任和对品牌的信任，增强社群内的情感和共同意识，就能够让社群行为具有更高的效能，也能够为社群粉丝带来更多的利益和互惠效果。在整个品牌社群的网络建构中，品牌的关系维护和资源动员非常关键，同时要建立品牌故事和品牌文化，提供粉丝们交流和聚集的需求，成为共同认同的品牌要素。

品牌社群所涉及的权威关系、信任关系和规范等，都是社会资本的特定形式，这也意味着品牌需要重新认识和重视社会资本。

帕特里克·汉伦（《品牌密码》一书的作者）对汽车、手机、服装、牙膏和食品等商品的品牌社群进行了大量而细致的研究，认为一个好的品牌社群必备：品牌故事、信仰、偶像、社区规范、黑你的人、仪式以及领袖要素。在这里，我把那个“不相信你的人”意译为“黑你的人”，当一个品牌有一批“黑你的人”时，反而会让品牌社群成员感受到压力，从而更有凝聚力。

现在，我们来对号入座分析一下：

品牌故事，是建立品牌仪式的前提，也是社群精神的基础，更是粉丝间不断传播和交流的话题，是可以加强品牌认同的关键因素；

信仰，是群内粉丝们的共同意识，比如小米的“快到极致”，针对发烧友的跑分，新机一到手，他们的第一个动作就是刷机跑分；

偶像，比如苹果的“乔布斯”，小米的“雷布斯”，再比如娱乐明星粉丝团的明星偶像等；

社区规范，会有粉丝社群的层次角色、权益权力，以及可以支配的不同权利，比如小米论坛的邀请码只定向到斑竹（即版主）等角色，社区还需要有奖励、惩罚性措施等；

黑你的人，比如小米的米黑，总有一批黑小米的人，这些人成了米粉的兼职客户服务人员，而且可以带来一定的社群压力，让小米内部的米粉们更有凝聚力；

仪式，在社群的品牌崇拜中建立的传统仪式，比如小米的爆米花、同城会和米粉节，这是品牌崇拜和身份认同的基础；

领袖要素，必须要有社群领袖，才能够让粉丝转让共同的控制权，实现一种集体行为，比如乔布斯、“雷布斯”。

我们会发现，打造品牌社群和粉丝经济，做一个纯粹的消费者企业，一切要以消费者驱动为目标，以消费者导向为方向，同时也要引导消费者，并要求消费者参与研发生产和创造，同时促进消费者进行消费、服务和传播。

从前几节内容可以看出，要打造一个像果粉、米粉一样的品牌社群，不是一朝一夕的事情。首先，要从战略上建立粉丝经济的思维角度，尤其是要运用社会资本、信任、自组织、口碑、互惠关系及虚拟自我等概念来重新设计运营，这是第一步；其次，需要重构与消费者的信任，尤其是通过移动社交网络的互动建立起与粉丝的信任；最后，进一步建立起从个体消费者到粉丝到社群甚至到平台的粉丝经济模式。

我们首先需要加强的是整个企业的粉丝经济的思维角度、战略本质和趋势发展。因为我们可能忽略了，信任的本质以及品牌社群的构成，还有不同社交网络的不同类型的关系，乃至于信任与交易的互惠关系。同时，社交对话中的信息，以及社群中的虚拟自我实现，等等。

而基于微信、微博等移动社交工具来黏住消费者，进行企业的消费者信任重构，则需要从战略上进行规划，而不是一开始就研究怎么进行微信营销，怎么进行微博客服，怎么进行社交会员卡。当然，这需要了解甚至剖析这些移动社交工具与粉丝互动中的特点与优势，以便于企业结合这些特点与优势来规划自己的业务运营如何进行融合。

在了解粉丝社群的战略思维角度和粉丝互动的特点优势后，企业就需要在粉丝经济运营中通过有效的方法来分阶段地落地执行，比如第一阶段是针对个体消费者，通过分解消费者管道、定义社交触点，建立信息体系、进行社交的广告营销和客户服务，实现个体的信息交互；第二阶段是针对已经有初步类群体形式的消费者进行交互，通过线上和线下的O2O以及社交凭证打通整个业务链条；第三阶段是通过粉丝计划进行养粉和信任构建，建立粉丝圈子，设计仪式和形成共同意识和责任，最终形成初步的粉丝社群平台；第四阶段是继续发展粉丝平台，实现粉丝的虚拟自我，通过互惠的礼品和口碑推荐扩展品牌忠诚，并与更多的粉丝社群进行联盟合作，最终进化成为一个基于大数据与云平台的小社会。

> 系统小贴士
>
> 关于微信功能和公众平台功能的图文资料请在公众号回复“微信公众平台”获得。

由于信任重构和粉丝经济是划时代的创

新，因此需要对不同行业进行深入的分析，并借鉴部分企业的实际案例，来勾勒企业与粉丝的信任情景和未来。同时，企业还需要了解微信、易信、微淘等无所不在的社交信任平台，充分利用企业级工具进行管理。

最终，围绕信任重构和粉丝经济，我们还要不断探索和研究，将思维延伸到社群经济、Social CRM、自媒体、O2O等新的领域，它将会给我们的粉丝经济创新带来更大的变化。

## 案例05 小米案例的米粉经济

**导读** 小米公司是2010年4月成立的年轻公司，它的第一款手机是2011年8月发布的。创业不到4年时间，年销售额就已达到280亿元，公司估值已超过100亿美元。更令人不解的是，小米几乎以“零投入”的营销模式，通过论坛、微博、微信等社会化营销模式，凝聚起粉丝的力量，快速打造成了一个“知名品牌”。

小贴士

案例内容请在公众号回复“米粉经济”详阅。

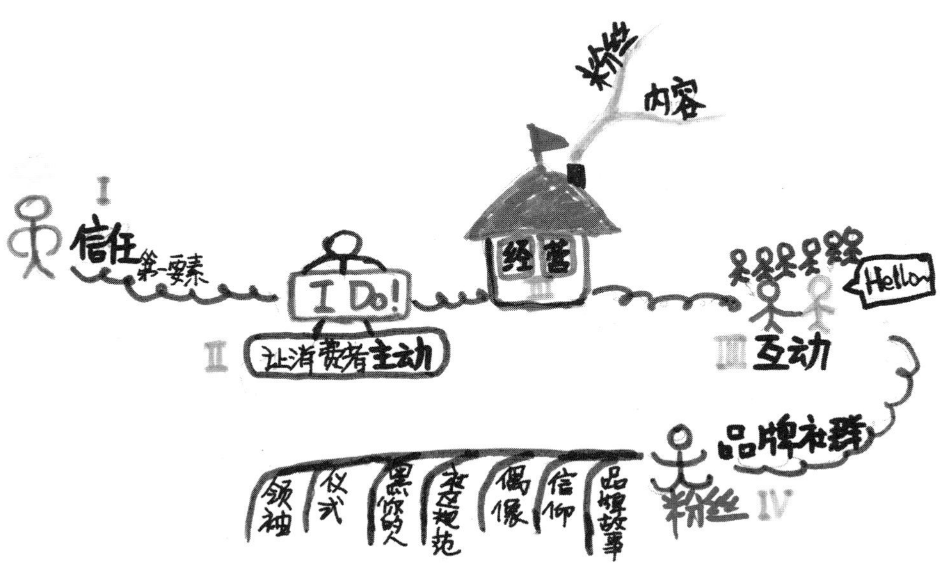
粉丝
内容
I
信任
第一要素
I Do!
II
让消费者主动
经营
Hello
III
互动
品牌社群
粉丝
IV
领袖
仪式
黑你的人
老规矩
偶像
信仰
品牌故事

粉丝概要

第2章

# 粉丝的世界粉丝做主

从来没有一个时代会像现在这样，由“粉丝”自己来做主。而这个时代因为新媒体的不断出现和发展，更加推动了“粉丝”的主导作用和人群的增加。比如微博和微信等新媒体平台，让个体的“人”在社会中更加主动，更加活跃，更多参与，从而创造出更加多样的世界!

## 新媒体时代的变化

### 技术带来的变化

技术，是新媒体时代的催化剂。而信息，则是“人”的世界中不可或缺的元素，也是数字化的“人”的有机组成部分。在开始探讨这个以人为本的新媒体时代之前，还是有必要来简单回顾一下新的技术带来的变化。

互联网的重要性不在此赘述，它是新媒体时代的“前辈”，由计算机和互联网构成的互联网时代，革命性地颠覆了工业化时代的诸多方面。它让一个个小的团体和组织，有机会成为一个庞大的社会或者虚拟组织的一部分。如果我们的世界没有经历过打乱之前的大的“合”，就不会有新媒体时代再打乱的个体的“分”。

综观现代社会，万维网络连接了全世界，电子邮件成为个人通讯的重要应用，随着即时通讯软件的发展，个体又有了一个私密的、即时的沟通工具，而电子商务则将人与人之间的互惠互利进行了数码化和网络化。

智能通讯设备的发展也令人惊讶。移动电话进一步将人与人之间的距离拉近，移动通讯和一对一的短信成为生活和工作中的必备工具；接着位置的确定也在大跨步地发展，一开始是基站位置，后来是GPS定位位置；还有蓝牙，也可以进行传递和交互，同时进一步又发展成为NFC（Near Field Communication，近距离无线通讯技术），比如RFID（Radio Frequency Identification，射频识别技术）等技术进行非接触式交互；QR码也在快速发展，不仅成为物的标识，也成为信息交互的载体。

随着移动电话进入智能时代，智能手机将互联网和移动电话进行了融合，在这样一部智能的移动电话上，不仅可以提供常规的电话、短信等服务，还可以访问互联网、进行移动即时聊天、应用各种智能应用程序（APP）以及进行移动电子商务和移动支付。

在社会化媒体时代，话语权被交还给个体，我们每个人在微博上发出自己的声音，就餐时点评，逛街时签到，看到好玩的就拍下来发出去，在同学朋友网络里面交往着，或者在陌生的环境中交往着。在这个时代，充分体现出个体的主动和参与，尽力创造着无限的内容和数据。

## 个体与企业的变化

这是一个个体主导的时代，越来越多的消费者开始参与，开始主动发出声音，开始主导消费和创造，开始主导内容和行为。以前的那种广播式内容已经逐渐被淘汰，取而代之的是广场式交互，进而是客厅式交互，乃至于卧室式交谈。而且，越来越多的用户开始创造内容（即User Generated Content，简称UGC）。

消费者与企业之间的关系正在发生着微妙的变化，企业不再是交易的主角，消费者开始自己主动搜索、询问社会化媒体中的其他消费者的建议、体验和口碑，并开始比较价格、选择渠道甚至开始探讨个性化需求的定制。

随着原有的组织关系被打破，以无组织和自组织的形式出现的新的关系群体，几乎很难再有传统的消费者和企业的关系角色，更多的是混杂在一起的新的组织关系、交易关系和社会关系。消费者处在主动和骚动的状态中，企业也在迷失和困惑自己的角色到底在哪里？

草根型消费者是长尾里面的尾巴，海量群体里面的弱势群体，而且是非精英群体。因此，在社会化媒体中，精英群体更适合具有媒体属性的平台，而个体则更适合小众的、平等的P2P网络工具，比如QQ、微信、易信等。这些个体，基于社交化的即时聊天工具，形成长尾的尾巴＋中部，将海量的弱势进行小众的、扁平化的聚合，从而逐渐打造成一部分奇特的“弱精英＋非精英”。

在沟通上，商务和工作交流更多的是使用电子邮件，因此精英群体的主要沟通渠道也是电子邮件和媒体或精英自媒体；而草根个体更多的是用QQ和微信，因为他们只是在伙伴和好友之间使用，而不用担负媒体的责任。

由于个体的主导在加强，因此营销逐渐转化为交互和沟通，企业开始关注与娱乐和感情相关的潜移默化的营销，开始构建在生活中创造忠诚的客户圈子。营销转化为娱乐和关系，在体验和关系中以娱乐的方式进行传播，开始更多地受制于消费者的口碑推荐。

口碑推荐是一种“病毒性”营销，它的本质是起源于消费者独特的、自发的个人信息的交换，而不是由企业或者专业广告营销制作和设计的。当然，也有一部分口碑营销活动在本质上是非常戏剧化的，它可能由口碑营销人员创建，但是很隐蔽地传递给消费者，让消费者发现并有兴趣参与，并愿意传播给他们的朋友和同事。

口碑营销虽然已经存在了相当长的一段时间，但是社交媒体已经改变了它的本质和环境。在互联网时代，企业的销售代表能够伪装适当的身份，在社群中寻找目标受众，推销产品和服务；在博客等网站，广告主也在寻找合适的“博客主”进行另外一种数字媒体的口碑营销。而在社交网络时代，个人被关系网络包围着，企业已很难再伪装成为消费者。每个人在不同的网络或群组里面，他们有着相对应的好友名单和人际关系，使内容交付和消息传递更容易量化，更容易产生真正的口碑推荐。

## 案例06 为什么Burberry是奢侈品类公司的“粉丝王”

**——来源：采编自互联网**

**导读** Burberry迎合了新媒体时代的变化，通过数字化创新，让奢侈品牌更加接近年轻的和海外的消费者，成为奢侈品公司的粉丝王。

由于担心伤害品牌的高端形象，奢侈品行业一向不愿和高科技走得太近，而那些衣着光鲜的员工，似乎也很难像创业公司的年轻人一样接受新技术。

Burberry显然是个异类，《财富》最近走进了Burberry，讲述了其首席执行官安吉拉·阿伦茨在奢侈品行业史无前例的数字化创新——让优雅、历史悠久的奢侈品牌吸引了更多年轻的和海外的消费者。

从6年前掌管公司以来，安吉拉·阿伦茨就一直在大胆地革新Burberry的形象和业务。目前新政已经取得收效：Burberry的年销售额已经达到了30亿美元，比2007年的水平翻了一番还多。而且自从阿伦茨就任后，股票回升了近300%，而同期英国富时综合股指仅涨了24%。Burberry的经验如下：

1. 投资从创意部门转向技术部门

在奢侈品行业，过去人们往往觉得创意是最重要的，这也决定了投资的方向，但Burberry正在改变策略，将投资转移到技术部门。Burberry向科技伙伴开放，正在成为奢侈品行业的研发活动实验室。

例如，Burberry从诺基亚（Nokia）和微软（Microsoft）的Xbox部门挖来了不少技术人才，此外，它在企业内部开发了Salesforce.com的“聊天”平台，加强了企业内部的沟通。销售团队发现某男性顾客的西装不大合身，反馈到“Burberry聊天平台”，设计人员便会立刻做出调整。

目前，SAP技术的全球集成已经快完成了，双方即将合作开发一款应用程序，它会将所有产品和顾客的信息都集成在销售人员的手上，未来只需查找一个顾客的姓名，就可以看见这个顾客的相关信息，包括他的全球交易史，以及他与Burberry相关的社交媒体活动。

2. 利用Facebook和Twitter，为“英伦风”留住“80后”粉丝群体

Burberry公司的市场调查显示，发展中国家的高净值客户的平均年龄要比美国和英国等国家整整年轻15岁。如何与他们沟通呢？事实上，所有的奢侈品公司都面临相同的困境——拥有历史感的品牌遗产如何吸引新兴消费群体？难道要奢侈品放下身段去迎合消费者？

根据咨询公司Stylophane的数据，现在Burberry在Facebook和Twitter上的粉丝要比任何其他奢侈品牌都多，甚至与匡威、耐克的“粉丝喜爱度”相当。Burberry大概把一半的媒体公关预算都花在了数字媒体上，但它也承认，要计算这些资源带来的回报并不是一件容易的事。

3. 数字试验存在巨大风险，无法迅速转化为销量

比如Burberry有一个artofthetrench.com平台，可以让人们分享自己的照片，展示自己穿风衣的照片。它甚至在自己的网站上增加了“原声音乐”部分，消费者可以点击观看一些尚未成名的英国音乐人的MV（当然他们都穿着Burberry的衣服），同时也可以观看剪辑精美的活动视频，收看时装秀的实况转播，然后订购他们刚刚在视频里看到的时装。最近，网站上有一段台

北门店的开业典礼，这段视频在YouTube上获得了13万次点击量。

当然，这些非交易导向型的网络广告具有风险，无法确定人们究竟是想买衣服还是记住那段视频。但在安吉拉·阿伦茨看来，进行更好的沟通、更加数字化、像科技公司那样快速行动是不容置疑的。

**点评**　在千变万化的新媒体时代面前，企业是迎难而上还是逃避观望？Burberry给出了一个很好的答案：消费者在哪里，企业就应该在哪里！即使是奢侈品公司，也需要更加数字化、更加增强互动和沟通，成为消费者型企业。

# 个体工具与微博微信

## 微博、微信与易信

智能手机的数量不断增长，使手机已经不再是一个简单的通讯工具，它被越来越多的应用程序赋予了越来越多的变化，而其中最明显的就是微博、微信、易信、陌陌等。在社交网络时代，个体最常用的工具多是微博和微信。它们体现了沟通的核心功能：即时、可见和私密。而且还可以进行好友之间的互动和协同，并且可以通过文本消息、语音或者视频的多元化方式来沟通交互。

几年前，无论企业如何对MSN和QQ进行封锁、禁止，或者监控，无论MSN和QQ上的病毒和骚扰多么泛滥，仍然抵挡不住Web2.0时代（内容由用户来创造）人们使用QQ等即时聊天（Instant Messenger，简称IM）的浪潮。不论是个人与家人或者朋友的交流，还是工作的协同，甚至企业的交易等，都越来越多地通过即时聊天工具来进行。而在社交和智能移动时代，MSN和QQ已经换成了微博、微信和易信，已经是经过移动和社交变异的Mobile Social IM（简称MSIM）。如果企业能够正确地认识这些工具的作用，并且更好地在营销中发挥MSIM的价值，那么其优势是显而易见的。

社交即时聊天工具可以通过一个智能手机终端界面或者桌面终端界面来联接完全不同的数据源，消费者可以用来获取各种不同类型的信息。例如航空公司，可以适时地发布旅客和交易信息。基于客户许可的选项，航空公司也可以恰当地通知那些希望通过社交IM来接受交易的人，不一定需要与最终用户开始对话。

传统企业与消费者的交互大多基于电话、短信或者电子邮件，而现在企业的交互可以基于MSIM的交互代理。比如快递和速运的货品，可以使用基于MSIM的交互代理，让消费者通过微博、微信等即可随时跟踪包裹，不需要去快递公司网站，而且每一个网站经营者都可以使用MSIM来帮助消费者更好地搜索网站。

另外，每一个有独特个性的营销者，都能够真正地充分发挥MSIM的交互代理技术，通过他们的声音与选项菜单等与用户之间进行一对一的对话。例如，Social CRM的内置智能交互代理模块，可以提供基于个人信任模型和智能话术的交互代理Social Bot，通过MSIM提供交互，比如院线可以通过Social Bot向询问的消费者提供电影时间表、日记、游戏以及商品。在使用智能交互代理的微信通道中，你可以听到“帅哥！”的声音，那么营销者就可以跟他们的客户发展出具有完全创新维度的关系。

作为消费者，我们都不希望微博、微信和易信又成为一个垃圾营销泛滥的空间，因此行业需要建立一个MSIM反垃圾消息的空间。一个方法是使用MSIM的许可营销，大多数专家同意不能通过类似垃圾邮件的、未被许可的信息，或者MSIM世界里面的“SPIM”。从消费者的调查数据显示，垃圾信息是绝对不能做的，而且在MSIM客户端窗口的大量的横幅广告总是趋向于被用户忽略。

MSIM往往被用户认知为一个个人通讯工具，而不是一个推广媒介。因此，消费者往往认为：MSIM用于推销是不合适的。通过MSIM的广告很大程度上都会被忽视，因为人们正在进行聊天及其他相关活动，不会去关注其他主动呈现的广告。如果你考虑使用微博或者微信，大多数人不会认可把小的横幅广告植入他们自己的客户端，或者会选择直接忽略。

如果服务提供商发送弹出的MSIM消息来提供特定的服务，用户会把类似的动作视为“对他们个人空间的入侵”，当他们使用微博和微信，并用它来联系其他朋友时，更多的是个人交互，这时候却被一个服务提供商用一个不适当的推销给中断了，因此，这在某种程度上算是一种骚扰。

但是，理论上是可以通过行业合规的方式来进行管理和发展许可广告的。实际上类似Email等渠道的许可营销已经被认可，由于通过许可的MSIM问题目前在国内还没有被问及，对比Email许可营销来看，它可能意味着经过许可的微博和微信广告和营销是可以被消费者接受的，但是不得不说，如果邮件提示是广告邮件时，大多数人还是会选择忽略或者直接删除。

不必惊讶，之前很多年Email已经被创建为接受推销的最首选的方法，通过使用Email，订阅者可以获得更多的对营销信息的控制——他们可以决定什么时间阅读，是否删除、忽略或者回复他们。那么，实际上MSIM也是如此，包括当前的微信、易信、来往，以及未来的云信等。

## 案例07 优衣库推出官方手机应用
### ——来源：采编自互联网

**导读** 优衣库通过官方手机APP，向消费者提供店铺和优惠等信息，以及最新的促销、礼券等，成为消费者购物体验中的关键一环。

优衣库官方手机应用（UNIQLO APP）盛装登场——UNIQLO（优衣库）于2013年4月15日推出官方手机应用。此次推出的官方手机应用将涵盖iOS版本以及Android版本，届时用户可以通过在实体门店扫描二维码入口，也可以通过优衣库官网（www.uniqlo.com）、手机官方页面（m.uniqlo.com）以及AppStore或Google Play等应用市场下载到优衣库官方手机应用（UNIQLO APP）。

UNIQLO APP面向中国大陆地区用户推出iOS版本以及Android两个版本。主要包括浏览优衣库新闻、查询实体店铺信息、查阅商品手册、查收促销单页、移动商城购物、二维码扫描等功能。同时还推出礼券功能，下载后可在实体门店购物时享受优惠。另外，针对非智能机用户，也会推出WAP版本。用户通过手机官方页面（m.uniqlo.com）访问WAP版本可使用到部分功能，如：浏览优衣库新闻、查询实体店铺信息和查收促销单页等。

此次的优衣库官方手机应用（UNIQLO APP）的亮点为：

· 多重好礼总价高达300万

通过基于位置的服务（Location Based Service，LBS），用户可查找距离自己最近的店铺，查看店铺联络方式、营业时间以及销售商品范围等信息，同时能采用导航查找路线到达目的店铺。

· 便携获取优衣库促销信息

通过查看手机应用内的促销单页，可查看即时的促销信息，方便顾客更便捷地到实体店购物。而手机应用内部的商城功能与优衣库天猫旗舰店实现了互通，用户可直接用手机完成一站式的购物。

· 优衣库手机应用专享优惠

优衣库官方手机应用另具有礼券功能，用户仅需下载应用，即有机会获得实体店铺礼券一份。更多优惠会时时推出。

UNIQLO（优衣库）将基于“Life Wear——服适人生”这一品牌理念，希望伴随每个人，丰富每一天。而优衣库官方手机应用作为手机移动媒体中的功能扩展，可随时随地陪伴顾客，带给顾客更为精彩的生活体验。

**点评** 手机作为消费者必备的个体工具之一，已经成为品牌所不可或缺的阵地，在手机应用上如何建立与消费者体验相结合的内容，是品牌所需要认真考虑和创新的。

## 微博微信营销趋势

是的，现在越来越是“粉丝的世界粉丝做主”的时代了，微博和微信的营销趋势都验证了这一点。

你可以看到，越来越多的企业的目标人群都想涵盖到年轻人，因为大家愈加发现感性消费的年轻人已逐渐成为消费的主流。或许朝气蓬勃的年轻人总是使用创新工具的先驱者。从即时聊天IM，到Email的流行，再到如今微信和微博的风靡，年轻人总是最容易走在前端，最容易去接受新的事物。或许你有产品或者服务销售渠道、分销组织网络或者各种促销活动，或者品牌和公关宣传，但如今，年轻人群几乎被微博和微信覆盖了，这些MSIM已经在年轻群体中非常流行，甚至逐渐开展到更多的年龄人群，所以，作为企业，你是否已经感觉落后了呢？

随着QQ、MSN等即时通讯工具的使用减少，人们大多会有一个疑问：为什么不利用移动社交工具的迅速来传播文字呢？首先你必须做的是理解人们使用MSIM和使用其他沟通媒体之间的不同。乍看起来，你可能在想，MSIM像Email或者传统IM一样，人们只是在互相打字，但是它却具有更多的功能——可以通过语音或视频进行沟通。

还有一个优势，社交即时通信是在相互信任的朋友之间的一对一沟通，就像人们讨厌接到陌生的电话推销信息一样，粉丝们也讨厌陌生人使用微博或者微信来打扰。类似于大多数人对未许可的垃圾邮件的厌恶，如果你想树起一批敌人，就对自己微信里面的用户列表，每天用无数个消息去一个个打扰。

另外，如果你想使用新技术创建友好的客户关系，那么你或者你的公司应该保持对社交即时通信的兴趣。对于消费者来讲，MSIM可以快速地从你的市场部门或者客户服务部门获得答复，它更适合那些已经具备一个强大在线应用的公司，包括从航空公司到旅游在线服务公司。

面对有些古灵精怪的MSIM，我们真的又爱又恨。更多年轻的粉丝们围绕它而生活，那么营销人员如何负责而有效地使用它呢？如何利用MSIM来进行一对一交互的直复营销呢？

企业可以根据自身的喜好和群体，来选择使用各种不同品牌的MSIM进行不同范围的讨论，甚至包括市场活动现状报告，厂商的问题问答，当然还有不断流行的那些被广泛认知的笑脸等表情。于是，当这种方法持续着它们成熟的流程时，销售和营销渠道就会获得巨大的扩展。

MSIM不一定只在识别客户和欢迎客户的时候使用，还可以在更多的业务情景出现。比如在电子商务网站上，消费者关闭购物车或者点击按钮跳转到其他网站的时候，商家的微信或者旺旺跳出来咨询是不是因为邮费或者价格？在零售门店，消费者正在走出门时手机上传来商户的微信发来的问候：“Hi，我是小丽，这是你第一次来丽丽服饰店吗？”以及个性化挽留或者礼券都可以给消费者留下深刻的印象。问题在于，你是否有技术或系统来进行消费者的大数据管理。

那么，它是一个侵扰的工具，还是一个很酷的工具，或者二者都是？

工具的价值在于它与人之间的关系。我们如何看待MSIM以及MSIM营销工具，关键在于如何将MSIM集成到粉丝们的生活方式中。实际上我们已经很清晰地看到：30岁以下的年轻人，MSIM通常是他们首选的沟通模式。

当我们开始习惯身边越来越多的人对着手机讲完然后再拿起来听的时候，开始体验微信，并发现很多工作上的伙伴和客户都早已在使用。当我们在公司内部的员工沟通开始尝试微信时，发现原来大家使用微信的熟练程度远远超过之前的微群。

系统小贴士

关于易信公众平台的图文介绍资料请在公众号回复“易信公众平台”获得。

所以，不管你喜欢不喜欢，MSIM是家庭里的一部新电话。或许作为保守的父亲们，可能还会有些茫茫然不知所措，他们可以随着时间慢慢接受并去学习；但是作为营销人员，我们应该得到、发现创新的灵感，尽快有效地使用这些沟通工具。营销活动可以设计为一个微博、微信的营销活动，那会更多地吸引潜在客户的兴趣，MSIM的现场讨论会被记录下来，并去驱动一个MSIM营销动作，当然也包括客户服务的快速响应和账务计算。

然而不是没有忧患，在MSIM中非常容易使用攻击性的手法或者创造性的语言，然而这些手法可能很快会引起政府审查，并可能潜在地毁灭这个巨大的新的营销领域。

易信用3天的时间增长了500万用户，其增长速度远远超过了当初微信的发展速度。然而，一开始的无限制地拉群、无限制地加人的用户中，有很大一部分是做营销的，这也给易信的发展增添了阴影。不是不要做营销，而是如何进行许可营销，这是MSIM所必须面对的问题。接着后续而来的来往，也将面临这个问题。

我们有一个未来营销热门在手上，即MSIM可以在即时交互中给每一个粉丝连接更多的世界。通过避免垃圾的MSIM消息，我们可以延长MSIM聊天的有效寿命，并成为增加粉丝价值的长久的方法。

## 案例08 快乐男声“蜂蝶战略”“90后”粉丝社群关系管理

**——来源：采编自互联网**

**导读** 在众多选秀栏目纷争的2013年，在社会化媒体横行的2013年，《快乐男声》如何能够在数字时代独占鳌头？一只来自“平民”的破茧蝴蝶翅膀一振，如何掀起亿万级网络数据的蜂鸣声为之呐喊？90后的热血青春躁动，如何通过数字化媒介演绎心中偶像的怒放之旅？

小贴士

案例内容请在公众号回复“快乐男声”详阅。

第3章

# 粉丝互动的四个特点

粉丝经济的核心是粉丝的互动和参与。没有粉丝的互动，就建立不起粉丝的信任关系；缺乏了信任关系，就很难建立起品牌社群。而建立了品牌社群后，粉丝的互动也是品牌社群中的关键内容。因此，基于当前最流行的移动社交工具研究粉丝互动的特点就非常关键。

对于移动和社交变异后的即时通讯工具，微博和微信几乎代表了社交时代的个体互动的特点和需求的前端工具。尤其是微信、易信和来往等，综合了互联网、移动和社交网络的诸多特点，而且其功能定位还在不断发展变化。企业要在移动社交工具的基础上进行粉丝信任的重构，就必须了解它们的特点和优势，这才能够进一步为己所用。

本章就以微信为例，进行其与粉丝互动的分析，并由此总结出粉丝互动的四大特点：快速、碎片、信任和平台。

## 快速

企业与粉丝的互动要求秉持一个“快”字，用互联网思维中的话说就是“快到极致”。而这个快速，不是简单的快就可以，而是因情景可以为即时，因方向可以为交互，因类型可以为私密。下面我就这三方面内容做出详细的介绍。

## 即时

即时，与随时的区别，在于“随时”强调的是任何时候，而“即时”是指当下，即消费者在当下，可以即时即地地进行动作，这个动作可能是接收，可能是索引，可能是交互，可能是求助，可能是召唤，但都要即时做出反应。

“随时”可以理解为企业随时随地地为粉丝提供服务或者信息，而“即时”更多体现了粉丝主导的核心，更加突出了粉丝的个体主动性，整个动作是粉丝当下发起的拉式的动作，而且是因为当下，所以企业不知道会是在什么时间什么地点，还有时间的长短，因为这是个碎片化的时空，碎片化的动作。当然，企业实际上可以不是永远在线，而是即时在线。

经过移动和社交变异的MSIM工具，比如微信，所提供的新商机不同于以往，消费者需要的是即时即地地接入，这直接改变了传统的企业与粉丝的接触方式。由于粉丝主导的即时互动大大改变了以前对消费者沟通的认识，这使得企业必须艰难地转换到真正地以客户为中心，因为你可能还在延续那种以企业为主导或者以内容为主导的营销沟通。

不是吗？我们看看微信上现在营销沟通的方式，包括公众平台的主动推送、内容分享，自媒体里推送传统广告等，所以企业必须寻找新的手段和新的模式，在社交网络上有效地进行聆听和学习，这才能够基于移动智能和社交媒体的技术创新实现即时交互的模式。

企业需要问自己一个问题：放弃“喊话”，你准备好了吗？

当然，你可能不太理解这个问题，我们换个角度，很多人都在不断问我：“叶老师，我们企业应该做订阅号还是服务号？”好吧，现在我们来看：订阅号是在做什么？就是在喊话，所以订阅号适合媒体类；而企业应该做服务号，做由客户驱动的对话。所以，订阅号应该改名叫媒体号，服务号应该改名叫企业号，这样大家也就不会为这个问题而纠结了。

客户驱动的服务号，对于企业而言意味着什么？粉丝们希望无论在任何地方任何时间，无论使用何种智能手机，都可以即时地进行交流。这意味着，企业要创造一个由粉丝确定时间、地点和语言方式的对话。你是不是从来没有想过？相对于以前你拿个大喇叭站在广场每天喊一次，这是不是很新潮？

我们必须意识到的是，当前的关系正在发生天翻地覆的变化。在社交网络时代，粉丝更加关注主导权，更加突出以个体为主导，在消费关系中更加强调：即时交互、随时比价、开放性渠道选择和个性化信息，等等。实际上，粉丝已经开始把握对信息的内容、地点、时间和渠道的控制权。无论是信息获取，还是交易交付，消费者都希望能够在自己的控制之下。他们更加关注与企业之间的信任度、隐私权、个性化、成就感与尊重感等更加个体的体验。

企业可能会说：我以前都是通过电视广播、电话短信、电子邮件甚至微博等发出消息，也从来没有按照消费者选择的时间、渠道、方式来发送，为什么今天就要按照这些选择来发送呢？这是个很好的问题，其实在之前广告的狂轰滥炸中，已经有很多的消费者忽略你，已经不再关注你，甚至把你拉进黑名单，放进垃圾邮件列表里。

只是你还不知道！

你需要知道的是：移动社交时代的关键在于个性化和即时即地。粉丝们对时间和空间的要求越来越高，而且越来越要求掌控权。他们会希望由他们来选择确定时间和地点，而且可以即时即地地便利、快速获知信息，有充足的选择和服务，等等。

即时的程序可能性是：接触—发信息—互动—交易—互动。你可以想象一下，粉丝对你说："好吧，我现在有点事儿需要帮忙，你可以开始了。"这意味着企业能够随时接触消费者，消费者可能随时会发出一个邀约或者一个对话，或者触发一个索引，需要你时刻准备着。

比如，一个微信的询问，带上一个位置信息，可以快速帮助消费者找到最近的咖啡店、书店或者必胜客；如果消费者感觉文字的沟通不利于感官的理解，那么就可以使用语音交互的方式进行查询和确认。消费者可能在有需求的时候即时地发起，就看企业能不能精准地抓住机会向客户提供相对应的服务来满足他们的需求。

### 案例09　The North Face户外用品抓取全球即时雪况报告
### ——来源：采编自互联网

**导读**　The North Face户外用品公司通过监测Twitter的相关信息，开发了一款iPhone全球即时雪况报告，成为与滑雪爱好者粉丝互动的最佳应用，以此建立了稳定的官微互动。

The North Face是一家生产和销售户外体育用品的企业。它的官微开始运营的时候只知道Twitter上有它的潜在顾客，它把Twitter链接到The North Face各个品牌的网站，频繁发布电子商务和零售信息，这种运营对粉丝增长毫无推动，让The North Face备受打击。2008年，The North Face从提升户外活动爱好者的体验出发，开发了一款免费的iPhone应用，这一应用通过API接口（Application Programming Interface，应用程序编程接口）抓取Twitter上面所有关于滑雪场的信息，然后重新聚合到各个滑雪场的页面，向户外活动爱好者提供一款全球即时雪况报告。这款应用很快就被下载了250000次，粉丝们纷纷跟The North Face讨论该如何改进它的界面，如何提高报告的准确性，这让The North Face终于获得了大量活跃而稳定的粉丝聚合和互动。

2009年，The North Face发布了全球即时雪况报告的2.0版，它把每个滑雪场的官方信息跟用户信息进行了区分，让用户可以了解信息的来源。除此之外，The North Face把许多体育和探险新闻放进了报告，有主题、有针对性地推广户外迷们所喜欢的信息，它最后成为了The North Face一个成熟的营销渠道，苹果公司也很欣赏这款应用，曾经让它出现在苹果的许多广告当中。

**点评** 是否能够捕捉到粉丝的真实需求，能否聚合消费者需求的内容和应用，是品牌能否与粉丝进行互动的关键。

## 交互

社交的核心是交互，也就是交谈、交流。传统生活中的社交关系，往往也是善于交谈的、人际关系处理得很好的人的活动；而社交网络中，交互也很关键。但这个交互，因为在一个可以产生信息的移动互联网平台上，因此就具有了更多的特殊性。首先，交互的主导权变换到了粉丝；其次，交互是有方向的，可以分为入口和出口；再次，交互是有索引的，与方向相对应会有入口索引和出口索引；最后，具有信息属性的交互会因为交互的内容而有标签。

社交网络中的消息推送，看起来也是一对一的推送，但其实相当于广场上的对话；粉丝互动的核心在于将其转变为真正的一对一的对话，然后基于邀请形成一个空间里的多人对话，当然也可能是“卧室”里面的一对一的更私密的对话。

我们可以想象一下：传统的广场对话，企业控制一切或者企业以假想的客户来驱动一切，企业通过自己选择的渠道、自己决定的时间、自己生产的产品服务来推送给客户，而且关心的只是客户是否熟知自己的品牌，是否满意自己的产品服务。其实，这只是企业在单方面地推出自己，没有与消费者真正形成双方交互的过程。

那么，真正的交互是什么？真正有意义的对话是什么？真正互动的对话是什么？粉丝主导的对话，不仅是通过他自己选择的方式和时间与你进行对话，还包括他与其他消费者或者企业进行联系，从而形成一个多方对话的情景。

从许可营销和客户驱动的角度来看，快速获取信息不是内容方进行快速的推送，而是消费者来进行查询或者索引以快速获取信息。只是这个快速，需要对信息建立标签，包括内容方的信息和消费者的需求信息；同时，基于这个标签体系，建立对话的入口索引（消费者咨询或求助）和出口索引（内容方的输出和交互）。

当标签体系和入口、出口索引建立后，可以建立强大的自助服务体系。以前，企业习惯大包大揽，努力提供无穷尽的产品和服务；现在，粉丝更喜欢的是自助服务，他们要求控制权，而且他们的时间不是给企业预留出来，而是希望在碎片化时间内尽快自主地完成所需要的服务。

自助服务已经不再是降低成本的选择了，而是要满足粉丝的随时随地的需求，因为他们不会受我们工作时间的限制，不会受我们服务场所的限制，也就是说要让他们具有强烈的控制权，可以实现全天候的客户服务，这才是消费者需要的。

原来打电话、发短信可以办理的业务，现在微信交互都可以实现。比如12580的问路，现在一个消息过去，回来一条路线和一个图片；短信订阅业务的，现在几个消息交互就可以实现查询、咨询和订阅或者退订的动作。预定酒店，微信交互几个回合，一个是城市，选择后再一个是档次和价格，然后再选择具体的酒店，最终确认，再登记到店时间等，甚至微支付实现预付保留等。查询天气，微信交互，先选择城市，再选择选项，然后设定提醒，比如雨雪天气提醒、限号提醒和空气指数提醒等。

## 案例10 如何与数百万粉丝通过微信保持良好的互动？

**导读** 小米如何实现与数百万粉丝的交互，不到10名客服人员是如何应付100万粉丝的？这是很好的分享。

小贴士

案例内容请在公众号回复“小米互动”详阅。

### 私密

当前大多数粉丝互动的渠道首选是微信，其次是微博，最后是论坛。然而，不同的渠道在私密程度上是不同的。微信和易信的本质是IM，无论其经过了Mobile 的变异还是Social的变异，IM的核心是一对一的私密通讯，那么变异后的核心功能还是一对一的、即时的、私密的社交通讯。从私密的角度而言，微信是以手机通讯簿和QQ好友为基础的拓展，这就确保了基于强关系的发展，这与通过媒体和意见领袖的模式，即基于弱关系的发展迥然不同。

当然，开放和私密的关系是相辅相成的：开放，对应流量；私密，对应交互。从技术上讲，微博本身兼备开放和私密，只是由于主打的新浪微博过于秉持媒体的本性，通过新媒体、意见领袖和大号等方式快速发展和膨胀，而忽略了微博私信在一对一交互方面的私密性。这跟微博和微信的本质是有一定关系的。

正如前面所言，所谓强关系和弱关系，不如用熟人社会、半熟人社会和陌生人社会来表示。微博是从陌生人社会向半熟人社会发展，微信是从熟人社会向半熟人社会发展，因此微博是先大媒体后自媒体而弱交互，而微信则是先交互后自媒体然后再向大媒体切换。

从粉丝运营角度来看，微博传播将无关系变成潜在关系，基于微博和微信的交互可以将潜在的关系变成弱关系，基于微信的强大交互功能提升与弱关系的一对一的信任关系和情感层次，达到强关系后，再以一对多的朋友圈和微博传播分享出去，效果最好。

因此，私密和开放是相辅相成的，在不同的阶段需要不同的组合，不是单一的开放就好，或者单一的私密就好，当然这还要结合个体的阶段和状态来综合分析。

私密性越强的大多是熟人社会，而开放性越强的则一般是陌生人社会，半熟人社会会介乎二者之间。品牌的粉丝社群，应该是陌生人社会向半熟人社会发展的阶段模式。

当处于陌生人社会时，传统组织和权威被弱化，大量的人之间进行信息的流动，从而使社会关联急剧减少，导致集体行动能力弱化，这就使广大的网民很容易受灰恶势力的影响，比如被恶势力、大号、公知、水军、谣言等挟持或者欺骗，这是陌生人社会的一个缺点，同时也是微博的现状。

而在熟人社会，人与人之间私密性交互频繁，相互信任度高，点对点的传播更增加了关系强度和安全性，基于邀请制的模式更增加了集体的协作能力，有效地避免了灰恶化现象，其基于P2P网络的信任模型有效地增强了强连接的基础。这也是微信的现状。

但问题在于，微信的“摇一摇”、“附近的人”和“漂流瓶”促进其向陌生人社会转变，而公众账号的消息推送和群聊的不加限制地扫码进入等，以及O2O不加区别的“扫一扫”，让原本的网络本质开始变异，如果不进行控制则也要被灰恶化的。

同样的问题，微博如果能够重视信任的重构，淡化意见领袖和大V、大号的媒体特征，强调一对一的交互和点对点的传播，重视小众群体尤其是现实群体的协作，鼓励越来越多的企业和粉丝的共同参与，或许还是会有出乎意料的改变的。

## 案例11 星巴克《自然醒》：一对一推送微信

### ——来源：采编自互联网

**导读** 星巴克通过自然醒和闹钟优惠等活动进行了一对一的互动式微信，增强了微信的精准度和私密性。

### 模式：一对一互动式推送微信

营销方式：微信的一对一推送，让品牌与粉丝可以有更多的互动。主要理由有两点：一是微信推送的精准度；二是微信推送的私密性。这样可以根据用户的个人情况推送给客户适合的内容，以增加用户的黏性。

我们以星巴克官方微信为例。当用户添加“星巴克”为好友后，用微信表情表达心情，星巴克就会根据用户发送的心情，用《自然醒》专辑中的音乐回应用户。

在微信公众平台的运营当中，星巴克堪称是最成功的典范之一，他们利用微信（以及线下的上千家门店）完成了大量的品牌与用户的互动，当中很多项目都给用户留下了深刻印象。比如去年星巴克《自然醒》专辑的推广，就是先让用户关注星巴克的微信账号并分享当天的心情，再由星巴克微信账号从专辑当中挑选出最适合用户心情的一首歌来回应用户。

类似的活动还有很多。星巴克充分利用了一对一传播的优势，将自已的促销活动有针对性地推送到用户的手机客户端，当中加入的很多互动元素也得到了很好的反馈。比如2013年春节期间星巴克通过微信分享当日的点单优惠，线下门店也完全同步配合，极为出色的执行力成就了线上线下的搭配互动，最终让用户在趣味当中得到了方便和优惠。

**点评** 微信是一对一的私密性交互，品牌应该借鉴星巴克，设计更多的基于一对一的交互活动，实现一对一的个性化传播，并建立起私密的强关系连接。

## 碎片

粉丝互动的第二大特点是碎片化。因为移动社交网络造就的习惯，粉丝在互动的时间上、内容上、频率上以及空间上都呈现出不同的碎片化特点；同时，语音和移动位置更加推动了粉丝互动的碎片化。

### 碎片

品牌与粉丝之间的互动信息大多是碎片化的，尤其是在微博和微信上的互动。虽然微信的接口并不传递太多的信息，但是微信是信息的出入口，因此对企业来说，微信带来的数据机会仍旧是个庞大的商机。

微软必应搜索的沈向洋博士提道："搜索的第一阶段也就是web graph，即网页图谱的竞争基本结束。但接下来还有两个新阶段，一个是social graph，即社交图谱；一个是entity graph，即实体图谱。"从微信与二维码的实践看来，社交图谱（人的链接和信息的流动）和实体图谱（物体的链接和信息的流动）可能不是分立的，而是相互融合的。

通过谷歌或百度的网页搜索，主要是文字数据；通过Facebook或微信的社交搜索，主要是人的关系数据；通过移动终端或O2O的搜索，主要是物的关联数据。作为微信，既可以作为出入通路来管理人与人之间的对话、交互和沟通，聚合人的行为方面的数据，即人性数据；又可以作为移动终端的入口或O2O的入口，来聚合购买历史记录，即交易方面的数据。

“你是谁？”“别人如何形成对你的认识和印象？”正是社交过程中的碎片化数据，正逐渐形成人的映像，形成人的模型。但是，如何能够将这些碎片化数据聚合成粉丝的模型？微信或类似的软件，目前更多只相当于一个工具，还不是一个平台，很难进行碎片化数据的聚合。

这需要一个平台进行数据建模和聚合，并有一个智能代理进行碎片化数据的处理，当这些与你相连的时候，它将成为你识别粉丝的一个有机部分。这个时候，粉丝的基本信息、属性、标签和喜好等，都将成为粉丝个人映像中的一部分。

只是，此时此刻的你，是不是心怀警惕？当微信使用手机通讯录时，需要特别的小心，不希望透漏自己的私密信息，这就涉及了个人私密信息的采集合法的问题。

如果微信能够成为粉丝的社交数据模型的基础之一，那么它也将成为粉丝个人的社交网络的外部延伸。此时，我们会开始考虑粉丝互动需要的是“客厅”还是“卧室”？

虽然我们已经开始抛弃那种广场式的对话，无论是企业在广场上的无差别化的广播，还是名义上是一对一却仍旧是一对多的广场式对话。但是，一对一对话是在“客厅”还是在“卧室”？客厅是半公开半私密的，因为主人和宾客都可能邀约其他人参与到对话中，这个时候是强关系；卧室是私密的，是一对一的，几乎没有第三者存在，除非是极亲密的关系，远胜于强关系。

这些对话，哪些数据是在采集状态下的？哪些数据是不被采集的？这是个合规的问题。同时，这些对话，哪些是交互查询？哪些是消费者声音？哪些是促销交易？又需要有标签进行分类和索引。微信目前比较紧迫的是尽快建立对内容的索引机制，比如标签，无论是会话还是语音，或者群组和朋友圈，都需要有分类标签或主题。

社交网络中的碎片化数据，大多是人的社会数据和人性数据，更多体现的是人的特征；而企业业务系统中的数据，大多是人的交易数据，更多体现的是人的物性。只有基于统一的索引机制，才可能让粉丝互动的碎片化数据与交易数据进行更好的有标签的聚合。

品牌更关心的是交易数据或物性数据背后的需求信息，微信如何让每个粉丝对自己的需求信息进行打标签、订阅或者邀约式发布呢？这样的数据远远比O2O营销的客户识别或单次促销的数据更有价值。因此，后者的O2O营销带来的是基于促销或交易的强关系，很薄弱，可能会因为信息推送或者竞争价格等很快成为弱关系；而消费者的需求数据是企业与消费者维护持续的长关系的基础。

粉丝的即时即地的个性化需求，即我需要什么？我在哪里？我什么时间需要拿到？这些不是唾手可得的，而是需要有一定的信任基础的，即在一定的关系强度上才可以通过互惠互利的方式来获取的。

那么，互惠互利的价值体现在哪里？粉丝们更关注：性价比、优惠促销、客户服务、更简单更便捷、没有风险；他们还关注新鲜有趣、好玩创新，比如即时即地的聊天、热门话题的分享传播，等等。随着微支付和移动支付的完善，即时即地地交互、促销和购物也越来越成为可能。但是，我们要设计什么样的互惠互利来与粉丝交换？

从互惠互利的角度来看，当前的O2O还都处在初级层次。从消费者生命周期管理的角度看，可以将O2O营销分为六个层次：客户接触、客户识别、单次促销、差异化营销、自营销和大数据营销，同时对应关系强度的六个阶段：无关系、潜在关系、弱关系、强关系、长关系和亢关系。

从这个层次分解来看，当前微信的扫码O2O或者微信会员O2O，其实还只是在前面三个层次，基本上当扫过一次会员或参加过一次促销，就不会再用了。而后面三个层次，则需要有个强大的数据库和Social CRM系统来有效支撑。

## 案例12 四弦弓公司利用关键词开拓利基市场

**——来源：采编自互联网**

**导读** 四弦弓公司通过找到专业人士、提到提琴的陌生人和潜在客户，开始更新信息和内容，并参加线上线下活动，找到并说服那些提琴的初学者和指导教师。

Ruth Brons是四弦弓公司（Things 4 Strings）的创始人，她用Facebook成功地开拓了一个利基市场。

Ruth Brons是一个很有创意的小提琴手和教师，她为初学者提供了一种帮助养成正确持弓手法的弓弦伙伴产品。Ruth Brons的目标市场是提琴初学者和他们的教师，这是一个高度专业化和组织化的利基市场，在既没有邮件列表也没有大笔预算的情况下，它的进入极为困难。

面对一个顾客与顾客间的相互关系非常密切的利基市场，个人化接触是一个最有效的推广方式，在2010年8月，Ruth Brons启动了她的Facebook营销。Ruth Brons拥有数十年作为提琴手和提琴教师所积累的专业资源，她在Facebook营销的第一步是把认识的专业人士都变成了Facebook的好友，然后再去寻找那些Facebook中有提到提琴的陌生人。她还投放了一些小额广告，特别是Facebook的PPC（点击付费）广告，后者能够准确到达那些出现了“大提琴”、“小提琴”或者其他相关关键字的潜在客户。

当她的Facebook个人主页达到了5000人关注上限之后，Ruth Brons建立了Facebook产品主页，“只要出现弦乐器的Facebook，都将成为我结交朋友的对象”，为了建立更多的个人接触，Ruth Brons尽量加入相关的线上论坛和线下聚会，她用类似鸡尾酒会的方式耐心地说服那些提琴的初学者和指导教师，让他们相信她的产品不是噱头，而是货真价实的训练工具。Ruth Brons的Facebook定期更新她的公司和产品信息，发布她参加的会议以及与她职业生涯中有关的经历。经过一系列的努力，Ruth Brons四弦弓公司实现了销售额的稳定增长，特别是投放了PPC广告之后，发现公司官网35%的访问量都来自Facebook。

**点评** 利用碎片化的社交数据，通过关键词来寻找业务情景相符合的专业人士和潜在客户，再进一步进行互动和推广，是在社交媒体上开拓市场的必要手段。

## 语音

从粉丝互动的效果来看，人与人之间的影响，视频的效果强于声音，声音的效果强于图片，图片的效果强于文字。从信息量角度而言，人更容易快速把握视频中的信息和内涵，或者能快速把握声音中的情绪，或者快速通过图片把握传递的核心信息，而文字则是最弱的信息传递方式。

因此，从客户体验出发，企业整合运营的案例大多会先制作视频内容发布到视频网站，再通过其他社交网络渠道进行推广、传播和引流。而Twitter近期推出的6秒视频功能，也是突出了视频社交的效果。同样，微信的风靡有一部分原因也来自于其语音对讲功能，该功能也是充分利用了语音社交带来的客户体验。

智能手机的屏幕越来越大，有3寸到5寸的，甚至还有更大的屏幕，在这个屏幕上已经完全可以承载丰富的文字、图片、视频和富媒体展示的信息。

但这并不意味着企业要将大量的传统媒介数据填充到手机屏幕上，更重要的是要考虑到消费者的体验。

通常文字能够吸引粉丝，而语音和视频会给粉丝带来情感体验。从传播角度而言，基于语音和视频的社交，其情感体验以及信任体验远远强于文字的体验，因为视频或者语音可以带来更多的感官体验，而且听感官之所以强于视感官，主要的原因是在生活中忙碌的用户已经习惯于被动地接受信息，而不是简单地通过文字或图片去思考其内涵，客户需要的是简洁放松的模式。

微信的好处在于能够适配各种不同的智能手机，基于APP形式，在苹果、安卓和微软手机上都可以共同存在。其唯一存在的问题就是，它不适用于非智能手机，解决方案只能是促进更多的非智能手机更新换代为智能手机。但同样，也有很大数量的消费者虽然使用智能手机，但是拒绝使用微信或者任何不明来源的消息和陌生人的对话。

这种拒绝，同样来自于声音方面的内容。微信的群组现在开了语音群聊，更适合协同和即时交互了，但是百人群聊，你能够想象吗？那些不能识别和不带标签的语音，你听还是不听？最终的效果可能比狂推消息更差！

在移动智能机时代，越来越细腻的大屏和富媒体的展示能力结合在一起，会产生意想不到的效果，这充分体现在微信上。微信也可以考虑与动漫、互动媒介的融合。这样微信的交互，除了文字和语音，还可以有更多的富媒体展示，比如微信DM，可能是视频、动画或者其他富媒体文件。这样，就可以提供个性化的菜单、内容、界面，以及简洁的文字、语音，还有更丰富的富媒体展示。

但是，富媒体展示带来的一个问题就是标签和分类的问题。由于语音文本识别的技术还没有完全成熟，类似语音助手的应用还只是在初步应用阶段，还不能进行复杂的文字识别。不过，在语音情感识别方面却已经比较成熟，基于语音的音强、音长、音质、音高等可以进行语音的情感识别，通过情感识别来对语音进行分类或打标签。

情感识别的关键在于情感是社交关系强度的衡量维度之一，它直接对应着人与人之间的亲密程度。同时，情感指数，也是企业与消费者之间的一个关键指标，消费者的情感指数是企业的社交网络运营中的不可或缺的衡量指标。

在基于语音的社交中，语音文本识别和语音情感识别都是关键的技术，都可以对语音内容进行分类和打标签，从而让信息更加结构化和可转化。

语音这块，比较看好易信类的发展。它可以基于运营商的背景和网间结算，通过语音走特别通道实现高音质，另外在线的通话可以只走流量不计话费等功能。另外，基于消息与短信的转换、语音与电话通话的转换、电话通话与在线语音的转换等功能，都可以有效地支撑企业的虚拟呼叫中心的构建和部署。

## 案例13　陈坤的“粉丝经济”语音写真一起上

**导读**　“每月只要18元，陈坤亲自说晚安”，演员陈坤近日在微信平台推出收费会员项目，令“粉丝经济”再次成为热门话题。有消息称，收费会员推出仅一天，进账就超700万元。这成为粉丝经济在微信上的一大热门模式。

小贴士

案例内容请在公众号回复“陈坤粉丝”详阅。

### 移动

粉丝互动的碎片化也可以指时间上和空间上的碎片，而移动通讯智能客户端也创造了新的技术：可以对粉丝进行随时随地的定位。但是我们也必须看到，这种接触一定是基于客户许可的，而且不能伤害客户的隐私和信任。因此，微信不仅要设置隐身和不公开自己的位置，还要有一种许可的触发机制，而不是简单的两种设置而已。

基于位置的LBS营销隐藏着巨大的市场机会，酒店、商场、餐馆、4S店等都开始充分利用定位和位置推出即时促销等方式。如果不获得粉丝的许可就使用位置营销，那么你可能不会获得客户的信任，被他们抛弃。

如果能够利用好位置营销，对企业和消费者而言是真正具有双赢作用的。它不仅为品牌提供了随时定位到粉丝的功能，而且可以让粉丝随时随地找到他想去的地方，无论是麦当劳、星巴克、沃尔玛还是厕所。

如果没有隐私和安全的保护，位置营销很容易让人反感，就像被安装了跟踪仪一样。要知道，类似的消息都会具有侵犯性，企业并不能确保所有人都希望收到这样的消息。有的人会喜欢，有的人会暴跳如雷，所以这时需要你把客户喜欢的人以及消息进行分类搜索。

因此，对于位置服务，需要考虑时间和空间，考虑人的生命周期和接触点位置，还要结合渠道、平台来进行整合。企业要谨记不可基于推送式服务，而是要构建拉式索引服务或者许可触发服务。

比如，当粉丝需要寻找酒店或者餐馆的时候，告诉他的个人智能助手软件，智能助手开启GPS服务，打开位置雷达，搜寻附近的或者最适合的优惠折扣店等；或者询问微信某个公众助手，在交互式索引或个性化搜索中获得所需要的信息。

移动智能手机让二维码迎来了第二个春天。微信结合二维码的“扫一扫”，实现了O2O的识别、促销折扣等营销功能，它正逐步成为众多企业的热捧。但我们前面提到，O2O营销分为六个层次：客户接触、客户识别、单次促销、差异化营销、自营销和大数据营销，现在的微信二维码只实现了前面三个层次的营销功能。

微信O2O营销的关键在于：信任、许可、最佳时间和地点，适当的等待而不是主动出击。对于企业而言，没有信任，你便很难持续维系强关系；没有许可，你就很难了解消费者的需求或喜好，从而也不能在最佳时间和地点进行触发。当然，你也不能贸然地主动出击，过多的推送只会将消费者推开。

没有Social CRM支撑的O2O营销，只能先出击；只有在强大的社会化数据和Social CRM的支撑下，O2O营销才可能在建立消费者信任和设置许可的前提下，实现差异化和个性化营销，推动消费者进行口碑推荐实现自营销，进一步在大数据基础上进行联合营销。

我们很难想象：结合了二维码 + 位置 + 微信/APP + 富媒体 + 移动支付 + Social CRM，会是一个什么样的营销天地？

移动支付方面，微信的微支付根本不是问题，问题是开通了可以支付什么的商业模式没有清晰化。这些即时即地的移动智能技术，让我们可以重新打造一个新的客户体验世界，比如越来越吸引粉丝的微博和微信二维码的即时贴，或者贴有RFID的即时贴。

只是，还有一个问题：你如何让粉丝的微信确保在线？

## 案例14　“焦糖烤布丁”流动美食和Kogi移动餐车的“Kogi文化”——来源：采编自互联网

**导读**　旧金山的焦糖烤布丁的街头流动美食站和洛杉矶的Kogi移动快餐车，充分展示了移动的魅力。它们利用移动位置引起了粉丝的互动和追捧。

在旧金山，焦糖烤布丁（Creme Brulee）是当地居民喜爱的一个街头流动美食站，它的大部分销售对象也来自于Twitter的粉丝。

焦糖烤布丁的主人是曾经当过建筑工人的奇姆·博尔，他的Twitter用一年多时间吸引了1.2万的粉丝，奇姆·博尔每天用微博询问粉丝希望在哪里买他的布丁，跟他们商量提供什么样口味的布丁，“这是人们关注我最大的理由”。

现在，Twitter是焦糖烤布丁的顾客唯一能找到奇姆·博尔的地方，奇姆·博尔表示他还没有为Twitter确定预算。另外，奇姆·博尔在Facebook的露面还不多，因为他还不能确定Facebook的销售是否也可以像Twitter一样有效。

跟焦糖烤布丁比较，洛杉矶的Kogi移动快餐车则形成了一种风靡的“Kogi文化”。Kogi售卖经过改良的韩式煎玉米卷，每当夕阳西下，它的Twitter粉丝就会疯狂地刷新页面，追踪着Kogi快餐车的下落。

煎玉米卷其实是一种普通大众小吃，Kogi的成功更多地借助了社会化媒体的力量。一般的移动快餐车都没有下一站的销售宣传，但是Kogi的微博像预报电视节目一样通报它自己的下一个方位，如果因为交通堵塞有所耽误，Kogi会用一个温馨的小贴士来消除粉丝等待的焦虑：“请再耐心地等我们几分钟好吗？——永远的煎玉米卷。”

Kogi满足的不仅是粉丝的食欲，一定程度上它还满足了粉丝的精神需求。它的粉丝是一群热衷于街头小吃的“草根”一族，一群心理上和地理上渴望逃离、与世隔绝的洛杉矶人，因为Kogi的蹿红而使喜欢煎玉米卷的人越来越多，据称它每晚打烊都会卖掉400磅肉的煎玉米卷。如今已经形成了这样的场景：Kogi的粉丝每天走上街头，翘首盼望Kogi快餐车的出现；为了Kogi，为了Kogi的故事，粉丝们可以心甘情愿地等上一个小时，有时候直到晚上9点都还有近200名“快闪党”守候在某个路边。Kogi的粉丝照片和YouTube视频都被上传到了Kogi的官博上，它形成了一种风靡的“Kogi文化”，对这种风靡的“Kogi文化”，许多大牌的传统媒体，包括BBC、《纽约时报》和《新闻周刊》，都进行了报道。

**点评** 移动是碎片化中的一种特别的类型，因为消费者本身是移动的，而与其对应的移动位置的数据和交互，将更可能吸引消费者。另外，如案例中的焦糖烤布丁和煎玉米卷的销售可以看出，品牌不一定非要静态的活动，也可以尝试让自己的交互活动移动起来。

## 信任

品牌与粉丝互动的目的和基础都是信任，你与粉丝互动是为了建立信任，而互动的过程中又要基于信任。信任，涉及品牌与粉丝的关系强度、互动中的粉丝许可以及粉丝自组织的协作。

### 关系

从品牌原来的角度来看，无论是QQ还是Facebook，粉丝好友都是无差别的，都是一个静态的点，最多可以给自己的粉丝好友分组分类，但是不太容易对一个粉丝进行关系强弱的标识，即不能在时间上对品牌与粉丝的关系变化的生命周期进行管理，更别提在空间上对与他的关系的来源和延伸进行管理。

对于关系的强弱，可以划分为无关系、潜在关系、弱关系、强关系、长关系和亢关系六个阶段。其中，长关系是持续的强关系，而亢关系是长关系或者强关系的休眠、流失阶段，需要进一步激活或者再生。

企业与粉丝的关系强弱，也可以沿用此六个阶段，从无关系开始，到需求有些匹配的潜在目标客户关系，再到初次接触的弱关系，然后是有交易的强关系，最后到持续保持并有口碑推荐的长关系，当然最终在很多情况下又会产生有客户流失或遗忘的亢关系。

人与人的关系是分强弱的，也是分层次的，有时候在现实社会中有着很严谨的规则。比如，B好友是你的A好友推荐认识的，当有某些事情的时候不能迈过A好友而直接与B好友达成，而是要先跟A好友打个招呼或者拉上A好友一起。

这就涉及朋友圈和群组。由于关系是有分类和层次的，因此朋友圈也需要有分类和标签，不能全部混为一谈；群组需要有属性或主题，以便对人群或内容进行过滤和控制。对于好友，如何进行关系强弱的标识和层次的分级，这是个很有意思的话题。

当朋友圈可以由自己进行分类和分层时，群组可以由成员邀请，这就形成了一个简单的自组织模式。而这个自组织，需要对简单的成员角色、时序和层次进行区分和管理。当一个人是中心点时，会是一个群组或者朋友圈的核心，但不会是太多群组的成员；当一个人是连接点时，会是多个群组或朋友圈的连接点，他可以将很多群组和朋友圈跨接起来；当然，还有一些是弱连接的人，他们既不是中心点也不是连接点，可能只是一个连接关系很少的节点，相对比较孤单。

每个人都有自己的社会资本，它来源于自己所能够影响的关系网络的节点数量和强度。粉丝在微信上的好友数量 + 关系强度，基本上决定了他的微信价值，当然很多人还只是看到微信好友数量，而忽略了关系强度。

在微信上，更多的是强调一对一的交互，因为交互而带来的关系转化和信任提升，从而在营销上实现转化率的提高；而在微博上，往往以传播到达为目的，却忽略了到达后的持续的一对一交互，但往往一对一交互才是建立信任、实现价值转化的关键。但如果微博能够补充这部分内容，一样也可以实现较高的转化率。这就是Social CRM的存在价值。

如果要对社交信任关系进行一个衡量，可以尝试一下这个公式：关系回报 =（相关性 + 时效性 + 空间性）× 信任系数。其中，相关性为内容和属性的相关程度，时效性为与好友的关系时间和互动频率，空间性为与好友的空间距离，而信任系数则为关系强度的权重系数转化。

## 案例15　迈克尔·杰克逊的粉丝经营

**导读**　“世界最畅销专辑颤栗者”——迈克尔·杰克逊，他与粉丝的关系是怎么样的呢？详细来看一下粉丝自己的描述。

小贴士

案例内容请在公众号回复“迈克尔·杰克逊”详阅。

## 许可

早期鼓吹微信营销的人经常说的一句话是“微信是真正的许可营销”。可惜的是，他们将客户识别和客户许可混为一谈了。消费者加入你的微信，只是加入和让你识别他，并未许可你可以任意推送消息和推送任何消息，这并不是许可营销。

其实，消费者通过手中的手机屏幕学会了在上面发送信息，但企业能否发送消费者希望看到的内容呢，他们还要一如既往、不分差异地推送？这需要企业有一种全新的思维模式，你可能要去想：消费者想要什么？他们什么时候想要？为什么想要？怎么样更便捷？

试想一下，对消费者而言，你可能会因为促销、有趣或某次活动而加入某个企业账号，当超过50个以上时，你便会开始一个一个地取消关注；如果再有企业不分差异地狂轰滥炸，你一定会忍无可忍的。其实，现在已经有很多人在滥用了，想想微博的大号，然后再想想它们进入微信后会怎么做？

那么，粉丝的客户许可到底是什么?

客户许可的一般步骤：一、激励或者吸引，通过促销、优惠、送礼品等方式吸引客户进行许可；二、交换，通过订阅或者参与营销活动来获得某种权益，由客户设定许可的条件、规划或者主题；三、自发推荐，鼓励或者设定条件激励消费者自发地推荐。

许可，不只是接入，而且要给粉丝opt-in（选择性加入）的许可选项，包括渠道、时间和内容范围，而这个内容范围即相关内容的标签。所以，出入的内容都应该有标签，没有标签就无从认知是否属于许可的范围。

作为企业，你应该明白粉丝关注你的微信，并不意味着你就了解他们了，也不意味着你可以对他们开始无休止地发送消息。关键在于，你有没有进一步了解他们的需求、喜好、许可的渠道和时间，然后再进一步发送个性化的、差异化的消息。

在互联网信息方面，需要制定一种规范，即保护用户隐私的最低标准，以及许可营销的规则，这个即NO-SPIM的行业规范，也涉及刚刚颁布的《个人信息隐私法规》。规范是为了让粉丝更大限度地接受广告，而不是让其泛滥，最终不得不全部扼杀。你能够理解吗？规范实质上是为了保护，而不是扼杀!

的确，微信给很多营销广告公司带来一个福音，他们觉得业主与消费者之间的渠道又多了一条。随着科技的发展，智能手机越来越便捷，你只需轻轻一按，几个步骤就可以完成购买。在淘宝网APP里面选购，用支付宝APP支付，也只是一两分钟的事儿。那么，也就是说，只要你推送了消费者喜欢的或者订阅的促销优惠信息，他可能很快将它转变为实际的购买。

客户许可是微信营销的基础，但是加入只是一个开始，你吸引了消费者加入你的微信，并不代表着他已经许可你推送任何的信息。这是最关键的原则：每一个消费者都不希望被打扰，包括你自己。

许可营销的核心不仅是opt-in，还有opt-out，也就是除了有选择进入，还要有选择退出。但对于微信而言，不仅有选择进入和退出的问题，还有一个选择在线的问题：也就是客户什么时间在线？什么时间查看消息？什么时间可以被打扰？什么时间可以进行对话？

你一定要了解并理解，如何选择一种粉丝可以接受的方式来进行对话，或者来进行打扰，而且是粉丝可以忍受的方式。这就意味着，你不仅要让粉丝选择进入，还要选择在线、选择时间、选择地点、选择方式，当然最好的是可以选择即时，能够让粉丝随时随地地想起你并与你对话，这才是真正的消费者驱动的对话，说白了，类似于要鼓励粉丝来邀请我们以他们选择的方式去打扰他们，是不是很拗口？

好吧，你不妨尝试着问一下粉丝以下问题：

你是否允许我发送信息?

你希望我发送哪些方面的信息?

你是否愿意在线或者登录?

你希望我什么时间发送信息?

你允许我在什么地点可以与你进行对话?

你希望我在什么地点不与你启动对话?

你希望我用什么方式与你交互?

你是否希望能够随时与我交互?

如果你已经有了粉丝的明确答案，那么你基本上了解了客户许可的本质。

如果很难让粉丝来填写自己的兴趣、需求或者标签，企业可以尝试将标签、品牌、动作等设计为一个可以比拼、分享和排名的游戏化活动，让粉丝在游玩和PK中实现兴趣需求和标签的图谱设置。

## 案例16 人人参与的营销力量

**导读** 黄太吉，煎饼果子的微博传奇，通过消费者的参与而形成的营销力量。

小贴士

案例内容请在公众号回复“人人参与”详阅。

### 协作

粉丝互动还有社群内共同参与、共同协作的成分。作为一对一交互的社交工具，微信的群组、朋友圈等功能实现了部分协作功能。除了群组的文字沟通，现在还开通了群组的语音沟通，未来再结合富媒体或多格式文件的即时共享，可以形成一个基本满足企业协作的平台。

作为社交网络的工具，自然需要协助企业实现一种全新的社会化的协作机制，而不再是传统的金字塔结构的协作。社会化协作往往是基于标签和主题进行自组织，实现扁平化协作沟通，而不再是自上而下式的传统流程沟通。因此，这就对微信的群组等功能提出了特殊的要求，比如设置标签或主题，成员邀请式的自组织，内容的相关性滚动与过滤，等等。

这种协作，是基于个体发起的，甚至是粉丝发起的，粉丝和企业员工平等参与主导，这是一种创新的关系和对话。这里面可能是文字、图片、语音、视频或者富媒体；这里面可能需要对图片的共同修订功能、对演示文档的演示和修订功能等加以改进，从而形成一个扁平化的群组，无组织架构，且即时协作。

微信在结合通讯录实现联系人管理时，还有一个与手机紧密相连的功能，未来需要涉及：日历／任务，类似doit.com，作为协作之基础。微信可以设置个人的任务，也可以设置群组的任务和日历，设置分享与提醒，并与语音助手的提醒和邮件提醒进行结合。这样的话，就基本上实现了一个手机版团队CRM功能：联系人+日历／任务＋短信／邮件（内容）。

正如微淘需要处理与旺旺或旺信的互动关系才能够有生命力，微信公众号要处理好个人助手号的协同和功能扩展，才更有生命力，尤其是在协助公众号延伸到群组和朋友圈方面。

传统的组织关系需要重新定义，自组织时代逐渐来临，不仅是个体消费者与企业的角色需要再创造，企业内部的角色也需要再创造，内外协同的参与者的身份需要重新定义，对于粉丝群体而言，消费者的价值已经不再只是购买价值。

对于粉丝与企业的交互角色，在新的移动智能和社交网络时代，已经开启了一种UCB的模式，也就是用户控制交易，粉丝主导并基于粉丝需求驱动组织的协作，这是一个双向的、自粉丝到企业的模式。这种营销是一种即时交互营销，即客户激发—商家反应—客户关系网络的口碑激发—商家激发—客户反应的模式。

在自组织协作中，通路扮演了举足轻重的作用。无论是传统途径如电话、面对面，还是互联网途径如电子邮件、网站，或者是移动途径如短信，还有新的社交网络通路如微博、微信、易信等。它直接改变了对话中的人的位置和状态，从以前的单向到现在的双向，从以前的被动到现在的主导，消费者完全改变了价值链。

在自组织协作中，需要特别关注自组织模式的传播方式，类似P2P网络的信任传播，可以基于信任模型进行内容和关系的点对点的传播，同时还可以在弱关系中传递内容，在强关系中传递动作。传播动作分为两个方向：出口和入口，入口的动作是邀请和邀约，出口的动作是分享、转发和推荐。

而对于企业而言，最关键的动作就是粉丝的口碑推荐动作，如何设计口碑推荐动作并形成有效的信任传播，是一个很好的研究方向，它可以将关系强度转化为口碑推荐，并形成一个NPS（净推荐力）的转化。

协作还包括企业联盟间的促销、数据和动作的联合。比如通过统一的微信会员或微信支付，形成客户信息的分析和交叉利用、邻居类型的伙伴联盟联合动作、基于整合数据的联合促销、内容服务和物流等服务的协作等，从而分摊客户关系开发的成本，提供新的对话和接触的机会，提供分享收益的机会。

## 案例17 荷兰皇家航空与粉丝之间的协作互动

**——来源：采编自互联网**

**导读** 荷兰皇家航空一直都是社会化营销的领头羊，它邀请旅客把自己的Facebook照片印在行李牌上，制作个性化的行李标签，建立起粉丝之间的协作互动。

### 给乘客送上“KLM惊喜”

2010年11月，荷兰皇家航空组织了一个“KLM惊喜小组（KLM Surprise team）”，推出了一个给乘客送上“KLM惊喜（KLM Surprise）”的幸福传播活动。

它的“KLM惊喜小组”首先通过Facebook、Twitter和LinkedIn等社会化媒体关注各个机场签到的乘客，了解他们都喜欢些什么，下一站往哪里、他们过去的经历和现在在做的事情，然后再选出一些乘客，在这些乘客下一次登机的时候给他们送上一份非常个性化的“KLM惊喜”。

有一次，“KLM惊喜小组”在登机口给莎斯姬亚送出的“KLM惊喜”是好几磅意大利调料，这让她可以做最好的意大利菜，他们还送了一把硬币，可以让她在罗马许愿泉碰碰运气；埃瓦尔德要去开罗参加一个沙龙活动，他在开罗的沙龙主题是讨论社会化媒体，讨论如何通过社会化媒体开拓人际关系，他在登机口也收到了一份“KLM的惊喜”，“KLM惊喜小组”给埃瓦尔德送了一张《社交网络》的电影票。

在“KLM惊喜”的活动期间，一共有28名乘客收到了“KLM惊喜小组”的礼物，他们被抓拍的照片，连同他们收到礼物的原因，都被放到Facebook上，这一活动在Twitter上获得的微博以及微博的转发超过了100多万次。对“KLM惊喜小组”来说，最重要的不是礼物，而是它证明了荷兰皇家航空一直都在用心聆听乘客的声音。

## 由乘客决定的航班

有一次，荷兰皇家航空因为两个乘客的微博而改变了一个航班的安排。这一事件或者可以载入世界吉尼斯纪录，因为它是史上第一家根据Twitter博友的要求而改变了航班安排的航空公司。

2011年年初，荷兰皇家航空宣布，将重开阿姆斯特丹和迈阿密之间往返的航线，但它的两位顾客，一名音乐人和一名电影工作者，在微博上抱怨说航班重开的时间太晚，如果能提早一个星期，就可以帮助他们准时参加迈阿密的一场音乐节。这两位乘客跟荷兰皇家航空打赌：“我们能凑够满满一飞机的想要去迈阿密音乐节的荷兰音乐爱好者。”

荷兰皇家航空居然答应了这两个博友的请求，条件是他们七天内聚集到一个航班的旅客。这两个博友专门开设了一个微博，邀集更多的人一起去参加迈阿密音乐节，结果5个小时就聚集了150人，荷兰皇家航空也兑现了承诺，从阿姆斯特丹到迈阿密的航班提前起飞。

**点评** 粉丝参与进品牌的协作和互动，这是之前企业所不敢想的，但是现在企业完全可以大胆地邀请粉丝参与进来。

## 平台

品牌与粉丝互动需要建立平台和体系。只有通道的互动是不够的，还需要进行平台的整合，包括对多个互动渠道的整合，以及延伸到服务层的互动、协作平台的互动。我要纠正一个长期以来企业错误的观念：并不是只有对话才是互动，物联、服务和协作都是互动的一个类型。

### 整合

整合，成为粉丝互动的一个特点。这很奇怪，但却是很现实的结果。从互动的社交通路角度来讲，微信会成为通路上内容和人的出入口，比如内容，通路是搜索和索引；人，通路是关系和属性、群组。从移动智能终端的角度，微信成为人的一个影子，因此又成为协作和交易的出入口，比如物，交易、促销和O2O；协作，邮件、电话会议、文档和数据等。

比如具有整合功能的微信。微信可以收取QQ的离线消息，可以收取QQ邮箱的来件通知，可以直接打开网页和Office文件，可以直接打开视频和音频文件，可以直接读取发送QQ邮件，它几乎成为了一个整合通路，可以整合消费者的社会化数据，集中在消费者的移动智能手机上。

对比众多的APP应用涉足票券应用，比如苹果的Pass Book、支付宝钱包的优惠券、大众点评的会员卡和团购券等，其实，微信是一个最佳的促销票券的整合点，通过微信可以实现识别并储存和管理各个商家的票券和促销活动，进行提醒、使用和分享、推荐等动作，甚至通过LBS等预设条件进行触发和更新。

不可否认，我们面临越来越多的类似MSIM的应用软件，从飞信、旺旺、米聊、陌陌、手机QQ、LINE、KIK以及微友、啵啵等，还有最近的易信、来往，相信还会有新的社交软件会产生。但未来的走向是合并，这种趋势不是创造更多的IM，而是创造一个融合的大家庭，就如同企业的信息化的误区是创建更多的信息孤岛一样。这需要微信类的系统架构中OpenID和开放协议、标准成为重点，因为微信类的营销也需要SOA（Service-Oriented Architecture，面向服务架构），需要互联互通。这也是最新的易信用来对抗微信的一个点，易信愿意开放接口和协议，而微信还是在相对比较封闭的腾讯体系内。

粉丝互动虽然依赖于不同的社交交互工具，但人与人需要打破语言工具的障碍而自由地交流，社交工具不仅需要处理文本向语音以及视频的深化，还要处理不同地方语言、国际之间的人与人的交流。这将有效地跨接不同的社会网络，而不是在相同语言系统中的社会网络的多语种版本。也就是说，它作为连接工具，可以有双向翻译机制，或者类似语言同声传译机制。

由于微信不适合推送式（向用户主动发送信息的方式），而是适合拉式（吸引客户发送信息询问企业的方式）的索引机制，因此微信不可避免地将会成为各种索引的入口。如何进行整合？如何对不同索引进行微信平台的索引？是否引进信任机制或评价评级和口碑推荐机制进行智能排序？如何构建索引使用的反馈和评价的闭环？如何构建索引到动作的模式以及衡量机制？

微信对索引入口的索引，又带来了对公众平台的定位。目前公众平台的定位还是在内容分享、消息推送的基础上，而没有考虑公众索引账号的问题，即众多的助手、导航账号，如何等待即时响应消费者的动作。

公众平台的接口，初衷设计为内容消息交互，可以进一步成为索引和订阅的架构，但如何让粉丝自助设置标签和订阅？如何设计索引层次和导航动作？如何将索引菜单、内容消息和用户动作融合在一体？这些都是公众平台需要面对的问题。

作为整合的基础，微信的插件生态很关键。我们可以通过以下问题帮助企业寻找到发展的灵感。只有官方的功能成为插件，还是第三方的应用经过认证后也可以成为插件选择？插件应用与公众平台的接口是不一样的机制，插件可以对接的数据和功能如何更加开放？是不是可以将更多的第三方系统或平台的应用基于服务的模式整合进来？比如新浪微博插件、OA插件、Outlook插件、财务软件插件、Social CRM系统插件，等等。

插件可以定位在第三方系统平台的整合通路，这就涉及数据的整合。微信如何整合第三方外部数据？是通过webservice进行整合，还是通过外延数据库进行整合，或者通过云数据平台进行整合？这是个很值得思考的架构问题。

当然，数据整合关键在于整合模型的设计。外部数据源可能是关系型数据，可能是非结构化数据，可能是文档文件，可能是云数据服务，因此主数据模型和扩展模型的设计，就成为能够有效融合各种不同来源数据的关键。

## 案例18 昌明眼镜的社会化监控平台和一对一的顾客数据库

**——来源：采编自互联网**

**导读** 昌明眼镜（Vision Express）在它的社会化运营当中整合资源和力量，投资建立了对社会化媒体的监控平台和一对一的顾客数据库，实现了在线上也可以提供跟实体店一样的顾客服务。

昌明眼镜的视力保健行业的顾客平均每2年就有一次新产品购买或者更

换的动作，这是一个长期循环的过程；其社会化运营的重点不在于拓展新顾客，而是争取在线上也可以提供跟实体店同样水平的顾客服务。跟许多机构企业一样，昌明眼镜的社会化运营开始3～6个月的重点也是通过聆听来了解消费者如何评论／期待公司品牌，它发现“客户群中大概有1%～2%的人与我们联系是通过社会化媒体。这种交流在不同的社会化媒体间变换，比如我们发现Twitter更多的是一个客户服务工具，而Facebook是一个有趣的互动平台，适合销售拓展”。

以此为基础，昌明眼镜集中它的资源和力量，投资建立了社会化媒体的监控平台和一对一的顾客数据库，它主要从两个方面提供线上的顾客服务。首先，它可能无法保证跟每一个线上的顾客都一一进行互动，但社会化媒体监控平台和一对一的顾客数据库可以把线上顾客的信息反馈到公司各个业务环节当中，这些反馈可以保证顾客在线上也可以获得跟线下顾客一样的重视；其次，从一个更广泛的意义上说，它也可以帮助公司保持它在行业内领先的顾客服务水平。

一旦跟一个顾客发生了一对一对话之后，昌明眼镜的社会化媒体监控平台和一对一的顾客数据库可以确保它的对话能够顺畅地保持下去，公司内部各服务环节可以及时掌握对话的内容，保持沟通和融合。比如说，如果顾客曾经跟公司有过Twitter对话，他来到商店而被告知商店还不知道曾经的对话内容，这对企业就会很不利。昌明眼镜集中资源和力量建立了社会化媒体监控平台和一对一的顾客数据库，有效地防止了这种糟糕现象的发生。

**点评** 只有整合各种线上线下资源和系统，形成统一的社交媒体监测平台和一对一的消费者数据库，才可以实现更好的消费者体验。

## 服务

微信需要解决与手机QQ的定位差异问题，其实微博等类似应用也需要解决定位问题。目前，大部分的设计和定位都是围绕个人消费者，而涉及企业的很少，它们只延续了互联网的那套广告服务。所以，无论是个人还是企业，都需要重新设计服务的角色。

企业应用市场分为5个层次：感知层、通讯层、平台层、应用层、服务层。微信和微博都在应用层，下一步它们要向哪一个层次延伸？比如，微信利用语音对讲、群聊功能逐渐切入通讯层，利用公众平台和插件功能、内置富媒体处理器等切入平台层，利用二维码切入感知层，总之，这是一个很宽泛的定位问题。

那么在服务层，微信是会包揽所有的服务功能开发，还是会作为开放平台将更多的API功能开放，让第三方来做无穷尽的服务应用呢？我们几乎都相信，微信、微博都会成为开放平台，授权让部分或者更多的第三方来做服务应用开发和运营，只是问题在于它们将如何控制通讯层和平台层呢？

但是，为什么是要控制通讯层、平台层而不只是开放平台呢？各位可以想想当前微博开放平台的尴尬之处，由于不能控制通讯层和平台层的基础服务，而造成微博开放平台上的应用，更多的是利用微博平台转化流量，而不需依靠微博的基础服务或者必须的付费基础服务。

当然，在应用市场的层次分布中，通讯层的定位与个人消费者的通讯服务是不一样的，就如同电信运营商提供通讯网络，并提供最基础的通讯服务，而更多的ISP（Internet Service Provide，互联网服务提供商）服务商在基础服务层提供增值的通讯服务，所以通讯层的定义和服务层的通讯服务是不一样的。

如果分析来看，Customer（个人消费者）的基础服务，基本上可以分为通讯、社交、娱乐、协作和交易。微信、微博可以围绕这些方面提供最基础的服务，然后开放这些基础服务的API（Application Programming Interface，应用程序编程接口），吸引更多的类ISP服务商来开发更多、更丰富的增值服务，但同时又必须依赖于基础服务，这是一个两全其美的办法。

在通讯服务中，微信可以提供基础的语音对讲、语音群聊、视频对讲等功能，而语音对讲中的关键词过滤、同声传译、语音情绪判断等增值功能，则可以由第三方ISP来提供，而它们又是仅仅依托于语音通讯基础服务的。另外，微信是否有可能与Skype一样对接传统通讯网络，直接与固话或手机进行语音通讯呢？

在社交服务中，微信主要定位的是熟人和半熟人社会，包括交互、邀请、群组、分类等基础功能，而在此之上的针对熟人社会的群组服务，比如邻居社区的服务、校园校友会的服务等增值功能则可以放开由第三方服务提供。

在娱乐方面，游戏引擎的基础服务之外的道具、公会等；在交易方面的预订、支付、售后和会员之外的推荐、口碑、预约排队、促销优惠、积分兑换等增值服务，这些可由第三方服务提供。

## 案例19　Facebook的第三方电子商务平台服务

**——来源：采编自互联网**

**导读**　在社交平台上，基于电商平台的服务已经成为趋势。Facebook上的Big Commerce Social Shop和Payvment是两个类似淘宝的第三方电子商务平台。

Baby And Me Gifts母婴用品店的主人杰奎琳·迈尔斯估计，她网上销售有大约50%得益于Facebook的Big Commerce店。她的Big Commerce店每天都在强调最有人气的产品，提供优惠折扣和奖励方案，迈尔斯认为“用这个方法吸引我的顾客光顾十分简单。他们可以快速了解到他们能在我的店铺上购买到什么样的东西，还可以点击产品了解更多信息”，“这种方式非常好，就像电子邮件营销一样有效”。Big Commerce还为迈尔斯提供了一个Big Commerce online store交易平台，顾客最后交易可以链接到这个平台上完成。澳大利亚Ettitude公司也在它Facebook的主页和电子商务商店使用Big Commerce软件。它销售竹子和有机棉制成的环保产品，其常务董事菲比·于（Phoebe Yu）表示，能够在Facebook上显示Ettitude的库存量是一个非常好的策略，“你可以频繁地更新店面，如果你的内容很有趣，人们就会‘赞’或‘分享’它们。如果你发电子通讯，就不能发得这么频繁，因为那会让人们觉得烦”。

Payvment是2009年在Facebook启动的另一个第三方电子商务应用，到2011年2月它已经有5万多家商户。它给商家提供设定其产品特性，提供分门类（比如服饰鞋帽）、拍照片、服务协议和送货方式等服务，而顾客则可以分享他们喜欢的产品和商家，搜索特定商家的商品。Payvment希望把社会化媒体上的交易都汇聚到一个涵盖了所有零售商的Payvment商城，不同商店的产品可以统一保存到一个购物车中，购物车中的商品价格，库存信息连同顾客贴在Facebook墙上的信息都可以统一更新。有人认为Facebook正在演变成电子商务的目的地，也有人持不同看法，据说Facebook很可能也会开设自己的商城，并且在商城中使用Facebook Credits（虚拟货币）。

**点评** 社交平台和移动社交通讯工具，不仅可以提供服务，还可以提供平台服务，这样可以整合更多的第三方合作伙伴，共同为消费者提供全方位的服务和体验。

## 平台

粉丝互动的平台，需要认真思考一个问题：商业化到底应该从个人应用切入，还是从企业应用切入？互联网的传统思路与企业应用市场的思路是不一样的，互联网更习惯于做个人应用，积累了一定数量级的个人消费者后，再基于广告模式进行商业化。这与企业应用的模式截然不同，企业应用市场是要将应用转化为平台，甚至深入通讯层和感知层。

必须要说的是，粉丝互动平台的商业化出路，一定是如何解决企业应用市场，而不是在个人应用市场＋互联网广告的混合模式。

我们再回顾一下，企业应用市场分为5个层次：感知层、通讯层、平台层、应用层、服务层。微信和微博虽然从应用层开始，但都有一定机会延伸到平台层，甚至到通讯层和感知层，这种延伸不是简单的功能堆积，而是真正清晰地有脉络地建立起整个平台架构体系，有清晰的定位和设计。

对于企业而言，感知层很关键，可以作为入口。其实这不仅是O2O的入口，如果将感知层的基础服务构架起来，那么微信可以成为一个企业的手持智能二维码终端，可以进行产品识别（产品编码扫描），库存查询、销售等；可以进行促销识别（促销编码扫描），提供促销、优惠、折扣等；可以进行消费者的识别（会员卡扫描），提供会员服务和积分礼品等。

这些变化，又涉及企业的BYOD（Bring Your Own Device，自带设备管理），微信作为个人智能手机上必备应用程序之一，是企业不需要再投入人力物力进行设备购置和运维管理的，却又可以成为企业的应用管理中的有力武器。

在企业应用层面，最核心的是通讯层。对比物联网的不成熟和二维码推广的窄渠道，只有电信运营商代表的通讯层才是企业应用的基础。微信未来能否成为虚拟运营商，关键在于通讯层的服务是否能满足客户的需求。企业现在越来越提倡融合通讯或者统一通讯，其实对于企业的目标消费者而言，无非是一个许可和选择的问题，那么也可能就是虚拟通讯成为主流，其他的则成为互补或者替补。

如果从通讯层的基础服务来设计，语音对讲、群聊和视频对话等要进行通讯层的改造，成为企业融合通讯的主流通讯方式，无论是企业内部还是企业与消费者之间的通讯。而在通讯层的架构设计上，号码将成为微信的资源，比如与企业400／800电话相同的微信号将成为需要申请的资源；流量虽然基于运营商网络，但计费方式将成为计时或者套餐模式；同时，微信可以构建公共微信虚拟呼叫中心，向企业提供外包服务。

现在看来，微信暂时很难切入通讯层，反而是携手电信的易信具有了切入通讯层服务的基础，在解决了网间结算的难题后，通讯层服务得以唾手可得。

对于企业的基础服务，可以分为通讯、社交、协作、交易和联盟。除了通讯服务之外，在社交方面，微信在企业应用角度与个人角度不一样，个人主要围绕在熟人和半熟人之间，而企业应用可以从售前的陌生人，到售中的半熟人以及售后及会员的熟人关系。而企业的社交关键在于与粉丝的关系处理和交互，因此可以构建咨询接待中心、客户服务中心、销售中心，以及会员社区等。

在协作方面，微信是企业应用的一个很大的市场，它可以通过基础服务，结合增值服务向企业提供团队沟通、邮件整合、任务计划、电话会议、办公文档处理、团队提醒等功能，这相当于将企业的邮件服务、电话会议服务、OA（Office Automation，办公自动化）系统服务、在线文档处理等协作服务整合在一起，而且有效地融合在一个员工或者伙伴自己持有的智能手机终端上。

在交易方面，不仅要处理交易支付的问题，还要提供预约预订、下单、交付等服务，甚至要包含更进一步的金融服务。而在联盟商家方面，可以提供联盟合作伙伴的协作平台，包括产品、促销、会员、数据等的协作整合，同时建立一个整合的客户社群或社区模式。

## 案例20 云端运算Xbox Live Compute打造最先进网上社区平台

**——来源：采编自互联网**

**导读** 微软将Xbox建立成全球最大、最活跃的游戏与娱乐社群Xbox Live，基于云端运行打造最先进的网上社区平台。

在2013年过去的12个月中，Xbox Live为玩家带来了超过200亿小时的线上游戏与娱乐，相较去年成长了17%。全球市调机构NPD在2013的线上游戏报告中指出，Xbox Live为线上游戏服务的第一平台，超过50%的玩家偏好在Xbox 360玩联网游戏，超越了Play Station 3。现在Xbox Live会员每星期平均会花40小时玩线上游戏，每秒有7个人购买下载娱乐内容，在上个月更有超过70%的Xbox Live金会员使用这项服务，利用休闲时间来享受娱乐应用程序。

### Xbox Live将为Xbox One带来“Friends”全新好友功能

随着玩家的不断参与和社群的不断成长，微软公司持续研发全新功能与未来创新改革，为所有玩家和整个Xbox Live社群带来了更多迷人体验。即将登场的Xbox One将为玩家与玩家的线上好友打造全新的、自由度更高的Xbox Live社群互动模式——“Friends”好友功能，让玩家原本在Xbox 360上的Xbox Live好友可自动汇入Xbox One的Friends好友名单。Xbox One可以让每位玩家加入最多1000位好友，便于即时追踪与联系，同时，玩家也可选择让不在好友名单中的其他玩家追踪自己的动态，并且没有限制追踪者的人数上限。此外，在“Activity Feed”最新动态中，玩家则可以看到所有在Xbox One与Xbox 360上的好友动态。

就像其他社群媒体的用户互动一样，在Xbox One上的Xbox Live用户可以分享游戏画面与所使用的娱乐应用现况给好友或家人，甚至通过单纯地加入追踪来得知社群名人的现况或玩家特性（如最近的游戏分数与成就）。Xbox One让玩家有多种方式可以互动，不再仅止于对好友送出游戏邀请，像粉丝模式（用户间可以不用互加为好友），则提供给Xbox Live会员比较弹性但又更方便管理的方式和其他会员保持互动。

## 好友与粉丝

在Xbox One的Xbox Live上，用户可以为“好友”与“粉丝”设定不同的隐私层级。玩家可以追踪自己有兴趣的任何对象，而且对方是不是要反过来成为你的粉丝，完全取决于对方。玩家也可以决定粉丝能够看到自己所提供的资讯内容。当玩家和另一位使用者彼此相互追踪之后，就会建立互动性更高的关系，并为双方解开其他功能、看到更多资讯。Xbox Live专案经理Rob Lehew举例说明：“在《极限竞速5》中表现得极出色的一位玩家，可能有数千甚至是上百万人追踪他在游戏中的表现，这些粉丝可以在个人排行榜上看到这位玩家车手的表现及累积的成果，还有可能与这位玩家联网，在同样的赛事中一较高下。”

### Xbox One的游戏社群

Xbox One上的Xbox Live彻底进化到新的境界，将硬件与云端功能完美整合。在新时代的Xbox Live世界里，用户就是所有娱乐和游戏的中心，并且和自己的社群好友们共同享受或成就这一切。社群在Xbox One上扮演着重要的角色，玩家本来所熟悉并喜爱的游戏体验，将因社群的存在变得更棒更进步。最好的例子就是“成就”，成就可以分成两类：“成就”与“挑战”。前者类似在Xbox 360上所取得的成就；但挑战则只有在特定期限内才能取得，在这段时间内的进展，将决定玩家是否能够解开这项挑战。许多挑战都需要社群好友共同努力才能成功。例如某个游戏推出了一个周末任务，需要玩家在三天期限内累积达到某个目标，那么在社群内每一位参与的玩家都可以为这个目标作出贡献，朝着完成这个挑战的方向前进，并取得相关奖励。

**点评** 基于云端形成品牌的网上社区平台，形成品牌用户的好友和粉丝的社群互动，将更好地凝聚粉丝的力量，形成强大的品牌认同。

## 案例21 微信案例

**导读** 南方航空通过微信实现会员自助查询、自助值机及订票功能；招商银行通过微信实现业务提醒、自助查询、自助服务等功能；中国联通将短信营业厅扩展到了微信营业厅，这些案例为企业的微信应用做了很好的标杆向导。

小贴士

南方航空案例内容请在公众号回复“南方航空”详阅。
招商银行案例内容请在公众号回复“招商银行”详阅。
中国联通案例内容请在公众号回复“中国联通”详阅。

系统小贴士

详细的来往公众平台图文介绍资料请在公众号回复“来往公众平台”获得。

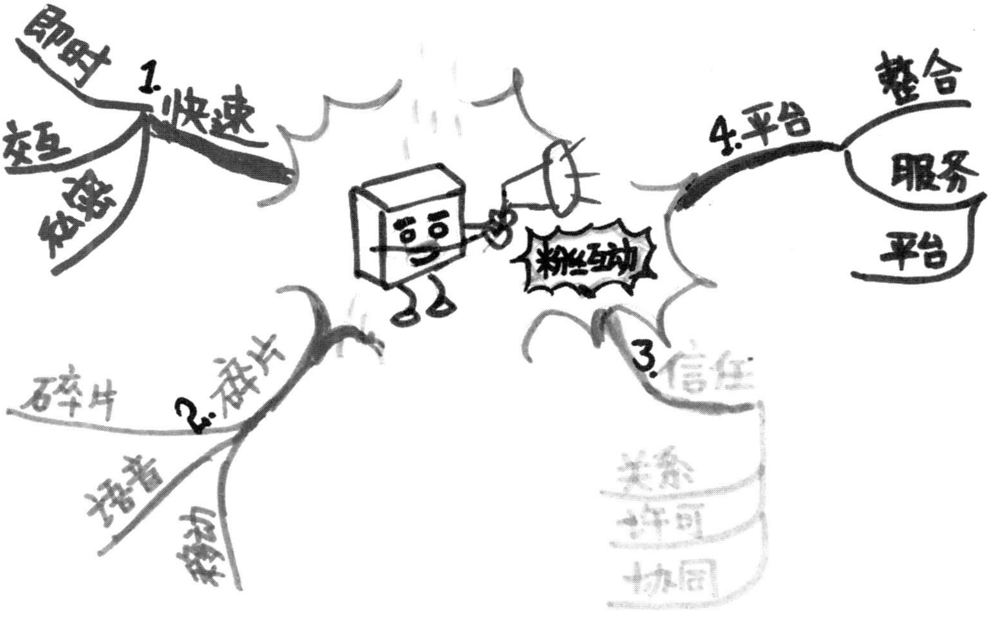


粉丝互动的特点

第4章

# 粉丝经济的四个步骤

在了解粉丝互动的特点和优势后，企业就需要在粉丝经济运营中通过有效的方法来分阶段地落地执行，比如第一阶段针对个体消费者，通过分解消费者管道、定义社交触点，建立信息体系、进行社交的广告营销和客户服务，实现个体的信息交互；第二阶段针对已经有初步类群体形式的消费者进行交互，通过线上和线下的O2O以及社交凭证打通整个业务链条；第三阶段通过粉丝计划进行“养粉”和信任构建，建立粉丝圈子，设计信仰仪式和形成共同意识和责任，最终形成初步的粉丝社群平台；第四阶段是继续发展粉丝平台，实现粉丝的虚拟自我，通过互惠的礼品和口碑推荐扩展品牌忠诚，并与更多的粉丝社群进行联盟合作，最终进化成为一个基于大数据与云平台的小社会。

## 第一步：个体—信息/对话

在粉丝经济初期，还属于个体阶段，这个阶段更多的是消费者个体与品牌的信息交互和对话，更多的是个体的自我表达。品牌在这个阶段通过对话和互动来了解消费者的信息，并有针对性地进行差异化和个性化。

### 消费者管道

消费者管道实际上是社会化消费者的生命周期的体现，它标识着消费者的周期阶段和状态。同时，你也可以理解为消费者的信任管道，即标识消费者与企业的信任关系的阶段变化（从弱到强）。

当然，每一个企业的消费者管道不是唯一的，根据企业目标客户群体和行业业务特征不同，可以有不同的管道分解。比如，可以有标准的管道阶段分解：“认知—考虑—购买—使用—意见—口碑”，还可以有比较详细的管道阶段：“兴趣—认知—考虑—喜好—购买—使用—支持—体验—超期—粉丝—口碑”，或者基于关系强度的管道阶段：“无关系—潜在关系—弱关系—强关系—长关系—亢关系”。

之所以称之为社会化消费者管道，是因为在移动社交时代，消费者已经成为社会化消费者，而他们的管道阶段很多都是在移动社交的环境下进行的，而不只是在传统的环境下了。

社交网络的核心是最终用户的真正参与、创造和分享内容。通过参与和响应，社会化声誉就形成了企业品牌的社会化表达。

传统的形式是企业控制消息，以推进和广播为主，强行给消费者一个从属地位。而在社交网络中，消费者和企业在说话方面、内容方面都有平等的发言权。从企业的角度看，社交网络有时候很复杂；而从消费者的角度来看，他们自己使用的社交网络，特别是移动端的社交网络，简单便捷而且自然。

企业开始考虑在社交网络上不仅要展示自己的存在，而且要吸引消费者，他们已经开始利用它来进行流量的转化直至成为自己的客户，并进一步建立起社交信任。图4-1显示了一个简单的社会化消费者管道。

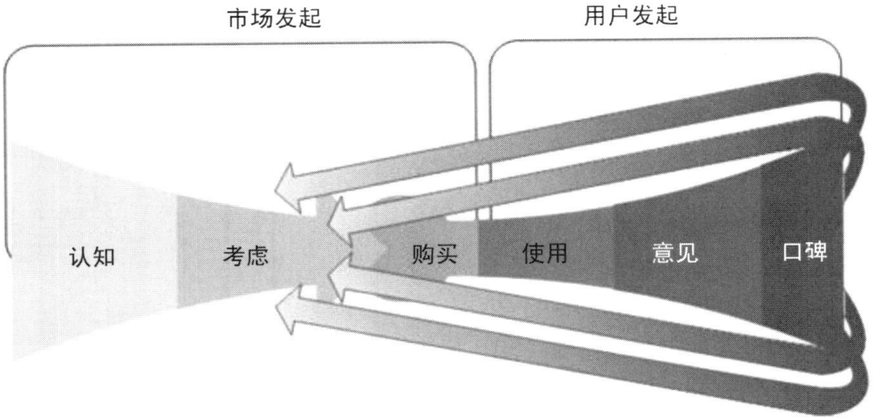


图4-1　社会化消费者管道

相对互联网消费者的管道阶段，传统营销的方案是提供问题和答案，让消费者自己来考虑和决定。但是社交网络同时解决了认知和考虑两个层面，就在一个交互空间中，并且还有更实质性的验证来支持购买决策。社会化的消费者在后管道所体现的使用感受、意见以及口碑体验等可以成为最好的考虑和购买的决策依据。

考虑阶段的营销是必不可少的，它形成了有效社交网络营销的基础。参与考虑的阶段，一要积极地提供和分享内容；二要使用反馈回路作为口碑相传的基础，你的目标是让你现有的客户谈论他们的正面评价，这样可以帮助你吸引更多的新客户。

另外，口碑体验也需要企业有效地参与进来，将口碑相传扩展到企业的全面讨论的层面，你可以选择参与对话，这样就可以传达出对消费者的信任和关怀。所以企业不仅要将社交网络作为一个监听平台，还要利用它进行讨论和分享。

企业可能需要花费一点儿时间来理解社会化消费者管道，并理解它的工作原理以及它在社交网络和传统业务之间所扮演的角色。

消费者管道的后管道是由用户发起的，消费者产生的媒体内容，比如照片、博客、视频、评论、评级、评语等是由参与者控制的（此处的参与者可以为消费者，也可以为企业内部的员工）。消费者产生的媒体内容大部分纯粹是为了好玩、分享经验，涉及的产品、活动、服务等信息，这些信息可以反馈到产品研发过程或者销售决策过程中，成为积极的、真实的福音。

最初的营销是通过单一的广播声音，集中服务；而现在的营销局势已经是许多个体声音的海洋，这是消费者产生的社交媒体。因为消费者的自媒体现象，客户和消费驱动的媒体，初步展现了其影响力。因此从营销的角度而言，你不再只是与竞争对手竞争，你也在和你的客户竞争。

## 社交反馈周期

企业与消费者之间的社交信任不是短期内就可以建立的，但是短期内就可以毁掉。

在这个过程中，企业要积极参与进入社交网络，但不要覆盖消费者的真实声音。好在企业在重构社交信任的时候，大部分是在与消费者进行一对一的移动社交，小部分是在社交媒体上与消费者进行多对多的交叉对话。

在一对一的移动社交中，企业需要创建自己的社交反馈周期，这包括消费者发起的交互元素。这听起来可能有点儿难，所以，企业要花时间去工作，仔细分析和建立每一个步骤。通过分析和设置管道的阶段，企业可以进一步理解如何使信息与客户的实际经验和比较好的口碑进行有趣的结合，并有效地将其输入到企业的营销系列的考虑阶段点上。

同时，企业要建立一个反馈循环，并且决定怎么绘制地图。这需要企业确认一个产品或者品牌的核心目标，比如，你的目标可能是增加信任的市场份额（新的社交信任），促进你的信任互动（新客户），或提高你的信任级别（较好的关系强度），只有明确了才可以在后续的措施中来配合实现。

企业需要评估现阶段的工作任务以便提高对消费者的认知，并明确测量方法。消费者的认知驱动着后面整个社交反馈周期，但是你很难只在社交网络上创建你的品牌认知。持续认知建设意味着企业需要跨渠道的手段，然后在社交反馈周期里推动移动社交和一对一的交互对话。

社交反馈周期中，前管道（购买管道）的最后一步是销售触点，在社交信任中购买阶段是社交网络与传统业务的结合点或者过渡点。首先，只有达到一定的社交信任度，消费者才可能从你这儿购买产品或者服务；其次，你在社交网络中建立的对话关系，可能会通过社交网络的交互反馈到其他消费者的购买考虑和购买决策阶段。如果是良好的口碑则可以帮助你积累社交信任，那么你可以轻松些；如果是批评性的意见则可能阻碍你建立社交信任，那么你就必须想法去弥补回来。

实际上，当企业把认知、考虑和购买放在一起时，就形成了一个简单的前管道。只是，企业的社交信任重构不仅是市场发起的前管道，还要持续到用户发起的后管道，因为前管道的考虑阶段的社交内容，是来自于购买后的使用和体验，比如你的客户分享的体验和口碑，或者营销人员的分享、竞争对手的诋毁内容等，或者更多的潜在客户的反馈信息，这都是考虑阶段的实际情况。

因此企业需要画出完整的社交反馈周期，如果你的社交反馈周期是空的、断裂的或者是混乱的，不要紧，多尝试几次，确保细节，加强训练。或者说，还没有人在社交网络上与消费者交互或者消费者还没有在社交网络上谈论你，那么看到这里，你就需要着手行动了。

## 案例22 Mindjet软件推广的管道组合

**——来源：采编自互联网**

**导读** Mindjet公司是一家以提供思维导图软件闻名的办公软件公司，它非常善于运用所谓的“信息表”视图进行产品推广，在推广当中，管道组合的功能非常明确。

Mindjet的产品追求是“最大程度上保证内容是吸引人注意的，是‘快餐’式容易消化的，为人们提供不同的平台，多种方式来参与其中”，“以信息图为表现形式的内容非常适合我们，因为它们很有视觉感，并且是对我们产品的最生动的解说，我们的产品本质上就是信息图”。

有一次，Mindjet设计了“思想领袖”和“行为领袖”两个信息表作为它的产品表现。在推广管道的分工和组合方面，Mindjet以博客为基础，用长篇博客对两个信息表的视图进行详细的解释，其信息量非常丰富；另外，Facebook是这一次推广的核心，它具有可视化和容易刺激分享的优势，Mindjet在Facebook上传了两个信息表的视图，它向顾客提供跟博客一致的信息，但它的信息更容易消化，因为Facebook同时也是刺激受众互动的起始平台。除了博客和Facebook，Twitter的评论和Stumble Upon的浏览器插件被用作这次推广的配合工具，它们的任务是推动信息扩散。这一次推广活动的最后效果衡量和评估以博客和Facebook的表现作为根据。

在把“思想领袖”和“行为领袖”两个信息表视图上传到Facebook之后，Mindjet为Facebook设计了一个刺激发起分享的CAT（Call-To-Action）。这一CAT对Facebook的粉丝带有一点儿挑战，它让粉丝做一个思考，然后选出跟“思想领袖”和“行为领袖”最为吻合的朋友、名人和名流，把他们作为标签加到两个图表上面。被贴了标签的朋友、名人和名流会收到一个他已经被Mindjet贴上了标签的通知，如果他们也认同Mindjet的推广内容，可以再给他们的朋友、名人和名流贴上标签；给人贴标签的人跟被人贴标签的人都可以帮助Mindjet证明它的产品价值。

Mindjet的这一次推广一共有23.9%的Facebook粉丝进行了317次推荐分享，它被贴了122个标签，获得了112条评论和432个“赞”，公司的Facebook平均日浏览量比过去20天增长了313.4%。在博客方面，Mindjet的博客平时一般有17000~20000个月浏览量，这次活动推出四月的博客浏览量增长了420%，达到了 84000个；平时比较好的一篇博文会有700~1000个浏览量，而这一次两个信息表视图的第一次展示就获得了13127个浏览量。

**点评** 消费者处于不同管道和阶段时，可以有不同的标签和特征，当充分整合和利用时，品牌与消费者的互动将更加个性化。

## 社交触点

社交网络是可以放大承诺、期望和实际体验之间的差异的。每一个消费者满意或者不满意的体验，都会被社交网络这个放大镜给予详细的传播。社交网络上信息传递的一个特点是：它往往结束在实际上使用这个信息的人手中。但问题是，在一对一的移动社交网络中，企业在何处可以接触到这个社交触点？

什么是企业移动社交的MOT（关键时刻）管理？这实际上是企业进行社交网络的接触点分析的问题。通常，传统营销也会仔细评估每个企业与客户之间的接触点的规律，它主要是为了确保在一系列的渠道中能够提供一致的信息和较好的体验。但是因为在社交网络中你已经不能完全控制一对一的交互，你的客户可以随时与他的社交网络交换信息，随时可以断开与你的社交对话，所以重新分析触点至关重要。

接触点分析是通过一种定量的方法来了解企业在与客户接触方面的长处、弱点和机会，从社交信任的角度来看重构所面临的挑战。这不是在“关于正确”和“非常接近”的模糊练习，而是要建立一个强大的数据基础，然后随着时间的推移跟踪测量，从而推动企业持续改进。

接触点分析也不仅局限在产品服务和促销方面。在社交网络中的谈话更多反映的是客户的体验或者客户的非产品服务方面的声音，这就意味着接触点的分析已经扩展到企业整体，包括品牌、运营和人力资源等，甚至与这些无关的但是与信任有关的内容。

企业要谨记的是，如果你已经做出了承诺，那么在社交网络上，你需要回归到最基本的客户沟通，回归到客户承诺，回归到核心产品或服务的最佳交付。

一个基本的接触点分析，需要首先挑选一些重点领域和收集数据。接触点分析的第一个步骤是决定你将要测量的点。最简单和最快捷的方法就是，拿起一个记事本，并通过一个实际的客户体验之旅或者神秘客户之行来进行记录。如果是线下的，去拍照；如果是线上的，来截屏；如果是电话的，打开录音笔。

最初的“数据采集”练习就是捕捉一切，并且不带任何个人偏见。你要把自己当作客户，从观察开始，记录线上线下、移动终端和社交网络上的每一个点。接触点的分析是对当前现状和实际发生的量化，不要做任何前置的假设。使用照片、截屏，以及任何你可以收集到的数据，那么现在就可以开始整理客户体验了。

最简单的方法是先寻找传统的接触点，去找出所有现有客户和潜在客户直接体验你的品牌的地方。比如回顾你的品牌和市场营销材料，包括最近的广告或电视广告的副本，其次要走出去，体验你的产品或服务的销售和交付，记录下你的体验。将你的营销材料和你收集到的所有的与客户体验相关的材料放在身边，寻找和分析你最初做出的承诺和支持的细节。

完成传统的接触点分析，再在这些接触点的线条和缝隙中寻找哪些是移动客户端的信息？哪些是社交网络的信息？进一步完善或者补充你的接触点方案。需要记住的是，要避免主观和片面，需要整合你所有正在使用的材料，来设置消费者的期望和传达企业的品牌价值或信任关系，这也是你的客户在市场上体验你的产品或服务所面临的同样问题：他通过哪些点来接收或者建立起与你的信任关系？

你收集到的所有材料，主要目标是连接接触点，通过你描述的客户的故事，考虑设置一个客户期望或建立信任的接触点，并从客户的角度来不断地评估你的各种接触点，只有这样才能够确保社交网络的成功。

社交信任重构的本质是通过社交网络上的对话来影响人或者人群。要成功地利用社交网络，取决于你的学习，正确地影响人群。如果你想要利用社交网络上的谈话，你就要分析你的客户接触点，了解你的客户是如何评判你的产品及服务的。

还有，你还要去竞争对手的社交网络看看，看看他们会有什么样的要求、有什么样的接触点。

分析接触点的数据可以从不同的维度入手：

渠道维度：如果你是按不同渠道与各个部门进行调查的，那么你首先要评价渠道间的信息是否一致，然后看多种渠道的不同方面，是否可能被调整到一个统一的特定的频道上。

功能维度：如果你发现的问题是承诺和交付之间的不匹配，那么这种接触点分析的方法可以分析与部门或者功能最密切相关的接触点。

客户细分维度：如果你是按照客户细分或者特定客户群来分析的，不同客户群的信息点、接触点和对话都不同，那么按照客户群组织数据分析，确定核心信息的适用性。尽量寻找可能存在矛盾的地方以及潜在的平衡点。

生命周期阶段维度：如果你是考虑客户生命周期阶段来分析接触点的，那么对客户的不同生命周期阶段如：售前、售中、更新、升级等的数据进行分析，可以更有效地总结出不同阶段企业的营销和服务的对应策略。

我们可以结合两个关键参数来分析数据的意义：重要性和相关性，这两个都是从客户的角度来衡量。首先，评估重要性，你要基于一些标准来进行衡量；其次，测量它的相关性。

你要给每个接触点打分，测量一下接触点的一致性、重要性等，结合你的CRM数据、客户服务记录以及社交网络的谈论内容，来评估在这里做得好不好。

还有，你还要调查一下接触点对客户的重要性。如果你的客户列举购买决策因素时，接触点不在其中，那么你就不要那么快地进行；但是如果客户的调查证明，接触点是真正重要的优先地位，那么就要详细评估。毕竟，重要性驱动着对话价值。

基于这些，企业可以建立起接触点地图。你要用你的接触点列表，逐个对每个接触点的会话价值进行相对评估，比如你的消息到达客户了吗？有没有在社交网络进行传播？尽可能地让数据正确地评估，它们不需要是完美的，但必须是合理的。然后，你就可以绘制接触点地图了。横轴为接触点的评估价值，纵轴为接触点的复杂程度，将所有的接触点都排列进去，这样你就获得了一个象限矩阵。

你可能可以分析出哪些是最有价值又最复杂的接触点，哪些是最常用或者默认的接触点。接触点地图只是一个工具，用来帮你分析数据，但最终还是由你来决定如何使用它。由此可见，接触点地图可能是企业进行社交信任重构的整体营销计划之中的必须使用的工具之一。

看看你的接触点地图，有哪些接触点准备重新调整？有哪些接触点要尽快集中到社交网络？哪些接触点需要多加注意？要明白你现在做的努力，是从社交信任重构中发动最大效益的关键。

在社交网络上，你的会话只是社交对话的一部分。如果你在某个接触点透支了资源，或者消耗了可以应用在其他更好的接触点的资源，这样就不能确保可以体现出接触点地图的真正价值了。一些无关紧要的接触点，就不要浪费精力了。

要对你的接触点列表进行分析并做出调整，削减的名单和提升的名单都要具备。基于名单，要最终确定你的团队、产品、客户和供应商。对于每一个接触点，你都要认真分析到位：

· 哪些是你社交会话最少的接触点？

· 哪些是你社交会话最多的接触点？

· 从客户的角度来看，你的哪些高接触点是低信任度的？请记下这些。

· 从客户的角度来看，你的哪些高接触点是高信任度的？小心识别和维护这些。

好吧，你现在应该知道哪些需要优先处理了吧？高会话低信任的接触点，很容易产生较差的信任关系和负面的口碑内容，你自然知道该如何对待；而低会话高信任的接触点，你是否要考虑怎样使其更加活跃和高可见性呢？

在移动社交时代，企业可能不再直接控制社交网络中的谈话，而你开发的接触点地图则是有效的粉丝信任重构的趋势图和分析工具。

## 案例23　麦当劳粉丝的接触点

### ——来源：采编自互联网

**导读**　麦当劳通过众多的活动来与粉丝建立接触点，在这些接触点上形成良好的互动和参与传播。

### 1. 麦当劳举行暑期Hello Kitty超级粉丝派对

“娱乐圈永远的美少女是谁”、“Hello Kitty的孪生妹妹叫什么”、“麦当劳今夏推出的缤纷Hello Kitty有多少种颜色”，60多位Hello Kitty超级粉丝集聚麦当劳河坊街餐厅，参加由麦当劳和招商银行联合举办的缤纷Hello Kitty超级粉丝派对。下午2点，记者来到欧式古朴的麦当劳河坊街餐厅。一到二楼，就看到了悬挂在中庭的多幅Hello Kitty可爱头像，派对工作人员也换上了充满着浓浓的Kitty味的服装。整个餐厅都充满了梦幻色彩，吸引了众多Kitty粉丝，也有不少家长陪同小朋友前来，还有许多学生粉丝。

### 2. 2AM亮相麦当劳与粉丝同乐

2012年6月25日上午，韩国组合2AM在首尔三省洞COEX的麦当劳举行活动。以简单T恤、休闲裤装亮相的2AM给人在炎炎夏季带来了丝丝清爽。

2AM在卖场内接受客人点餐，为顾客服务，直接与粉丝见面。他们还同顾客大玩飞镖游戏，度过了愉快的一天。

此外，2AM还向顾客介绍了为纪念将在7月27日举行的“2012伦敦奥林匹克运动会”而打造的新菜单。

### 3. 麦当劳厨房开放日活动

为了提高大家对食品安全知识的了解，从而更加理性地消费，时空美食联合麦当劳推出麦当劳厨房开放日活动，将麦当劳安全美味食品的制作过程展现给大家，让网友们更加了解了麦当劳在食品安全控制方面的层层把关和流程。麦当劳让大家亲眼目睹了厨房的运营与管理、食品的加工烹制过程，并深入了解了厨房设施的卫生和安全标准，透析了麦当劳美味、健康食品背后每一个安全控制细节。这将使大家吃得更加放心，更加舒心。

### 4. “热爱麦辣鸡翅”宣言

据悉，自从麦当劳鸡翅推广活动开展以来，备受消费者的推崇，近期在腾讯网及人人网上，麦当劳征集到超过100万个网友发表“热爱麦辣鸡翅”的宣言。为了让众多鸡翅爱好者更加纵情地享受美味鸡翅，麦当劳首开快餐零售业的先河，于3月24日至3月30日在全国七大城市（北京、天津、上海、南京、武汉、深圳以及广州）开设七家为期一周的“三翅盛宴”鸡翅主题餐厅，专卖三种风味的忘形鸡翅产品，并提供饮料及其他小食。在此期间，凭麦当劳官网下载以及派发的免费新口味鸡翅兑换券，就可以来鸡翅主题餐厅兑换免费鸡翅一个。“翼”样美味，挑动味蕾，绝对给你非同一般的感受，让你忘形乐享“三翅盛宴”！

无论你是有着“鸡翅控”的美食家，还是始终关注麦当劳产品的忠实消费者，麦当劳都会以满满的信心，为您提供与众不同的完美用餐体验。还担心找不到诱惑味蕾的鸡翅产品吗？麦当劳盛情邀请广大消费者“为快乐腾一点儿空间”，来这里大饱口福，尽享“翼”样美味的“三翅盛宴”。

## 5. 迎接世界环保日 天津麦当劳粉丝再度低碳骑行

在“世界环保日”即将到来之际，天津麦当劳“麦环保微环保”骑行活动于2012年6月2日早9点启程，260多位麦当劳铁杆粉丝累计完成了1000多千公里的低碳骑行。本次骑行活动已经是第二年开展，并沿袭了天津麦当劳儿童绘画大赛的“微环保”足迹，旨在通过孩子们丰富的想象力和纯真的笔触，感染更多的都市人积极参与到环保活动中来。

据悉，今年的骑行队伍比去年增加了一路，分三路骑行，共计有260多人身穿“麦环保微环保”T恤骑行在街头，场面蔚为壮观。天津麦当劳公司希望借骑行活动，呼吁更多市民以自行车为交通工具，绿色出行，有效降低个人碳排量，与低碳环保的麦当劳麦乐送一起，为构建绿色城市贡献“微力量”。

天津麦当劳总经理张涌涛表示：“很高兴看到有那么多麦当劳铁杆粉丝不畏辛苦地完成了骑行，再次响应了我们的环保号召，而麦当劳的小粉丝也用手中画笔，为我们描绘出心中最美的环保梦，这和麦乐送送餐员一样，都是身体力行实践‘微环保’，传递快乐。”

今年5月，天津麦当劳携手《渤海早报》共同开展了“微环保”儿童绘画大赛，得到了市民的广泛关注和积极参与，70余家餐厅共征集到绘画作品近千件。最终评出的百名“小画家”，今天也受邀来到了活动现场共绘长卷，同时天津麦当劳和《渤海早报》也为百名获奖儿童颁发了儿童环保大礼包作为奖品，并在现场抽取了18名幸运大奖，以鼓励孩子们为环保作出积极贡献。

## 6. 全市第二家麦当劳24日闭店 粉丝赶来留影

餐厅已贴出停业通知，老顾客赶来怀旧。“小时候就经常来吃，留下很多童年的回忆，真想不到会关了。”在麦当劳长安餐厅门前，前来留念的老顾客感慨道。

●**现场** 这灯箱、吊扇都是原来的物件

作为1993年开设的北京第二家麦当劳，麦当劳长安餐厅给不少“80后”留下了深刻的回忆。为配合商场的整体改善和调整，该店将于3月24日24时关店。

不少“80后”、“90后”顾客从微博中获知该店即将关闭的消息后，赶来用相机记录下这个充满儿时回忆的地方。昨晚8时许，餐厅门前已经聚集了不少前来拍照留念的老顾客。而店内就餐的一些食客，也不时地举起手机，拍下餐厅的老物件。“这灯箱、吊扇、皮椅子都是原来的东西，现在新开的店已经没有这种感觉了。”一位顾客表示。

而记者在采访过程中发现，前来的顾客当中，大部分都是因为餐厅关张而特意赶来的“80后”顾客。

●**讲述** 推开门的麦当劳味，现在都忘不了

“这个店被我们公认为是‘最麦当劳’的麦当劳。”今年30岁的卢先生告诉记者，他第一次来这家麦当劳是小学四年级的时候。所以当这次知道餐厅要关张后，他就特意约了以前的同学来。

“小时候推开门闻到的那股麦当劳的味儿，我现在都忘不了。”他说。

中学老师周女士的一名学生现在在澳大利亚留学，听说餐厅要关张，就赶紧拜托老师前来拍照。

“她家住在后面的社区，她说从小到大，自己有太多的记忆都和这家麦当劳相连，写作业、聚会、约会……很多温馨的记忆都发生在这里，她在这儿有一个固定的座位，每次约我出来谈心，都告诉我：‘老地方！’”周女士说，学生听说餐厅要拆，哭了很久，无论如何请她帮忙拍照留念。

## 7. “麦当劳夜亮了”活动

小分队巡游时间：6月10日晚18:00—20:00，巡游路线：解放路麦当劳—湖滨麦当劳—明珠麦当劳—杭州大酒店麦当劳。只要粉丝在路上看到巡游队就可以直接与巡游人员互动，巡游人员问：“麦当劳今夜暗号是什么？”粉丝答：“暗号是夜亮了，就可以获得麦当劳夜亮了优惠券啦！千万记得哟！”

## 8. “快餐粉丝”麦当劳办婚礼 分享美食与幸福

婚礼是人一生中最浪漫的时刻，别出心裁的婚礼更会让人永生难忘。当地时间2013年7月27日，英国布里斯托尔，一对新人史蒂文·阿舍（Steven Asher）和艾米丽·马歇尔（Emily Marshall）在他们经常约会的麦当劳店举行婚礼请宴，与33名家人及好友共度这一喜庆时刻。

**点评** 品牌可以围绕消费者的众多的接触点，设计个性化和差异化的活动，在接触点上与粉丝形成互动，提升粉丝的客户体验和品牌认同。

## 数字化的营销

数字化营销的模式很丰富，比如直接的促销、品牌推广、宣传、问卷调查以及各种数字广告，这里面包括文字、图片、富媒体或者网页等。但到了社交网络时代，我们是依旧把它们一股脑儿地推送出去，还是考虑选择一种新的消费者订阅机制？比如说，消费者选择订阅某一类信息，就可以获得积分或者获得礼品和赠品，而且可以根据接收到的促销内容的数量和点击、分享的数量获得互利。这是否意味着一种崭新的社交网络的广告模式呢？

正因为如此，这个讨论营销的话题放弃了对传统广告和营销方式在社交网络的应用，而是用这样一个片段来看一下有什么新鲜好奇的广告与营销，能够更好地与个体消费者互动。

### 新广告模式

传统的数据营销公司，一般都是基于客户许可的直邮公司，它们有庞大的客户数据库，基于数据分析可以定位到符合企业特定需求的、允许在选择的渠道和时间接受信息的消费者，向他们发送促销的电子邮件或者短信。

那么，社交网络上的广告模式会是什么样的呢？除了传统的互联网广告模式，比如CPC（按每点击一次付费）、CPM（按千次展示付费）、CPA（按用户行为付费）之外，还有什么样的广告模式呢？

移动社交网络让越来越多的广告主可以实现直接的消费者响应，能够快速推进品牌推广传播的潜力。微博、微信越来越成为主流的互动方式，也开始有重量级的广告客户参与进来，最急切的是汽车类品牌客户，它们已经发现了这个新的大趋势。

微博、微信的用户中，已经不再只是青少年，无论是在家里还是工作的用户，或年轻或年长的用户，因此广告主可以涵盖到大众市场。当然，不仅是大众市场，还可以进行精确细分，到达细分市场。

而微博、微信具有的社交媒体属性，可以让广告视频或营销事件实现“病毒性”传播，不仅可以实现消费者个性化的互动体验，还可以基于他们的好友分享，实现“病毒性”传播。它可能实现数倍于传统互联网广告模式的点击数量。

那么，新的广告模式会是微博的信息流中的自媒体广告呢，还是微信公众账号的自媒体广告，或者是微信好友关系网络中的口碑广告呢？

### 好友营销

对于许多营销人员来说，实时通信的爆炸性增长，已经让他们不能忽略在微信上发布即时消息的重要性了。营销人员将面临的一个主要障碍是：使用微信作为一种获得新客户的营销手段，我们如何将其渗透到个人的私人关系网络？比如消费者的联系人或好友列表。

为了在特定的网络中推进好友营销，广告将需要利用新的营销模式，比如连接到好友网络。将企业拟人化为一个个体，通过微信、微博等进入封闭的社会网络，从而可以从附近的人或个体群组中沟通产品和服务的建议，但由于企业很难潜入陌生人的网络社区，所以更多的是依赖现有的客户，了解他们的建议。

在这个连接的营销模式中，你需要第一步确定消费者最需要的权益和你的微博、微信别名；第二步通过激励和邀请，让消费者关注你并参与到互动沟通中；第三步致力于服务和提升客户体验，充分利用客户要求的机会接触或进入其所在的关系网络。虽然好友关系是很关键的，但是需要你以服务为导向来切入，通过个人的对话保持联系，基于有说服力的产品或感兴趣的服务而带来口碑推荐，而不是打扰式地进入。

当你建立起自己的粉丝或好友列表后，还可以做什么？切记，不要去盲目地推送和直接推销，而是基于他们的共同需求或人口属性特征进行差异化，进行有针对性的对话。因为前文已经提到过，如果你是一味地进行毫无质量的广告营销，尤其是赤裸裸的商业信息，那么你好友列表中的好友会纷纷消失。你好不容易进入了众多好友的关系网络，却又因为试图广播传统的大众营销信息而被他们阻止。因此，一对一的对话和个性化的消息，通过交互式会话，从而逐渐建立起信任的关系才会赢得更多的客户。

为了有效地通过微信、微博联系大众，企业需要依靠个人小团体的力量，尤其是忠诚粉丝的影响力。让这些小网络相结合，从而交叉连接成为大规模的营销网络，企业进一步将邀请从个人扩大到小群体的广泛支持，鼓励个体粉丝将邀请分享到相邻的关系网络中，相邻好友发起互动，形成对话，并建立起不同于小群体之间的联系。

同时，企业需要在营销策略中增加数据库驱动和技术支持，通过微博、微信的相关系统，电子邮件营销、社交媒体策划、搜索引擎营销等要进一步强化好友营销的整体方案效果。

### 卡通动漫营销

微信将在线营销进一步推到了富媒体营销，没有IT背景的市场营销人员现在也可以创建、整合并提供互动富媒体内容，从而进行品牌推广和商业宣传，这已经远远超越了短信和电子邮件营销。在富媒体营销中，一对一和个性化的特点特别适合创建和使用虚拟的人物，而这种卡通动漫的方式，刚好可以突出微信的对话和社交的核心特点。

比如张小盒，具有可爱的动漫形象，如果再添加背景音乐和特定的声音，加一个翻转的企业品牌标志元素，再将文本、图文、超链接、图像、视频等元素整合，就可以作为媒体资产，和交互脚本资源进行动态的传递和链接，从而可以让营销人员建立真正的一对一的关系，提供非常个性化的活动。

基于卡通动漫的拟人化形象，再结合互动式音频、三维动画、图像、视频和其他数字媒体，可以让品牌显著提高点击率和转化率，提升会话的停留时长和信息的完整性，同时大大减少获得新客户的平均成本，便于企业建立更具互动性和个性化的营销和销售渠道。

当然，你还可以建立语音文本转换（TTS）功能，对语音进行标签转换，或者将文本转换为不同的语音；可以上传自定义的音频、互动声音，实现个性化的对话；可以使用嵌入式的HTML5能力，实现你意想不到的功能。

卡通动漫可以通过调查收集数据，甚至推出营销活动，通过对话框驱动的促销活动，与微信、微博上的消费者进行对话；还有数据收集能力也很重要，包括能够设计和部署调查、游戏和抽奖等参与流程，还可以设置关键字和标签来跟踪对话中的信息，以更好地了解消费者的个性化需求。

要记住的是，个体消费者第一次来关注你的时候，可能更多的是因为娱乐而不是产品服务。

### 案例24　Burberry：数字化营销黏住“粉丝”

**导读**　数字媒体一向被营销专家们冠以“草根”、“平民”气质，与奢侈品的“精英”、“个性”气质格格不入，甚至被看作天敌。然而，数字营销却让高高在上的Burberry重塑了其亲民气质。

小贴士

案例内容请在公众号回复“巴宝莉数字营销”详阅。

### 内容和信息体系

个体消费者与品牌之间的接触，更多是在于信息的传递或者交换。对于营销者而言，内容就是创意和文案；而对于经营者而言，内容又是信息。在社交网络中，内容和信息是不可分割的，创意的内容再好，也要承载特定的信息，并通过信息流来进行传播和转化。因此，认识内容和信息是关键一环。

### 内容

很多人都将内容理解为文本、图文、音频、视频等形式，可以作为企业营销传播的主要载体；但在社交网络中，就主要体现为用户创造的内容、分享的内容。但内容需要进行分类，是在生活类、娱乐类，还是消费体验的评价、评级分类，或者是消费口碑类，这些都需要去细化。不同分类的内容对于企业的价值是不同的。当然，内容需要有标签，标签是标注该内容的属性、关键词的工具，通过标签可以进行过滤、聚合和快速识别，这也是差异化订阅和推送的关键因素。

对于内容，有三个指标需要考虑：内容度、相关度和影响度。一是内容中讨论和评价企业品牌的内容比例；二是内容中与企业品牌或业务情景相关性的比例；三是内容所带来的营销效果、传播效果以及转化的价值等。基于类似的指标，可以将内容进行分类，进行排序，对这些海量的内容除了按时间轴进行排列外，还可以根据指标的优先级进行排序。

当然，如果考虑物的关系，跟物相关的积分、优惠券、折扣券、点数、礼品等都可以算作特殊类型的内容，这些内容的属性本身就带有物的特征。对这些内容的分类、标签、排序和提醒等管理也非常有必要，因为基于这些数据的分析往往体现的是人在物质上的需求。

用户创造内容达到一定的极致，其实就是一个自媒体。微信让自媒体又一次流行起来，但与很多年前的博客一样，很难形成商业模式，因为在微信好友的熟人关系中不断地插入物（广告）的因素，会造成熟人关系与互惠关系的冲突，而实际情况很难只靠写文章而没有互动沟通计划来维持这种熟人 + 互惠的关系。要么，把它完全转化为持续的互惠；要么，用心耗时通过持续的互动沟通转化为熟人关系。但若是熟人关系成立，不熟悉的产品便不适合用来推进广告营销。但对于品牌而言，可以鼓励粉丝进行自媒体，然后由品牌建立激励机制进行双向奖励。

内容的自助服务和差异化甚至于个性化，是自媒体广告不可或缺的部分。不过，比自媒体广告更重要的是，内容需要有索引，需要有关键词的标签，这都基于索引可以进行导航，基于标签可以进行匹配。

**信息**

对于信息，需要强调的是信息流的方向性，即出和入。除了内容的信息之外，在对话的信息中，出和入是有区别的，比如你和好友A之间，总是出的方向，或总是入的方向，或者出和入比较平均，这三者意味着你和好友A的关系强度。另外，信息也需要有索引和标签。

对于企业关注的客户信息而言，即时交互可以对消费者实时的信息进行采集和响应，尤其是这些信息是个体的交互、社会、行为和需求的信息。这是个令人振奋的机会，因为之前企业往往都是在分析事后的交易数据来对客户进行分类并进行差异化的。

需要强调的是，如今的形势已不再是企业跟消费者主动索要联系方式的时候了，而是要主动将企业销售人员的联系方式告诉给消费者。要让它出现在消费者最常使用的联系方式的选择里（例如微信），与消费者建立起长期关系，并且更重要的是能够让消费者可以随时随地地打扰我们。

信息的响应和处理是需要时效的。当可以随时随地接入、即时交互的时候，消费者也开始希望能够在任何时间、任何地点、有任何需求的时候与企业进行接触，这时需要对客户实时的需求和实时的信息进行处理，再即时即地地建立起对话。只有我们比竞争对手更快更便捷地与消费者进行即时交互时，我们才可能会有更多的优势。

此时就需要建立起导航，建立起捷径，建立起随时随地全天候的承诺，就像110或者120的电话号码一样，或者像谷歌、百度类的即时搜索引擎。当然，你要吸引你的消费者，就要增加一些幽默风趣的内容，比如卡通人物、动漫吉祥物、热点段子等。那些人性化的、有趣的、新鲜的内容，还有更有人情味的语音对话、视频对话，则更能满足客户的体验，从而吸引他们持续地与你交互，保持长期的关系。

信息体系阶段

无论是微博还是微信，企业往往会一股脑儿地只关心能够做什么（比如转发评论，公众号推送朋友圈共享），但是却忽略了一点：对于企业而言一切都是信息和数据，在这些操作表面的背后是信息的采集、分类、利用和转化的过程。也就是说，在企业级应用面前，微博、微信面对的其实是一个社交网络基础上的信息体系。

社交网络推崇的是个体主导，重在消费者参与。因此，整个信息体系的精神在于个体主导的四段论：共鸣、共享、共创、共生。从共鸣到共生是一个逐渐递进的过程，而最后的共生则是一个和谐生活的理想境界。在不同阶段，信息的主体和方向是不同的，企业所需要切入的角度和参与的程度也是不同的。

第一阶段：共鸣。无论是社区还是社群，或者是个体对企业品牌的认知，大多都存在一个对某一件事或者观点的认同和共鸣，因为这种共鸣，双方互相开始接触，并建立了初次的认可，开始沟通或者互动。没有共鸣，则无从谈起后续的阶段。

在这个阶段，消费者的声音和企业品牌的声音相互交谈，相互碰撞，相互共鸣，从无关系逐渐过渡到潜在关系或者弱关系。

第二阶段：共享。因为基于共鸣的基础，个体或者企业之间互相沟通、交互，他们已经建立起初步的信任基础，大家可以开始共享知识、信息、兴趣、意向等，从而进一步深入地沟通，或者可以开始有初步的交易和商业关系。

在共享阶段，消费者与企业品牌之间有了弱关系的信任，此时消费者可能会分享自己的需求和考虑，同时企业品牌可能会分享专业知识、产品服务或者客户使用情况等，他们之间逐渐由弱关系转化为强关系。

第三阶段：共创。在忠诚度越来越高、交互越来越深入的时候，多方协作、共同创造，包括消费者自己也可以成为创作主体，形成一个融合互动的社会环境。因此体现个体需求或者个体创造内容已经成为大势所趋，而个体媒体和个体生产的联盟趋势已经成为不可小觑的因素。

到了共创阶段，消费者与企业已经是强关系甚至是持续的长关系了，这时候消费者可能会参与到企业的产品需求设计阶段，以及产品生产阶段，甚至基于客户需求的个性化定制。由此可见，个性化的产品实际上是消费者与企业共同创造的。

第四阶段：共生。共创实际上不是最终的目标，最终的目标是和谐的生活和和谐的社会。所以，社会化体系的未来境界是能够共同生活，共同互助，共同自助，共同社交化，从而形成一个真实而关系网络化的和谐社会体系。

在共生阶段，粉丝和企业无法分开，社会资本稳定，信任关系浓厚。粉丝是社交化的粉丝关系网络，而企业是社交化的企业，品牌社群也是社交化的信任联盟，信息和数据都是透明和开放的。

## 案例25 宝马MINI网络营销案例

**导读** 宝马MINI在广告圈内无人不知。这一款诞生于1959年的实用型别致小车，是时尚和野性的象征，被誉为英国车坛之宝。四十多年来，MINI一直备受车迷追捧，销售量已达到500万辆。它成为宝马旗下的一员后，换上了现代设计和包装的MINI，以其始终不变的个性化风格，在以性价比竞争为主的低排量小车市场上扬名立万，而其网络营销也一直引人注目。

小贴士

案例内容请在公众号回复“宝马MINI”详阅。

## 扁平化协同

对于整个粉丝经济，我们不能只着眼于消费者的粉丝，还要注重内部的铁杆粉丝员工。比如小米的创业者、员工，很多人都是跟雷军一样的骨灰级玩家。黎万强“烧”摄影器材和音响设备；另一位创始人洪锋爱玩机器人，常常出差的他，自制了一个机器人代替他参加公司会议；MIUI系统工程师孙鹏喜欢刷机，他的桌面上有很多款不同的手机都被他刷成了MIUI的操作系统；市场专员唐杨林，喜欢用小米手机玩玩具，玩遥控汽车，玩遥控飞机，于是他发明了小米手机很多新鲜的玩法。这些都是公司内部的铁杆粉丝，他们都是一个品牌的粉丝文化的重要组成部分。

这就对消费者、员工、品牌之间的协同提出了巨大的挑战。比如对微信而言，微信应用范围随着渠道的定位，可以无限地去遐想，即你不能被只限定在客户服务，因为是通道，所以微信可以来营销、可以来服务、可以来从事电商等，它可以实现直接面向消费者的B2C的业务，还可以作为通道来实现B2B的对公业务，比如内部团队协作、渠道经销商协作、终端导购协作等。

社会化企业协作强调的是扁平化、移动互联网化和自组织。目前大部分是基于互联网网站形态或者移动应用程序APP形态，而通过微信可以在处理功能的同时，实现交互和对话，还可以随时随地地在线服务。

微信在社会化协作中既可以联系企业内部，也可以打通企业外部，之间沟通协作的内容可以是文本，可以是图文，可以是语音，也可以是带位置的消息等，甚至可以与NFC标签和“扫一扫”二维码或条形码结合起来。如此丰富的形式，让微信成为企业的社会化协作和信息采集的最有效的出入口。

很多企业通过微信的群组进行工作讨论，通过朋友圈进行定向的分享，有时候简单的小组电话会议直接通过微信的实时语音对讲解决。除了这些比较普遍的协作方法之外，还有企业基于微信公众号建立了内部协同办公，比如某企业的

“××销售支持平台”公众号，首次进入需要进行用户绑定，点击链接进入身份认证信息页面，输入工号等验证信息进行用户绑定。身份验证后微信号与工号绑定，就可以通过微信查询：1.“我的工作”——我的投保单、我的工资条、晋升考核；2.“我的团队”——团队整体情况；3.“杂货铺”——我的提醒、收听广播。通过内部的微信公众号，将几千人的销售团队有效地形成即时的协作沟通。

零售企业还可以通过内部的微信公众号进行导购信息采集。一般零售或者分销模式下，在零售终端一线会有成千上万的导购员或促销员，他们可能是企业的内部员工，也可能是经销商招聘的促销员。当今社会用传统的方式采集消费者信息很难，成本高、效果差、配合度低。但如果利用内部公众号，导购员在销售后用说话技巧引导消费者关注企业公众号并扫描产品的条形码，就可以将消费者的微信号与产品信息关联起来，再结合扫描导购员的二维码或工号，又可以与终端和导购员关联起来，这样就可以实时地采集零售终端的销售情况、促销活动反馈情况以及消费者的信息等内容了。

企业还可以基于内部微信公众号进行渠道消息采集。比如区域经理巡店，区域经理基于内部公众号的巡店语音提示或者交互菜单提示，一步步提交带位置的照片，比如产品陈列位置、价格、人流量、竞品位置与价格等数据，公众号基于菜单标签都可直接存入相关的企业业务系统。

零售企业基于微信平台可以进行终端消费者信息采集，一般可以将店面VI、宣传物料、产品外包装等全部印刷微信二维码，扫描关注企业的公众号，从而采集消费者的微信ID，形成消费者之间互动的情境。或者进行现场促销活动，微信扫描二维码关注公众号，在活动HTML页面进行活动注册；也可以扫描产品保修卡上的微信二维码，进入保修注册页面，在HTML5页面进行信息登记和确认后，下行通知保修成功，并获得延保或者电子保险等优惠。这些方式都可以采集到消费者的信息。

在互联网时代，企业是扁平化的；而在移动社交时代，企业是社交化的。已经分不出谁是员工、谁是股东、谁是合作伙伴，或者谁是消费者的角色了。投资、生产、传播和消费，乃至于消费、传播、生产和投资等都将融合在一起，此时的协同已经是社会化的、社交化的，每个人和每个品牌都需要去适应这种变化，不适应的只能被保守地淘汰掉，即使现在暂时不会被淘汰，但在不远的未来也会被淘汰。

## 案例26 IBM和百思买的全员微博

**——来源：采编自互联网**

**导读** IBM和百思买都通过微博进行了全员的营销和协作，成了一个扁平化的互联网公司，而不是一个陈旧保守的金字塔结构的传统企业。

### IBM无为而治的员工微博

IBM跟微软一样都是Twitter上最为活跃的公司，到2009年2月，它已经有1000多个员工注册了Twitter的个人账号，他们在Twitter上每天都有数千起的对话。

IBM一千多个员工的微博主要是谈论与工作相关的事情，其中最多的是员工之间的相互交流，此外也有跟合作伙伴、客户、零售商、媒体、分析师以及公司其他系统的成员交谈。这些员工分散在世界各地、处于不同部门、位于不同级别；IBM没有直接针对Twitter的官方政策，也没有刻意利用Twitter进行营销或从事客户支持服务，它认为公开讨论工作的普通员工能“比几位只是坐在总部中的家伙”更好地代表公司。IBM负责社会化媒体事务的高级经理亚当·克里斯滕森（他是一位坐在总部中的家伙）称员工在 Twitter上建立的私人网络可以比企业组织架构内的传统沟通体系有更多的信任感，Twitter能够帮助一支庞大而且经常流动的员工队伍尽可能地融为一体，特别是在经济不景气的时期，当商务出行变成一项需要认真审视的支出时，在线交流就会愈发彰显它的价值。

IBM这种无为而治的管理政策基于两个基础，一是公司把视频、声频以及文本的社会性媒体工具的应用一直充当着革新者的角色，鼓励员工以开放的心态参与其中，Twitter也不例外。二是IBM把员工视作一群领着薪酬的专家，而“Twitter是一个与聪明人建立关系的最佳平台，不管这些人身处何地，供职于什么公司，担任何种职务”。

## “蓝衫军”的全员微博

跟IBM不同，百思买授权其“蓝衫军”（百思买技术支持服务团队和所有企业雇员都穿蓝色T恤衫）共同运营它的官微@twelpforce。

百思买主营电子、家居、办公用品、电器、娱乐软件的零售及其相关服务，是财富杂志企业五百强之一。百思买知道那些喜欢科技的顾客很享受跟百思买员工学习产品的使用细节，乐于接受大脑高速旋转所带来的挑战，它声称“用户可以24小时与我们的员工交流”，“我们原有的营销模式是开门做生意，等客户上门。但是在全球化的信息世界，我们需要走出门去了解人们对于电子产品的看法，他们的需求和兴趣”。

在百思买的官方微博上有其许多密密麻麻的在线员工照片。百思买的员工都可以用它的“官微”搜索人们正在谈论的话题，回复提问的顾客，同时把回复打上#twelpforce的标签。百思买致力于发掘员工的潜能，鼓励他们做最好的自己，跟公司一同成长。它把大部分的沟通都集中到特定的员工身上，让他们跟Twitter上的粉丝分享本地化的有意义的研讨和产品销售信息，Twitter使得他们更真实，更透明，并释放出更多的“真我”，而公司的运营小组则作为主要的知识中心提供服务。有一次，伊利诺伊州阿灵顿山庄的百思买门店已经人满为患，一位名叫杰瑞·德弗朗西斯科的员工匆匆跑到公司计算机室，通过公司的“官微”告诉顾客公司正在开展家庭影院促销活动，然后又重返店内，向消费者介绍商品信息。到2009年1月11日为止，百思买有超过2300个员工在它的“官微”上登记，它已经提供了19500多条问题回答。顾客科恩买了一台导航仪但是无法使用，她尝试拨打百思买的客服电话，提示信息说她需要等上1个小时才能收到答复，科恩接着就发送了微博，而百思买员工几分钟内就发来了有用的链接以及相关细节信息，科恩觉得“这太神奇了”。

2009年10月，为了增加圣诞购物潮的人气，百思买组织了2500名员工在Twitter上发送产品促销信息，它成了百思买品牌和它的员工在社会化媒体上集体亮相的机会。这2500名员工有的来自门市店，有的来自公司总部，都是最热情、最有产品知识的员工，他们回答顾客的产品疑问，解决技术难题和售后服务；在百思买@twelpforce的账号背后，有2500名员工与成千上万名顾客的互动反馈，它帮助百思买及时制定它的圣诞购物促销政策，帮助它与竞争者拉开距离。

**点评** 一个公司能够全员互联网化，全员社交媒体化，并参与到消费者的互动和反馈中，这无疑是令人惊讶的。这种扁平化的协作不仅给消费者带来强烈的体验，而且给企业内部也带来巨大的变化，这种收益是无穷的。

# 第二步：类群体—交互/体验

在信息交互和对话的基础上，消费者进一步因为交互、客户服务和体验形成了围绕品牌的产品和服务的类群体，这个类群体还不紧密，也不稳定，在此阶段更多的是在寻找和建立品牌认同，通过交换和交易，形成对品牌的参与和初步的身份认同。

品牌在这个阶段需要加强品牌对话，并通过消费者交互、客户服务和O2O体验等强化消费者对品牌的认同，并通过给予消费者初步的身份积极参与到品牌社群活动中，形成良好的社群发展基础。

## 交互索引

在粉丝开始形成类群体的过程中，核心在于交互，这种交互是人与人之间的交谈或者通讯，是一种信息的出和入，也就是粉丝互动。交互一旦产生大量信息的时候，就需要有一个交互菜单进行规模化和标准化，并建立起信息的出口、入口索引机制。

虽然交互的核心是聊天，对话的基础是文字，但微信又给对话增加了语音对讲的形式。文字也好、语音也好，内容是关键。从个体主导的角度来看，内容必须是个性化的，是需要针对每一个具体客户的差异化需求的。当然，语音内容还涉及文本转换和语音识别。

同时，文字内容和语音内容等都需要增加标签进行索引，不管是出口的推送索引，还是入口的导航索引，只有这样才能对信息进行结构化处理和智能检索。对于消费者而言也是一样，有入口的订阅索引，有出口的查询索引，才可以更便捷地使用和交互。

为什么要建立交互索引呢？因为在社交网络上的交互都是海量信息，就相当于你走进图书馆，在浩瀚的书目面前不知道如何寻找有用的信息，在那里，图书馆采取了分类目录和索引，建立了书签和标签，来进行有效地寻找和控制信息。同样，社交网络的交互信息也需要分类索引和标签。

即时交互，有入有出，入为呼入，出为呼出。因此，即时交互索引，也分为入口索引和出口索引。那么，我们如何建立微信的即时交互索引呢？

**入口索引**

入口索引需要能够智能代理消费者的想法，或者符合消费者需求和思考的技术。对于微信、微博而言，当前只能算是简单的入口，比如对话、群组等，还算不上入口索引。入口索引可以考虑分为：导航、分类、标签、群组、交互菜单和微信搜索等。

导航：通讯录的快捷导航，企业的公众平台账号、微信热线、微信智能秘书、微信群等，都可以让消费者一键进行对话。随时随地地进行检索和交互的接触点导航，可以让消费者保存在某个地方快速触发。

分类：消费者建立分类后，相关企业的信息和联系方式就会被放到分类里面。我们可以想象一下，每本书都会被放到书架的某个分类上，这本书出版的时候也会存在一个建议分类，有助于向消费者有目的性地推荐，或者向消费者的智能代理推荐自动放到哪一个分类，微信在朋友分类方面暂时空白。

标签：标签和关键词是入口索引的关键。用户可以设置标签，建立关键词索引，标签是扁平化的、随机的。而关键词索引是可以分层级的，即一级关键词、二级关键词等，从而形成一个基于关键词的主题索引系统。

群组：目前群组和朋友圈是不容易进行分类的，那么对于群组和朋友圈的分类，需基于分类和所属朋友圈分享；基于分类和标签的匹配进行群组对话的过滤，对群组的对话和邀请进入都可以进行一定的索引。

交互菜单：基于123或者ABC的交互菜单进行入口索引，预置交互的谈话技巧或智能对话引擎，对应业务情景，交互菜单选项可以对接业务系统，返回业务数据查询，或者进行预订等业务动作。

微信搜索：构建公共搜索和公共导航的索引机制，公众平台账号越来越多后，必然要有搜索和导航机制；而对于朋友圈的内容越来越多后，必然也要有搜索机制。那么，微信官方的公共搜索入口和公共导航入口则是入口索引的关键部分。

### 出口索引

出口索引要能够基于用户的需求和订阅进行个性化的消息交互，并能够进行许可、分类和信任的过滤，最终能够让用户即时即地地获取他所需要或拉取的信息。出口索引可以考虑分为分类订阅、标签订阅、朋友圈分享、群组对话、语音交互菜单、交互索引、智能代理和信任优先等。

分类订阅：根据消费者设定的分类订阅，针对内容的所属分类和订阅列表进行推送。

标签订阅：根据消费者设定的标签和关键词，进行对应标签和关键词内容的推送。

朋友圈分享：由好友对指定的朋友圈进行分享，朋友圈设置标签或者分类。

群组对话：群组设置标签或者分类，在特定的群组里面进行多方对话和过滤。

语音交互菜单：从语音开始交互导航，从了解消费者的需求和选择开始推送个性化的消息。

交互索引：从文字交互索引开始，让消费者选择时间、渠道和方式，再选择标签和关键词，然后进行消息推送。交互对话技巧更接近于实际的服务对话过程和购买对话过程。

智能代理：相当于一个智能机器人，进行智能信息处理，企业发送的信息由智能代理进行处理和中转，进行过滤和提醒。

信任优先：信任关系强度高的信息优先阅读或者推送，可以设置时间优先、地点优先和信任级别优先。

在移动终端上的交互，如果屏幕上推送的是一个浓缩的索引，可以吸引消费者进行更深入的关注和点击，因此是一个很好的出入口通路。这也是微信当前的自定义菜单和交互回复规则的功能本质。我们要确保在与消费者交互过程中，能够不断采集数据进行个性化互动，从而逐渐积累起消费者的信任，成长为品牌的粉丝。

## 案例27 Aamby Valley City新年派对的粉丝讨论和美国红十字会的可视化监测

**——来源：采编自互联网**

**导读** Aamby Valley City新年派对的粉丝讨论，在Twitter上设置了特定的标签索引；而美国红十字会则通过不同的关键词来监测地震的描述和状况，实现可视化监测。

### Aamby Valley City新年派对的粉丝讨论

Aamby Valley City （AVC）是印度的一个度假胜地，其社会化运营的第一次亮相是发起一场新年派对的讨论，通过这一场讨论，AVC成功地建立了它在社会化媒体的知名度并且开始获得订单。

几乎每一个企业都期望能在社会化媒体上占一席之地，但怎样才能占有一席之地始终是一个问题。AVC把自己定位为一个特定的目标消费群的唯一度假胜地，在登录社会化媒体之前，它已经是一个知名的非大众性奢侈品牌；2011年12月，AVC注册了Facebook和Twitter账号，它计划用六个月时间提升AVC的社会化媒体知名度，然后推进目标消费者的品牌偏好并获取订单。AVC在社会化媒体上亮相的第一次行动是就2012年的新年派对发起的讨论。它的新年派对是社会名流的派对，有许多宝莱坞明星和有影响力的人士都在Facebook和Twitter上参加了讨论；为了吸引更广泛的人群来参加讨论，AVC给参与讨论的粉丝提供了有机会出席派对的奖励。

活动讨论成为了AVC社会化运营的一个模式，在2012新年派对之后，AVC的Facebook和Twitter继续为大家推出了许多快乐美好的活动讨论，它的Twitter设置了一个#它的浪漫之旅#标签，要把自己塑造成为一个浪漫的休闲胜地。在讨论当中，AVC特别注重根据人口统计学特征和心理特征来关注它线上的目标受众，发现和抓住那些作为AVC品牌守护者的，为AVC说好话的忠实顾客。经过一个阶段的有计划的营销运营，AVC获得了65000多个Facebook粉丝，他们有3500多次签到，为AVC官网提供了600多个独立访问，它在Twitter上每个月都可以获得600多个度假预订订单。

### 美国红十字会的数据可视化和地质调查局的Twitter地震地图

美国红十字会社会化媒体监测中心（Red Cross Social Media Monitoring Center）的仪表盘可以对灾害影响的数据进行实时的可视化监测。

美国红十字会社会化媒体监测中心也是美国红十字会的数字运营中心，在印第安纳州龙卷风灾害中，它可视化的数据监测系统有效地在Twitter、YouTube和Facebook上跟踪了受灾地点的人群情况，帮助灾民在第一时间获得援助，它联系了相关的社区小组，帮助红十字会有效地处理捐助意愿，让捐助者能够通过最佳途径进行捐赠。虽然美国红十字会的社会化媒体指挥中心只有在关注重大灾害的时候才启动运作，但是社会化媒体中心可视化的监测数据可保持全天候的更新。

美国地质调查局（USGS）的官方微博“地震感应器（@USGSted）”可以发布与地震相关的Tweet地图和信息链接。

几乎覆盖全球的Twitter，能够快速、大量地提供第一印象的地震描述，甚至包括地震现场的照片和视频，它可以把信息从那些因为大家都在打电话而导致语音通话变得缓慢的地区传播出来，特别是在一些测量设备稀疏的地区，Twitter成了地震的第一个指示器。USGS在Twitter监听了“earthquake!”、“gempa!”以及“temblor!”等许多关键词，它在几秒钟内就可以得到第一手的地震描述，Tweet的地理编码可以帮助USGS精确标注用户的发布地点，还有清晰的Retweet帮助它区分哪些人亲自体验了地震，哪些人只是在协助传播。USGS的Twitter监测系统可以提供地震城市的Tweet数量，并列出跟踪这些事件的Tweet，最后形成基于定位的Tweet地图，提供一个关于人们地震体验的快速预览。USGS已经发布了很多Tweet地震地图，Twitter的粉丝一起帮助USGS加强从Twitter中分辨有价值信息的能力，它根据粉丝的建议做了很多创造性的改进。

**点评** 通过对碎片化的社交数据建立标签索引，或者通过关键词进行索引和分类，可以实现信息的结构化，从而可以让企业更好地利用和转化。

## 客户服务

在消费者与品牌的交互过程中，消费者会因为与产品和服务相关的问题聚集在一起，这意味着品牌的客户服务也是形成消费者的类群体的一个因素。但是，如何利用客户服务做好消费者的类群体的聚合呢?

在企业应用方面，微博适合做营销传播，微信适合做客户服务，这是众所周知的事情。因为微博是陌生人关系，可以有效地进行链式传播，而微信是熟人关系，可以一对一地进行对话。微信基于一对一的对话和交互菜单，又可以实现类似短信营业厅的自助服务业务；而且基于语音对讲的异步功能，又可以实现类似电话中心的呼叫中心业务。因此，客户服务将是微信在品牌的企业应用中的关键领域。

在传统客户服务中，大多服务的都是企业的存量客户，或者知晓了企业的电话号码而直接拨打的潜在客户。微信客户服务也是一样，其目标群体是已经成为企业公众账号好友的消费者，这里面可能部分是存量客户，部分是潜在客户，他们都是在线下刷过微信二维码或者在微信上搜索添加的。对于存量客户，微信客户服务可以提供最基本的受理类业务，比如：企业指定业务受理、客户投诉及建议、产品维修或障碍保修、预约服务等。

微信可以让企业实现与客户的一对一交互，这个交互是私密的、双向的，私密性确保了信息不被传播，双向性避免了单向的推送，更好地体现了企业与客户的平等对话。从而，微信客户服务可以提供消费者市场调研、客户满意度调查、销售/服务回访、节假日关怀、客户信息验证等业务。

微信的语音对讲不同于电话的同步语音，是异步语音，而异步语音让客户服务有了很好的演变，它可以充分利用知识库、预录制语音、业务情景结合交互菜单等进行服务。基于该功能，微信客户服务可以实现的增值类业务有：人工语音的自助服务、拓展的信息服务、转语音信箱服务/转电子邮件/OA系统服务、城市/企业秘书台等。

微信的自定义菜单和关键字回复，可以实现智能交互菜单，类似于呼叫中心的IVR（Interactive Voice Response，互动式语音应答）机制，从而让微信客户服务可以实现更大比例的自助服务，比如：业务咨询、费用查询、订单查询、业务受理状态查询等业务，以及自助下单、交付和预约资源（座位、包厢、菜品）等预约类业务。

微信的对话机制中可以嵌入超链接。用户可以进入APP页面，通过HTML5页面或者其他技术开发的页面，进行企业特定的业务受理。因此，微信客户服务可以实现进一步的特定业务，比如自助缴费、充值、购买零配件和兑换礼品等业务。

微信的“扫一扫”在客户服务中也有很大的作用，通过二维码、条形码的支持，可以对产品条码或者“维保证书”进行扫描，实现售后服务的信息验证、维保索赔等业务；通过NFC技术的支持，实现与智能家电、物联网等的对接，实现智能的人机对话服务。

微信可以在公众平台上对好友进行分组，然后基于不同分组进行差异化的主动服务，可以实现一个简单的CRM功能，比如针对不同客户群体的业务提醒、促销通知、产品服务调查、消费交易后的回访、生日关怀等业务。

微信的朋友圈可以进行内容分享，企业可以设计交易后的回访和致谢内容模板，同时添加口碑分享的元素成为分享模板，鼓励消费者进行朋友圈分享，从而又可以扩展为微信客户服务的服务营销业务。

当然，微信还可以与社会行业机构一起合作参与微信公众客户服务中心，比如微信防伪业务、司法热线业务（类似微法律）、金融虚拟客户服务中心（虚拟理财规划顾问）、商业服务虚拟客户服务中心、政府热线虚拟客户服务中心、民航铁路等交通综合服务系统和其他企事业虚拟客户服务中心。微信的便利服务将使其成为公众市民的主要沟通渠道。

总而言之，那些B2C模式的、客户互联网使用程度高的企业，在微信上做客户服务的优势非常明显，远远优于传统电话中心和Email、网站页面自助服务等渠道。其优势大致包括：渠道覆盖率高，几乎消费者人手一机一微信；人力成本低，通讯网络成本很低；可以实现7×24小时响应，甚至公众号可以在系统支持下转派到个人微信；可以实现更高的自助服务比例，但在智能交互和预置语音下的客户体验并不会降低；可以实现比较高的客户满意度，响应快，体验好，自然满意度高；可以实现客户服务的数据化，有利于加强管理和进行大数据分析。

通过最接近消费者的渠道来提供客户服务，尤其是最接近消费者的社交网络的微信、微博等移动社交渠道，可以有效地将消费者聚合在一起，随着客户满意度的提升和客户体验的积累，会逐渐形成一个类群体的雏形。

## 案例28 Xbox的“Twitter上反应最快的品牌”

**——来源：采编自互联网**

**导读** 对于微软Xbox的客户服务部门而言，Twitter上就没有“可以置之不理的博文”这回事。在开始Twitter客服不到一年的时间里，Xbox客服Twitter精英舰队已经成为Xbox客户服务的重要支柱，并在各项客服渠道的满意度打分中位列首位。

### Twitter精英团队

这个Twitter精英舰队，目前有10名成员，全部专注于Twitter上的服务支持。他们每周的回复时间达到了91小时，其中包括晚上和周末，因为那都是玩家们使用Xbox的高峰时段。目前在Twitter所有的客服频道中保持最高的消费者满意度，同时积极主动的Twitter服务减少了大量的电话质询，最终创造了“Twitter上反应最快的品牌”吉尼斯世界纪录。

微软已经在使用多种渠道为Xbox玩家提供技术支持：电话、电子邮件、在线自助服务和论坛。据调查发现：在Twitter上发表意见的那些用户，很少会选择打电话到服务中心去问询。2009年该团队启动Twitter服务，一开始最简单的工作就是用基本的Twitter搜索来监测所有提到Xbox技术支持问题的推文，并进行回复。

Twitter搜索不仅能让该团队很快发现问题，还可以把故障用最快的方式告诉游戏玩家们——甚至在电话打到服务中心询问怎么回事之前就通知到对方。同时Xbox客服团队的粉丝们如果看到了相关的通知一般也会迅速转发。

如果有重大中断或者故障发生，团队就会通过Twitter直接对外传播信息。Twitter上的用户给出了很高的顾客满意度及问题解决率，这正是客户服务的关键衡量指标，也为在企业内部扩展Twitter上的业务亮起了绿灯。

### Twitter客户服务情景

当微软正式启用Xbox的Twitter客户服务时，公司将Twitter标识放到了微软的服务页面上，可以直接链接到Xbox的Twitter页面（@Xbox Support）。该团队还用了一个星期的“微博竞赛”来增加知名度和粉丝数量。每周该团队都会发布一个与Xbox相关的问题。用户们只要在截止日期前用Twitter回复就有可能获得各种奖励（如游戏、周边产品、海报等）。但同时得奖的条件是，这些玩家必须是在问题发布的两周内关注Xbox的“新粉丝”，这么做的目的当然是增长@Xbox Support的关注度，结果短时间内吸引了3万多名用户粉丝。

当一个玩家向@Xbox Support发送了一个问题，所有的服务代表通过同一个Twitter账号进行公开回复，每周Twitter累计回复5000条左右。每一个舰队成员在回复后面都会加上自己的首字母和一个插入符号（^），例如Eakin（Twitter精英舰队的天空船长）的标识是^MB。对于一些涉及账单、付费的问题或者更复杂的问题，精英舰队会把它们转交给另一个服务团队，或者与玩家进行私下交流。

该舰队还主动关注Twitterverse上的各种关于Xbox服务支援的词组，如“红灯闪烁”，“无法连接”，“Xbox连接失败”等。和传统的客服不同，Twitter舰队成员不能像电话服务那样要求客户明确服务类别（“硬件问题请按1，软件问题请按2……”），他们必须自己预测玩家们要说什么。有的时候Twitter精英舰队成员们会在关键词里包括一些“不文明语言”，以便发现问题，这也体现了他们对Xbox玩家有较高的了解程度。

利用Twitter分析工具，该团队密切监测所有相关的搜索关键词，并且收集数据向微软公司展示他们的服务价值。每周一次的推文投票则用于收集顾客满意度等信息。

### Xbox团队如何通过Twitter创造吉尼斯世界纪录

1. 回复所有的@：微博舰队会回复所有含有@Xbox Support的公开推文。

2. 找到且回复：预先了解你的受众会发怎样的推文，然后开始用工具监测相关的关键词。在他们联系你之前就先接触他们——哪怕只是简单地介绍一下你自己。

3. 提供人性化沟通：Twitter能够提供一对一的人性化沟通，这是消费者们所渴求的。Twitter鼓励他们参与竞赛、阅读新闻、分享文章、转发Twitter帖子等。

4. 及时通知故障：在客户打电话质询之前，利用Twitter的公告板来通知粉丝们服务出了故障。

**点评**　该案例中微软Xbox Twitter客服中心的顾客满意度远远高于其他服务渠道。值得注意的是，Twitter客服中心能迅速找到并解决问题，避免了许多高成本的质询电话。考虑到避免的呼叫数量，从投资回报率的角度来看已经基本收支平衡了。而且Twitter上能提供独特的人性化的沟通，这是现在许多消费者都非常渴求的。Twitter客服团队提供的关注程度和顾客所能得到的服务都是巨大的。这为其他企业将社会化媒体作为客户服务的主渠道之一提供了标杆参照。

该案例展示了社会化媒体上的客户服务与传统客户服务的差异性，为企业建立社会化联络中心提供了参照案例，这意味着企业要为社会化媒体的客户服务建立全新的运营团队和运营标准。

## O2O交互

### 互联网的O2O

当企业在互联网或移动社交上建立起消费者的社交信任后，就可以通过各种手段导流到线下业务，形成价值交易，这是一种互联网的O2O，即Online to Offline。

微信让O2O再一次流行起来，或者说是QR码（Quick Response，二维条码的一种）借助微信用O2O的方式又受到众人的追捧，包括可以通过微信扫描商家的二维码获取优惠，或者基于“附近的人”就可显示微生活中的认证商家，甚至未来可能通过“摇一摇”摇到附近的商家助手，而且微信里面也内置类似Passbook的票券应用。一时间微信将成为O2O的最佳入口，甚至有包打天下的趋势。但问题是O2O已经存在了很长时间，而且也有了很多简单而有效的渠道和模式在实际商家业务中“开花结果”，并不是在一直等待微信这个“真命天子”。

我们可以不必困惑于O2O到底是线上到线下还是线下到线上，对于传统商家而言，最迫切的当然是先进行线上（包括智能手机端）到线下店面的模式，也有部分零售商家开始做线下到线上再到线下的混合模式。

O2O推广的关键不是商家能够做什么，而是商家想做什么。所谓拉新，是能够吸引更多的流量到店；所谓促销，是促进到店的新客能够更多消费；所谓回头客，是吸引老客户进行二次消费；所谓会员，是鼓励会员进行储值和提升消费积分来兑换礼品或票券；所谓口碑，是激励消费后的客户进行口碑推荐。商家的目的不同，消费者的阶段不同，O2O的形式和做法就有所不同。

O2O更多适应于零售、商超、餐饮、娱乐和休闲等行业，而这些行业又有很多特点，下面我们来简单剖析一下对应的O2O入口。

消费者一般会在线上进行内容搜索，那么百度、谷歌和类似微美食会成为搜索入口；

消费一般带有典型的商圈位置特点，因此带有导航的谷歌地图、高德地图、老虎等会成为地图入口；

为打消第一次到店的消费者疑虑，消费者的评价和推荐很关键，因此大众点评等成为评价入口；

促销打折也是吸引潜在客户的因素之一，因此包括团购为代表的优惠券、折扣券、促销群发短信和线下扫街的促销海报等都可能会成为促销入口；

对于商家部分资源紧缺或时段紧张的情况，老客户预约会成为普遍需求，因此呼叫中心电话、QQ、微信、微博等会成为预约入口；

对于会员的服务和运营需求，会员卡和储值卡会成为会员入口；

老客户在朋友关系之间的口碑传播、分享和邀约消费，会成为口碑入口；

基于消费者的消费和需求数据进行的个性化服务和数据营销，会成为数据入口。

或许，还有一些特殊的店内看货线上购买、线上看货线下体验等情况，我们就不一一扩展了。但至少有一点，微信不是O2O的唯一入口，并且可能在不同的情境和某些阶段中微信还暂时弱于其他渠道入口。

从互惠互利的角度来看，当前的微信O2O还处于初级层次。在前文中我们基于消费者生命周期管理将O2O营销分为六个层次：客户接触、客户识别、单次促销、差异化营销、自营销和大数据营销，同时对应关系强度，消费者有六个阶段：无关系、潜在关系、弱关系、强关系、长关系和亢关系。

从这个层次分解来看，当前微信的“扫一扫”O2O或者微信会员O2O，还属于“一卡一礼”的范畴，扫码加虚拟会员卡，扫码获得优惠礼。这其实还只是在前面三个层次，基本上当扫过一次会员或参加过一次促销，就不会再用了。而后面三个层次，则需要有个强大的数据库和Social CRM系统来有效支撑。

O2O营销的关键在于不同阶段、不同情境、不同的客户接触点，需要设计不同的O2O，与促销和营销结合起来，有效地捕捉消费者并推动消费者的阶段转化。比如说在等待的阶段吸引他来了解产品；在现场挑选的阶段吸引他进行微支付；在购买交易的同时刺激他交叉消费或者赠送礼品进行口碑推荐。而这一切，又离不开强大的Social CRM数据库的支持。

或许很多正沉浸在微信O2O狂热中的人会质疑。我们来看一下，在商圈位置方面，微信的“附近的人”功能并不如地图可以带来更多的新流量，在周边流量拦截上可能还不如一个派发DM（Direct Mail）单页的临促人员，甚至拉新功能还不如陌生人关系中还可以进行内容搜索的微博。但毕竟前文已经提到过，微信现今还处于个体间的社交服务阶段，还没有上升到企业交易服务的阶段。

如果不讲拉新而说店流量，到了店的消费者再扫码获得优惠是不是会徒然增加商家的成本呢？所以那些人流量大的商家不屑于搞促销，因为它不需要靠促销优惠来拉新，但它需要什么呢？需要对来店客户提升消费价值，需要吸引来店客户成为储值会员；而那些人流量小的商家，也不需要微信的到店扫码，而是需要去百度拉流量，去地图拉流量，去大街上发传单拉流量。

好吧，你说可以针对微信用户扫码后提供特定的优惠“礼”，先不说商家的成本是不是增加了，因为很可能消费者扫码享受完优惠，就会取消了对你的关注。下次？大不了下次再来再扫，吃完了再取消呗。即使他可能留在你的好友里，也是很沉默，等你一群发促销图文消息，唰唰地就开始“掉粉”，丧失许多潜在客户。不相信吗？微美食的多家餐饮客户分享说，自从在店里做了微信二维码促销，来店客户都会刷一刷获得促销优惠，好友上涨很快，可是公众账号一推送促销信息，马上就唰唰地“掉粉”；甚至有的消费者是吃完了，回头就取消微信关注。

有点儿伤心吧？不用那么伤心。微信可以扫二维码，可以生成虚拟会员卡和ID，可以支持微信、微博等OpenID，可以通过APP页实现绑定功能，可以通过APP页和后台Social CRM系统与业务系统对接，从而获得业务数据ID（比如订单号、促销码）等，因此在O2O领域还是大有可为，只是还有一个如何为的问题。

如何通过商圈位置的地图入口来拉新？此时，“附近的人”、“摇一摇”、“地铁口商家导航”等应用就可以深化，开始进入位置入口。

如何通过朋友间的点评来影响微信上的消费者？目前暂时还没有看到相关的应用。

如何使商家的优惠促销成为实时地不断个性化的应用，而不只是一个固定的页面、固定不变的促销减免和优惠礼？现今可能已经有类似的基于HTML5的优惠券APP应用了。

如何把产品和导购/临促用微信串在一起？产品和具体促销活动是不是可以通过微信二维码进行识别和发起？临促的微信推广如何结合？这方面不仅是面对消费者的应用，还可以形成企业内部的供应链或分销管理应用。下面我针对几个问题给出自己的回答。

如何协助商家加强与离店的消费者进行最适合的双向的互动，有没有最适合这个行业的沟通计划？比如消费后隔日的致谢微信、三日后的语音关怀、一周后的符合消费者喜好的新品图文介绍、生日关怀等，用微信替代电话和短信成为离店互动入口。

如何巧妙利用点对点熟人关系传播的特点，进行老客户的消费口碑的推荐传播？可以进行一对一到朋友，一对多到群组，一对多到朋友圈，从而占据口碑入口。

如何基于交互菜单和APP实现会员的自助服务和订阅服务？通过查询积分、充值抵现、兑换礼品等，使其逐渐成为主要的会员入口。

如何在对话中采集标签、在绑定中整合数据，最终基于碎片化标签数据实现大数据的分析和实时利用，成为数据入口？这个问题还需大家共同探讨。

未来，微信是人和产品的唯一识别码，也是一个最佳的促销票券的整合点，消费者可以通过微信扫码实现识别并储存和管理各个商家的票券和促销活动，可以进行提醒、使用和分享、推荐等动作，甚至通过LBS等预设条件进行触发和更新。

同时，微信需要进一步在社会化管道的每一个阶段发挥强大的通路作用，包括认知、考虑、购买、使用、体验和口碑。认知，可以通过订阅、交互、定位等快速获得认知；通过LBS和二维码技术可以将大量的即时即地的机会转化为消费者的冲动消费购买；而最关键的是基于位置、二维码和社交网络，消费者在线上和线下的界限就变得模糊，微信使交易看起来更像真正的零售购物中心，而不是B2C的电子商务。

这种随时随地的便捷，结合扫码的客户体验以及关系网络的社交，给传统行业带来很大的冲击。比如线下到线上然后再到线下的模式，韩国有商超，显著位置有一处立柱作为零售品牌墙，四面全是品牌的二维码，消费者围着品牌墙扫码，从线上查看产品信息并与品牌对话，一旦线上确认购买支付后，就可以选择凭二维码在收银台取货或者回家等送货上门，同时还提供购物社交，同时扫码的人可以进行交谈和分享，甚至可以匹配购物后的顺风车组合。

说到根本，微信O2O的本质不在于扫码和会员卡，基于对QR码的支持，进一步对NFC的支持，切入感知层，成为物联网的智能终端，作为物联网中人的智能代理，这是最简单而长远的潜伏。而这个时候，消费者会基于人—物的交互而形成一个虚拟的社群形态，并保持一定的活跃度和黏着度。

### 传统企业的O2O

目前互联网上的O2O基本上都是在做入口、做流量，通过人数进行营销的应力分析。而传统企业的O2O，不管线上线下，它的核心都是人，是有价值的消费者。消费者与企业之间有不同的关系强度、交易阶段，这里有很多接触点，有很多的变化，O2O正是对人的管理，对不同状态变化的转化。现在的O2O追求流量，人拉过来后就不管了，这只是实现了将线上不认知我们的品牌的客户拉过来认知我们的品牌而已，但是在认知品牌的过程中、中间的服务、完成购买之后后续的需求以及做完以后有没有口碑推荐，这些环节在传统企业的O2O中并没有体现。如果没有Social CRM，那O2O就没有对人的持续的管理，这样的O2O是比较空的。

比较受大众欢迎的是餐饮的O2O，比如微生活会员卡。如果不对消费者进行持续管理，客户到实体店以及在到店消费这个接触点上设计一个O2O是没有意义的。因为他已经到了这个店了，如果扫码可以享受优惠，这个点上是没有变化的，很多商户就说不用扫码了我直接给你优惠。那么，这个时候到了店应该做什么？客户的状态是已经到这个店来消费，所以商户可以考虑下一个接触点是什么？企业需要的是客户消费完后可以做口碑推荐，所以，此时企业应该做一个活动码，扫了之后把消费体验分享出去，比如说只要你在微博、微信分享出去，店里马上就赠送一个果盘。所以，O2O不是对这一个点的一个状态的变化，而是将客户在吃饭的时候把他后面的另外一个状态做延伸。

未来的O2O对传统企业来说有很大空间。传统企业跟互联网企业不能比线上的流量和入口，而是要充分突出线下的流量和入口。线上最大的流量是搜索，基于位置、内容、商品等的搜索，而线下最大的流量是扫码，基于人、产品、店面、商品、活动等的切换。然后进一步对消费者的全生命周期进行管理，比如可以做口碑推荐，如何把老客户拉回来，如何设计口碑的O2O，等等。

传统企业的消费者数量往往有几百万甚至上千万，那么企业如何设计O2O？首先要基于客户进行客户细分，每一个细分客户群体的行为特征和需求是什么样的？打开手机是先看微信、微博，还是其他软件？跟企业有何接触点？还有哪些没有接触的线下或者线上的点？从而进一步设计O2O在不同的接触点上有哪些需求可以传递给消费者，通过什么渠道，并有效地实现消费者的状态阶段的延伸，接触点在线上或者线下的延伸，比如说原来会员只能在线上，突然发现线下的店面都成了一个会员活动中心了，这个O2O就会引起客户极大的兴趣。

从线上到线下给企业带来的变化是令人惊讶的，以前人们是不会去想要采集终端消费数据的。现在微信扫一下，每天就可得到几万条的最终消费者数据。这给企业带来了很大的启发：企业不一定非要去做全面的流量入口，非要将潜在客户转化为客户，而是可以考虑会员服务、保修注册、维修预约、口碑分享等阶段来设计些其他有价值的环节，将线下的消费者拉到企业线上，这是一个很核心的问题。

这里有一个O2O案例，是结合消费者的碎片化时间，将消费者吸引过来的例子。在等待阶段的O2O情景设计中，消费者原本只是等待候车的状态，因为碎片化时间可以设计扫码进入了解产品的接触点，甚至由手机支付或微支付的接触点进一步延伸到购买阶段。

小贴士

案例的详细图文资料请在微信公众号“叶问（ID：yepoint）”中回复“020案例”获得。

企业往往会为了O2O而去O2O，比如到处公布微信公众号的二维码，但却忽略了O2O的本质是辅助提升或者重构再造企业的业务运营。比如汉拓科技会在每一次的O2O的咨询规划中，反复地咨询企业一些问题来进行检查确认：

第一，你的O2O传递给客户的是什么？可以满足消费者的什么需求？如果不传递什么价值，那么就没有必要为了使用二维码而推出二维码；

第二，微信、易信是不是这个传递价值的仅有渠道？二维码是不是唯一选择？可能有更好的、更简单的渠道和方式，所以还是不要为了使用二维码而推出二维码；

第三，在你所设计的O2O的这个接触点上，消费者最想要的东西是什么？你能够整合的企业资源有什么？比如产品、服务、权益、促销等；

第四，你的O2O的效果是否可以跟踪？你设计的是跟踪人，还是跟踪码？

第五，你的O2O是不是可以提供消费者接触点或生命周期状态的转换或延伸，或者新空间的体验？

基本上，一个经不起推敲的O2O活动在问完检查清单上的这几个问题后，就会败下阵来，而真正有意义的O2O活动却是可以经得住拷问的。

汉拓科技在传统企业的O2O再造中构建了标准流程：O2O八步。一个传统企业可以基于这个O2O八步来进行自己企业的O2O再造梳理。

第一步，定义客户细分。必须确认企业所定位的目标客户群，进行客户细分，不同的客户细分后的接触点和O2O都是有差异的；

第二步，绘制客户接触点生活轨迹。企业容易理解的是在企业势力范围内的接触点，但这些接触点往往是“场内”而且是与“交易”相关的，但更多的接触点是在“场外”而且是与“生活”相关的；

第三步，分解客户的生命周期状态。这个比较难理解，因为目前企业与客户接触时都是在一个静止的状态点上，而没有从全生命周期的时间轴上看一个消费者的不同消费状态的变化和切换，而O2O设计的核心就是状态的转换；

第四步，绘制客户接触点点阵图。按照纵轴为消费者接触点，横轴为消费者生命周期状态，将整个接触点在点阵图中描绘出来，包括现在的和未来的，包括各种渠道，比如线下、电话、互联网、微博和微信等；

第五步，细分企业的O2O资源。包括：消费者、产品、促销、offer/权益、渠道和地点/区域等相关因素的细分与定义；

第六步，设计O2O并进行排序。在点阵图中设计原点向下一个状态或接触点的跳转的O2O活动，并设计具体的资源定义，最终将这些O2O促销活动进行价值/复杂性的象限矩阵排序；

第七步，O2O checklist评审。对设计出来的O2O活动进行O2O检查清单的问题的逐一评审，进行调整或者优化或者放弃；

第八步，确定O2O最终方案。

O2O的本质是一种传播，简单的是信息在线上到线下或者线下到线上，复杂的是物与物之间、物与人之间、人 + 物 + 信息组成的平台之间的传播。在这种人—物的交互中，穿插着消费者与品牌的权利、权益以及这些资源之间的关联，从而逐步形成一个交互群体中的资源和商业价值的变现，这或许有点儿像基于物联网交叉的消费者群体网络。

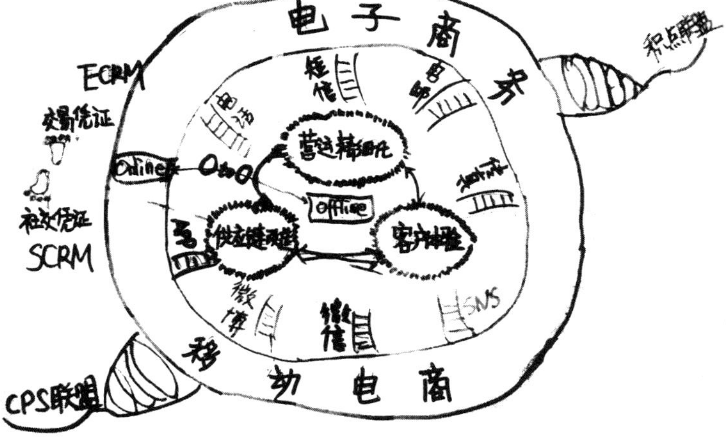


图4-2　线上线下整合总体

## 案例29 可口可乐的社交O2O模式

**导读** 可口可乐启用一个全新的账号：@可口可乐圣诞老人，这个基于O2O模式的圣诞老人活动，激发了粉丝的好奇和参与，形成了庞大的消费者覆盖。

小贴士

案例内容请在公众号回复“可口可乐”详阅。

## 社交凭证与身份

### 社交凭证

前面提到消费者寻找类群体参与进来，有时候是追寻一种身份认同。但并不是只有人需要社交凭证，在社交网络中，人和物等可以传播信息的载体都需要有一个社交凭证。我们接着上一个话题O2O来展开：O2O不是简单的Offline（线下）到Online（线上）或者Online到Offline，它更多的是一个Point（接触点或状态）到另外一个Point（接触点或状态），而从一个点到另外一个点，可能涉及时间、空间、线上线下的变化，所以，跟踪和管理就需要有一个社交凭证，这个社交凭证就是二维码。

二维码是线上线下、接触点和状态进行切换的凭证，企业需要跟踪凭证的状态并对电子凭证进行管理，比如二维码的状态、触发条件、关联动作，以及如何激活、失效、注销、完成等状态。基于对二维码的凭证管理，可以实现对会员、促销活动、产品以及票券的全生命周期管理，而且可以实时跟踪效果数据。

QR Code二维码实际上就是一个虚拟ID，作为整个O2O平台的识别核心组件，将完成识别个人、识别产品、识别商户和活动、识别票券等功能。识别个人主要是消费者的微信二维码作为会员卡识别或是品牌方经会员注册的过程，识别活动则是参与促销活动或兑奖活动而下发微信二维码作为优惠券或促销活动的识别，识别产品即通过二维码或者一维码的条形码来识别具体的产品详情。

基于二维码的O2O可以帮助企业进行：二维码的扫描和解码、会员身份识别和权益获取、线上优惠券发放和领取、线下产品信息识别、线下活动参与和识别、销售组织（包括直销员、店长、工贸二级平台等）识别、销售组织信息（包括卖点、门店标准化要求等）下行以及销售终端数据采集（包括零售数据、份额等）。

那么，对于这个电子凭证的发放、管理、跟踪等的平台和服务，企业很有兴趣按照使用次数或实际效果来进行付费，而这个最佳的二维码服务平台，自然是非微信、微博和易信莫属，只可惜他们只是运用互联网的思路在做流量和入口，而没有用传统企业的思路来设计线下的流量和入口。

当然，社交凭证并不仅是二维码，社交账号所拥有的带有唯一ID的点、券等也可以是社交凭证，但它更多的是社交关系中的交换凭证。比如点，对应人所拥有的积分和虚拟币，这是可以交换的；而券，比如带有唯一性的优惠券、折扣券或者代金券，意味着是一定条件限制下的金额或者权益，也是可以交换或者转让的。这些交换凭证，可以促进社交关系的进一步加强，也可以参与到粉丝品牌社群的经济交换即交易中，同时这些交换凭证是可以进行关系的借贷、转让、兑换等经营的。对交换凭证的跟踪和管理，也是社交凭证的关键环节。

**身份确认机制**

当然，对于品牌社群而言，最关键的还是人的社交凭证，也就是粉丝的身份确认机制。身份，是社群的一个标志，也是社群结构中划分群内层级的标准，这也是消费者因为交互和体验形成一个类群体而体会到的社群价值，从而进一步聚合成为社群的关键因素。

一个类群体的身份，往往来自于一个社交链产品，比如社交账号或者社群账号作为社交凭证，同时基于社交ID附带着这个成员的社交关系。而这个社交账号，是其在群体内的凭证身份，而这个ID载体的价值，一个是受影响于其在群内的层级和角色，一个是受影响于其在群内的社会资本，同时还可能受影响于其本人的社交关系的扩大。

进一步而言，类群体的阶段已经开始逐渐形成身份认同，比如自发形成的围绕品牌的身份认同：米粉、果粉、Mini车友会等，消费者通过从品牌群体中获得的独特体验，在感受到之后形成对品牌社群的初步认同，并在认同的基础上形成身份认同。

比如Mini车友会成员在刚刚加入的时候，会感受到车友会的成员与其他车友们相互尊重，相互帮助，互相交流有关车子的产品使用、维护保养、驾驶技巧等方面的知识和信息，大家一起分享驾驶的乐趣和对Mini品牌的感悟。新成员在这个过程中会逐渐建立身份认同和社群承诺，会和老车友们一起讨论装备、购买内饰等，并基于社群承诺进一步加强对品牌的忠诚。

在形成的社群中，身份是社群的一个标志，也是划分层级的标准。每个粉丝都有群内的身份，但同时又会有实际生活中的身份，这个群内身份和实际身份会相互重叠，从而加深社群内权力关系的复杂化，也有可能会加深权力关系引发冲突。比如说，一个实际身份很有影响力或权力的人刚刚加入社群，其社群身份还是比较低的层次，这个时候可能会引发其与社群内高层次但实际身份比较低的成员在权力关系上的冲突，而这个时候在实际身份和群内身份都处于弱势阶层的粉丝会遭受打压，这些弱势粉丝又会寻求其他弱势阶层的粉丝的支持与同情，这样逐渐在群内也会形成不同派系。

有一种特别的身份，这就是在品牌社群中往往存在一些品牌的“意见领袖”，他们对品牌的产品和服务非常熟悉，甚至了解品牌的深度信息和内幕信息，从而使他们的资源优势凸显出来，会吸引其他粉丝向他们咨询产品和服务问题，并在线上线下活动中听取他们对品牌故事和品牌内幕的解读，同时他们也是社群活动的组织者和忠实参与者，因为是群内的“意见领袖”，因此他们对群内粉丝的喜好动向、社群信息的了解程度都高于品牌方。品牌可以将这些“意见领袖”发展成为社群的“铁杆粉丝”，给予特殊的群内身份，建立有效的互动渠道，分配更多的社群资源，并透漏更多的内幕消息，通过他们来推动社群的活跃度。

### 案例30 以标签定义身份，社交化的可口可乐“昵称瓶”创意

**导读** 可口可乐通过昵称瓶来为粉丝设计标签，定义粉丝身份，这个创意活动一时间成为社交网络上的热门话题。

小贴士

案例内容请在公众号回复“昵称瓶”详阅。

## 参与和压力

消费者只有参与到品牌社群的活动中，才可能在交互和体验中感受到品牌社群的价值，逐步产生社群认同，最终成为社群的一分子。当然，粉丝参与到社群是有动机的。一般粉丝参与到社群的动机可以分为六种：消费型动机、服务型动机、自我认同动机、自我娱乐动机、社交人际关系动机和社群认同动机。

消费型动机，粉丝参与是为了消费的优先权、优惠和最新内幕消息；

服务型动机，粉丝参与是为了产品和服务，尤其是为了产品售后服务而加入社群；

自我认同动机，为了在交互中获取社会资源，以便实现个人目标，明确自己的爱好、品位和价值定位等而参与社群；

自我娱乐动机，为了娱乐好玩、追求刺激、集体游戏等参与社群的活动；

社交人际关系动机，为了获取社会关系、人际关系或亲密关系而参与社群；

社群认同动机，为了得到社群成员的认同，提升自己在社群中的地位而参与社群。

只要消费者主动地参与到社群里面，就会有积极影响。一旦他们主动地参与进来，他们在社群的身份识别和对社群品牌的情感纽带将会有较为明显的强化。而这些身份识别和情感纽带将促使消费者与品牌之间建立更为紧密的情感联系，消费者也将会对品牌有更强的认同感。

但并不是你想让消费者参与他们就会参与的，消费者的参与往往来自于品牌认同和社群互动。企业需要通过品牌社群来加强消费者的品牌认同和社群认同，将他们有效地组织在一起，形成有凝聚力的社群；同时，也要提供更多的互动和沟通的机会，尤其是基于社交网络平台来进行互动交流，激发消费者更多地参与社群互动。

社群是个小世界，本质上带有政治属性，因此有冲突是必然的。新的消费者进来会发现，在社群内部，有着基本的分界线。例如，我们能感觉到粉丝们具有不同程度的热情和忠诚度，企业可以基于此将核心粉丝与装模作样的人进行区分。同时，社群内部处处存在竞争，有些企业希望消费者社群能够平稳务实，但实际上这是个误区。社群管理应该借助冲突，或是直接强化竞争，或是让其他成员煽风点火，引导社群进入动态发展的佳境，这样就可以吸引更多的粉丝来了解品牌信息。

但是对于新的社群成员而言，社群里的压力可能对消费者保留成员资格、向他人推荐和积极地参与群体活动都有负面影响，如果社群压力过大，还会导致抵制倾向，这不仅会大大削弱其保留成员资格的意愿，而且也将使其品牌忠诚意愿下降。所以，我们必须面对社群压力这个问题。

社群压力主要的来源是社群的规章制度和其他成员的反应，比如必须参加社群的活动或保持在社群网站上的活跃程度，如果活跃程度较低，则会受到社群组织者或其他活跃分子的批评等。同时，过多的意见领袖和“传道士”在社群中也会带来混乱，他们会给社群粉丝带来莫大的内部压力，因此社群应该鼓励多种角色和水平化管理，鼓励每一个粉丝都能够分享经验、寻求自我提升、尝试新鲜事物、分享和激励、传播品牌故事等。

社群压力是存在于每一个社群的，这种压力的产生是由于社群是一种相对紧凑的社会组织，品牌社群的社群压力对其成员融入品牌社群具有一定的负面作用，特别是随着压力的增强，这种负面作用会呈现出迅速增长的趋势。品牌社群的压力主要来自于以下三方面：

第一，来自于其他成员的压力。在一个品牌社群内部，如果一个成员做出了不利于该品牌的事情，发表了不利于该品牌的言论，或者是在再次购买或者是推荐其他人购买产品时选择了其他品牌，就自然会受到其他成员的压力。这种压力如果较小或者以非正式的形式存在，那么它对成员的品牌社群融入产生的影响就微乎其微；如果这种社群压力较大，会使得其成员产生不舒服的感觉，从而对成员的品牌社群融入产生非常不利的影响。

第二，来自于品牌社群的压力。一方面，粉丝在面对其他品牌的推荐的情况下，会受到品牌认同的压力；另一方面，品牌社群活动比较多的上海，对社群粉丝会有经济上和时间上的压力，因为这可能需要成员能够在会费、购买上支持，或者积极参加活动，否则将降级处罚等。这些压力是促进品牌社群发展的必要条件，但如果处理不当，可能会使成员有脱离社群的想法。

第三，来自外部的压力。当品牌社群外部有对品牌不认同的言论时，或对品牌说“不信任”的时候，也就是有“黑你的人”的时候，会在社群内部形成一定的压力，在这种压力下，群内成员会更有凝聚力，信任社群且有经验的粉丝们会进行抵抗。在抵抗的协作过程中，社群成员的责任感得到加强，社群关系得到提升。但如果外部压力巨大而且可信，一般意味着品牌遭受到了巨大的危机，所以品牌社群也需要谨慎地进行危机公关，避免墙倒人散。

### 案例31 宝马MINI：坚持原创 在社交网络里独舞

**导读** 2011年，中国市场充斥着小型豪华车：宝马MINI、大众甲壳虫、奔驰Smart……这些奢华大玩具都在中国市场上切“蛋糕”。在这一年里，Smart、甲壳虫甚至奥迪A1都把竞争矛头对准了MINI，他们锁定的是一个早在2003年就潜伏于中国的“老字号”竞争对手。

小贴士

案例内容请在公众号回复“华丽庆生”详阅。

## 第三步：社群—信任/文化

当粉丝形成品牌社群或者品牌发展了更多的粉丝进入品牌社群后，社群要让粉丝有强烈的社会分类归属，有独特的身份认同，并在共同意识和责任感下进行信任协作，通过一定的仪式和传统，形成社群自己的文化和价值观，从而继续增强品牌社群的品牌崇拜和凝聚力。

### 粉丝计划

大部分企业原本是要做客户忠诚计划的。所谓客户忠诚管理，通俗点儿说就是会员管理，有时候侧重于营销，也称之为客户忠诚营销。作为市场营销的一种方式，客户忠诚营销建立在整个客户生命周期基础之上，从而提升客户价值。因此，在每个环节上都要把握好与客户的接触点，做出相应的反应。它不仅在已有的客户消费阶段进行促销和回馈，还要贯穿于潜在客户的品牌了解、新客户的会员卡激活和初次使用，以及老客户的离店挽留等阶段。

但是，很多企业发现：当前的客户忠诚，仅仅做成了一个会员积分管理，通过消费获得积分，年底通过积分兑换礼品，这就变成了一个消耗现金来奖励客户的消费；或者让消费者通过积分获得会员级别，再对不同级别的会员卡提供不同的优惠折扣，即大众经常使用的打折卡，然后继续与竞争对手进行价格战。而这样的结局显然不是企业所乐意接受的。

为什么在社交网络时代，传统会员模式不可行呢?

当前的会员模式过于强调人与物的互惠关系，对会员的分级也是基于企业想卖出的产品和服务来定位客户，比如白金卡、金卡、银卡等，大部分是基于消费额来进行分级的。在前面的章节我已经讲过三种类型的关系不能直接切换，人—物的互惠关系很难转化为人—人的朋友关系。

而企业推出会员模式的目标是什么呢？这是为了提高客户的消费额。当然，这可能分为不同的形式，比如吸引加入，鼓励消费，奖励忠诚。既然能够不断吸引新客户加入，又能够鼓励更多的消费，还可以通过奖励重复消费的忠诚客户来形成良性的循环，那么客户忠诚营销对于企业而言就是很有价值的了。我大体总结了一下，可以有以下的价值点：挽留老客户，降低客户流失率；提升价值客户的升级消费和交叉消费；增加新的客户推荐；提升市场份额；提高客户满意度，提高品牌形象。

企业在会员模式中的主要活动是奖励客户的购物行为。比如利用吸引人的积分和礼品，刺激客户兑换并不断消费，这样，客户与我们的忠诚度就会提高，互动的机会就会增加。客户忠诚营销同时会帮助企业加强日常的会员营销活动，根据会员分级和数据分析，传递不同的信息给不同的人群，比如对价格敏感型客户传递相关打折促销信息，对品牌忠诚型客户有选择地推送相关的新品上市品尝邀请和价格促销等信息，对即将流失的会员传递积分到期预警信息等。而这些营销活动，不仅要通过店内的客户经理面对面传递，而且要在系统的支撑下通过多样化的渠道，比如电子直邮、DM直投、短信彩信、会员感谢函、电话外呼等与客户进行互动。

同时，企业可以设计不同的活动针对不同人群达到不同的目的，比如当要提升会员的招募率时，可以设计会员推荐会员活动；当要提高活动率时，可以设计会员限时消费特别礼物；当要增加销售时，可以设计多买可得三倍积分的积分活动来刺激会员；当要防止流失的时候，可以设计积分到期提醒活动来激活休眠会员。

通过这样的会员模式，企业最终培养的是对打折卡、积分卡和身份卡等卡片的忠诚，不是吗？你可以回想一下自己的体验，是不是已经依赖于卡片而不是品牌了？

传统会员模式还有第二个大问题，就是很多企业都没有真正意识到会员体系是一个巨大的成本中心。往往很多人在做会员之前，是为了做会员而做会员，是因为不能落后于同行做会员推销模式的心态。企业如果没有进行详细的规划，也没有进行详细的财务评估和ROI分析，最终会陷入巨大的成本泥潭。

会员模式的预算是相对固定的，与销售收入成正比。一般的会员，都是按1：1的消费与积分比例，即消费1元积累1个积分，那么年销售收入为10亿即意味着当年产生的积分为10亿积分；兑换时，一般都是按100：1或者150：1的礼品价值兑换，即100个积分可以兑换价值1元的礼品，再低会员的感受可能就太低了，但这也意味着要有1000万的礼品成本；当然，事情没有那么糟，因为会员的兑换比例和活跃度没有那么高，一般第一年约为30%，第二年约为50%，做得好的可以到60%~80%，所以你可以不用百分百的计提礼品成本；整个会员模式的运营需要团队、系统、资源等，所以差不多要有20%左右的运营成本。

综合计算下来，基本上会员模式的成本相当于销售收入的1%左右，也就是说，销售收入10亿，基本上你要计提1000万会员预算。而在国外，对于会员计划的预算是按销售收入的1%~2%来计提的。

传统会员模式有着复杂的运营体系，比如对基础数据的分级分类，比如客户的细分、会员的分级、会员卡的分级等；对会员接触点进行分解定义，详细设计O2O情景；设置积分的规则，包括获取积分、消耗积分、积分兑换等，以及礼品目录的设计；设计会员权益，包括积分、折扣、优惠、合作商户等；定期设计不同档期的促销活动、营销活动，促进会员的活跃度；提供会员服务，制订互动沟通计划，发送DM（Direct Mail）通讯等；加强会员联盟的商户开发与管理、结算等；最后，基于数据进行会员的数据营销。这一套复杂的运营体系需要一个完善的组织架构、严谨的财务评估、强大的会员管理系统以及庞大的数据分析工作。

所以，类似微生活会员卡失利的主要问题不是在于企业反映的推送商户之外的外链、推送营销消息、各种非常手段帮助商户拉新等，而是在于传统会员模式已经越来越具有局限性了。

而这个时候，开始有企业在社交网络和移动互联网时代，逐渐衍生出粉丝模式，即基于人—人的朋友关系的品牌社群模式。大家可以想到的比如：苹果的果粉、小米的米粉、Zara的铁杆粉丝、明星偶像的粉丝等，都可以算在粉丝模式中。

粉丝模式，不再是以消费者的名称、会员卡号或者手机号码作为唯一识别，而是用社交网络的虚拟ID作为唯一识别，核心的社交网络往往是粉丝社区，可能是自建，也可能是依托于Facebook、新浪微博或微信等建立。品牌通过虚拟ID来识别粉丝，并建立与粉丝的互动渠道，在沟通互动中进行“养粉”，形成大的社区和差异化的圈子，最终强调的是品牌与粉丝之间的信任关系强度的量化。

粉丝模式是以消费者为主导的，由消费者发起或者由消费者驱动，由品牌方提供支持或平台的自组织的社区。这和传统的客户关系管理和会员模式有了很大不同，因为品牌第一次不能掌控粉丝，但实际上品牌可能无限接近于可以掌控强关系的粉丝。

养粉是在品牌与粉丝之间的互动、粉丝与粉丝之间的互动以及线上与线下、圈子内与圈子外的互动中不断积累的。通过养粉，品牌最终能够捕捉到粉丝自己更新或者发布的需求和生活方式。

品牌方需要提供平台来建立圈子、社区，并建立社区奖励机制或者资源来提升粉丝社群的活跃度，比如见面会、特定活动、粉丝定制产品、粉丝限购等，并在互动和活动中培养粉丝的信任关系。

而培养粉丝的信任关系不是一蹴而就的，可以从基于差异化主题建立客厅式的小范围主题对话开始，并提供口碑推荐渠道和个性化礼品或体验，多频次小批量的活动，最终形成从互动开始，到社区，再到细分群体的圈子，最后到主题化的客厅活动，从而培养粉丝的信任关系和对品牌的忠诚度。

品牌的终端、专卖店等线下资源，将成为粉丝模式中的关键一环。它可以成为粉丝的销售服务、信息采集和粉丝管理的终端点，也可以成为粉丝体验中心、粉丝社区中心和O2O的连接点，品牌的粉丝社群计划被赋予了新的内涵！

## 案例32　魅族：粉丝文化与完美品质追求的优秀和局限

**导读**　几乎没有哪家中国厂商像魅族一样拥有那么多对其产品、品牌、文化、创始人由衷追捧、津津乐道、不离不弃的消费者粉丝——这种粉丝文化一枝独秀的状况一直持续到小米手机的出现。

小贴士

案例内容请在公众号回复“魅族粉丝”详阅。

## 养粉与圈子

“社交关系网络贫乏的人，越容易成为社群的铁杆粉丝，因为他有给予信任的需求。”可以看出，粉丝社群的本质是信任和社交关系，品牌社群也是一样的。品牌需要先将潜在客户或者感兴趣的粉丝培养成为品牌社群的粉丝乃至于铁杆粉丝。

### 养粉

养粉，顾名思义，就是培养粉丝。

养粉的第一步是跟踪与聆听，核心是聆听、互动和对话。从聆听粉丝的声音到开始沟通，让粉丝知道他很受重视，从而建立潜在关系。比如星巴克的新闻事件或者产品信息一般都会在Twitter上提前五到十分钟发布，然后聆听和观察Twitter上的粉丝反应，根据Twitter的反应再来决定其他管道的推广；而荷兰航空公司跟踪在机场签到的粉丝乘客，在登机的时候给顾客送上一份个性化的礼物，就彰显了公司一直都非常关心它的乘客。

第二步是为粉丝提供奖励刺激。分析潜在客户和粉丝的需求是什么？如何奖励和激励？奖励派送的是物质上的礼品，还是精神上的自我满足和成就感方面的激励？企业要清楚，特定的奖励刺激不仅是为了增加粉丝，更主要的是让已经成为粉丝的目标顾客时常得到“好处”。比如联合航空公司在每周固定的窗口时间为Facebook和Twitter的粉丝提供折扣秒杀；戴尔公司在圣诞节时专门为美国市场Twitter的粉丝提供专属折扣，安慰他们因为全球金融风暴而受伤的心灵；美食家咖啡服务公司（Gourmet Coffee Service）曾经用每周一次的抽奖来推广它新上线的Facebook。

第三步是直接和粉丝进行外围互动，使其获得体验。企业要经常性地发动和提供互动机会和平台，通过粉丝的参与、娱乐、闯关升级以及特别的客户体验，使其获得更强烈的粉丝认同，比如百事可乐发动粉丝提出和评选公益提案，每个月评出32个提案，给每个提案提供5000~250000美元的活动基金；奥利奥通过“金奇礼物换不换”游戏给粉丝发一个礼物，每十二个小时强迫他们交换一次得到的礼物；Prigat果汁在Facebook上用一款“笑容榨汁机”发起了一场“秀出你的笑容”活动，超过两万张粉丝笑脸的照片被分享，带来了3万多Facebook粉丝。

**粉丝参与与互动**

让粉丝参与的核心是寻找企业的社会化达人、消费者意见领袖和免费大使，使其为品牌代言。粉丝参与分为不同阶段，可以参与到品牌社区，可以参与到产品创新，也可以参与到互动和活动。

比如李维斯牛仔把它的Facebook账号直接命名为“李维斯朋友店（Levis Friends Store）”，李维斯有将近千万的Facebook粉丝，它陈列的每一款产品都有“赞”按钮，粉丝可以“赞”他喜欢的产品，同时也可以看到好友的“赞”；优衣库特别推出了一个粉丝形象专享社区Uniqlooks，是由粉丝打造的页面，邀请粉丝秀出他们穿上优衣库服装的形象照片，从而让其他粉丝欣赏自己的形象，进行评价交流；印第安人棒球队为粉丝提供社交媒体包厢，每一次比赛和活动都会分别邀请不同的粉丝成为形象大使，并提供免费无线上网，提供独家信息，鼓励粉丝发表更多的线上评论；福特嘉年华邀请100名社会化媒体粉丝来进行新款嘉年华的试驾，让粉丝把试驾感受发布到社会化媒体上。

另外，企业还可以让粉丝进一步参与到购买决策中。比如无线T恤（Threadless）已经在网上举办了十年的T恤设计竞赛。它的Facebook经营着一个庞大而忠诚的粉丝群，从而发动粉丝提供和评选T恤设计，并在每个月选择四款设计投入生产；优衣库在Twitter上举办一场“更多围脖，更低价格”的C2B秒杀团购，粉丝每发一条微博，他看中的衣服款式就降一次价格。

与粉丝之间的互动需要的是实时的互动，它可以是即时的推广互动，也可以是及时的客户服务互动。在互动中，粉丝会逐渐加强品牌认同，比如奥尼尔在Facebook发布消息后，走进了哈佛校园的广场，把自己摆成一尊雕像，整整坐了一个小时，许多惊讶的球迷都围在“大鲨鱼”身边疯狂拍照留念；捷蓝航空（Jet Blue Airways）有一个强大的微博团队，它为乘客提供全天候7×24小时的社会化服务，通过社会化的客户服务掌握了跟乘客互动的话语主动权，由于其细致周到的服务，有许多乘客也很乐于相互帮助；Xbox客服打造了Twitter上最快的响应品牌，客服会一声不吭地进入粉丝的Twitter，然后没头没脑地冒出来说：“没事，我们来帮你吧。”粉丝会说：“哇，送上门的客户服务？这太棒了。”这是一种非常神奇的体验，直接提高了客户满意度。

**线上线下的圈子**

在互动和参与过程中，粉丝们逐渐提升了对社群的认同，形成了一个个无形的圈子，而这些圈子中，线下消费者的意见是内圈，社交网络上粉丝的诉求是外圈；而将内圈和外圈的消费者ID捆绑到一起就是一种有效的补充。

比如亚马逊网站把用户的购物账号和Facebook绑定，让用户可以跟Facebook好友一起线上购物；运通信用卡提供APP，Facebook的粉丝如果绑定了一个“Link, Like, Love”APP的应用，运通信用卡就会整合他的社会图，为粉丝生成一个提供优惠交易建议清单。

如前文的案例中，洛杉矶的Kogi移动快餐车则形成了一种风靡的“Kogi文化”：Kogi售卖经过改良的韩式煎玉米卷，同时它通过微博像电视节目预报一样通报它自己的下一个方位。Kogi的粉丝每天走上街头，翘首盼望Kogi快餐车的出现；为了Kogi，为了Kogi的故事，粉丝们可以心甘情愿地等上一个小时，有时候直到晚上9点都还有近200名“快闪党”守候在某个路边。Kogi的粉丝照片和YouTube视频都被上传到Kogi的官博上，逐渐形成了一种风靡的“Kogi文化”。

横跨不同渠道和不同环境的线上线下的粉丝圈子，是社交关系和互惠关系进行交换和转化的关键，在这些圈子的形成和分享过程中，就产生了O2O或者从礼品到商品的价值转移。

## 案例33 笔迷社群互动、奥利奥“金奇礼物换不换”和到到网的好友评论

**——来源：采编自互联网**

**导读** 周笔畅的笔迷社群互动，充分加强了线下互动；奥利奥的Facebook推出了一个“金奇礼物换不换”的游戏，加强粉丝的参与和从社会关系进行拉新；而到到网推出了一个“友邻旅行（Trip Friends）”应用，帮助用户获得Facebook好友对旅行的建议和评价。

### 周笔畅的笔迷社群互动

笔迷社群的线下互动是指笔迷社群的实体聚会，可分为公开聚会、私下聚会两种。

由于“周笔畅贴吧”注册成员多达上万人，所以吧主不会发起整个吧的公开聚会，公开聚会一般是由“周笔畅全球官方歌迷会”4~7名各分会负责人通过“周笔畅吧”等网络平台发起，以分会当地的社群成员为主，并且往往是注册了“周笔畅全球官方歌迷会”的社群成员才可以参加，而没有注册“周笔畅全球官方歌迷会”的笔迷被称为“散亲”。这类聚会通常以：

（1）参加媒体组织的活动（有周笔畅出席的颁奖典礼、歌迷见面会、签售会等）；

（2）联系情感（做游戏、踏春、聚餐等）；

（3）从事创作（为偶像周笔畅制作物件等）为主。

公开活动因人员数量庞大，加上场地、时间限制，成员互动松散，加之

成员召集不易，活动频率与社群规模成反比。

私下活动则主要是关系较亲密的一些歌迷以私人名义举办私人聚会，或以QQ、MSN、电话、邮件等保持私人联系。由于成员数量少、具有共通的“集体记忆”，使其谈话内容包罗万象，甚至发展成类初级团体关系：“我们（MSN）群有20几个人，从笔笔参加比赛就认识啦。大家亲如一家人，一直到现在。现在大家都工作了，有部分人都已经结婚生子了呢。讲讲笔笔的事，偶尔也会讲讲心事啦，不如意的事，或是高兴的事都会谈。不太像单纯的Fans只谈笔笔的事。”

成员联系虽然源于局部接触的线上互动，但由此发展出的人际关系，往往因为线上互动的选择与主动性获得强化，从而呼应詹金斯所说的，“迷群不仅会集结为特殊的诠释社群，尚会形成具有社会性的社群”。

### 奥利奥“金奇礼物换不换”

奥利奥有两千万的Facebook粉丝，它曾经有一个“你最爱的饼干”的评选活动，24个小时获得了114619张投票，创下了吉尼斯世界纪录。金奇奥利奥是一种跟传统不同的、两片黑巧克力夹着白奶油的新产品，为了推广这一新产品，奥利奥推出了这次“金奇礼物换不换”的游戏。

“金奇礼物换不换”的玩法是，加入游戏的粉丝可以得到一个礼物，然后选定也参加了游戏的任何两个人来交换礼物，这两个人不一定是他Facebook 的好友，甚至其中一个可以是他自己。粉丝的礼物每12个小时交换一次，作为礼物交换的对象，参加游戏的粉丝既选别人也被别人选，不管交换的是什么样的礼物，粉丝都不能拒绝；参加游戏的粉丝随时有可能被换走或者换来一个最大的iPad2奖品，他们随时也有可能被换到一个很囧的礼物，像控固力面膜、阿姑的吻、封箱胶带、除毛贴之类。“金奇礼物换不换”还为粉丝设计了一个偷跑条件，如果一个粉丝不愿意苦等12小时才交换一次礼物，他可以把这个活动推荐给他的好友，之后就可以将等待时间缩短成3小时左右，或者直接进行交换。

对参加游戏的许多粉丝来说，不管换到多囧的礼物，它都让人充满了未知的希望与期待，尽管有时候换到了一个囧礼物，他们反而因为有趣而比换到一百美元的礼物更开心。在这个游戏最高潮的时候，Facebook上一个非常流行的话题是“你换到什么烂奖或谁谁谁把我的大奖换走了”，于是许多粉丝都把他们的好友一个个拉了进来。

显而易见，奥利奥聪明地通过换礼物的新奇方式让越来越多的消费者记住了这个品牌，并为之口口相传。

### 到到网提取Facebook好友评论

到到网（Trip Advisor）是一个旅游网站，它推出了一个“友邻旅行（Trip Friends）”应用，帮助用户获得Facebook好友对旅行的建议和评价。

到到网在2007年用三百万美元买下了Facebook“我去过的地方”的签到应用，它推出“友邻旅行”之后，用户能够很方便地获得他们的Facebook好友的旅行经验和评价。到到网的用户在“友邻旅行”地图上点击放大任意一个区域，被放大的区域上面就会显示他曾经到过这些区域的Facebook好友留下的标记，前提是他的好友使用了“我去过的地方”这一应用；通过“友邻旅行”的地图点击，到到网的用户可以提取好友对这些区域的酒店、餐厅和景点以及其他许多方面的评论 。

除了地图点击之外，“友邻旅行”还有一个“好友询问（ask-afriend）”功能，它让用户在到到网上也可以跟Facebook好友即时交流，询问朋友的意见，据称这是“友邻旅行”最核心的功能之一。到到网总经理史蒂夫·考费尔（Steve Kaufer）指出，大约一半到到网的用户都有Facebook账户，所以“我们想让他们可以更方便地找到最相关的信息并与朋友分享”，有许多人认为“友邻旅行”代表了一种社交网络跟旅游的深度结合。

**点评** 在加强社群内部和线上线下互动之外，要刺激粉丝进行外围的社会关系的互动和参与，并将圈子内部的内容与外部社交网络的关系进行融合，从而形成一个“养粉—互动参与—圈子融合”的过程。

## 共同意识和责任

### 共同意识与责任

品牌社群最希望的是能够吸引粉丝转移控制权，建立共同的价值观，实现共同行动，这类似于领袖的魅力，能够引导一场又一场的集体行为。而集体行为的共同要素包括：在同一时间采取相同行动的许多人；被观察的集体其行为无常而且多变，很少出于均衡状态；行动具有相互依赖性，任何个人都不是独立的行动。我们可以看到游行群体的行为、服饰的流行以及信仰的狂热，这些现象都具有集体行为的动态特征。作为信任系统和信任关系基础的个人单方转让对于行动的控制，这类转让构成了集体行为。

集体行为往往会共享价值观。有关消费者行为的研究发现，具有某种共同价值观和生活方式的消费者在选择品牌时具有趋同性。在品牌社群中，成员共享的价值观是其存在的根本前提，也是衡量品牌社群差异性的一个标准。消费者一旦形成对某种品牌文化的认同，就会很快地融入该品牌社群，产生更为可靠的品牌忠诚。

同时，社群的共同意识还会产生共同的道德责任感。品牌社群的道德责任感会使成员之间保持一种密切的联接关系，是社群成员对某种责任的认同，这与带有强制性的社会责任不同，它更多地表现为一种自觉主动的行为方式。

而对于社群责任，有学者指出，品牌社群的社群责任体现在两个重要以及传统的使命上，第一是吸纳及保留成员。社群需要考虑的一个首要问题是社群的持续，由此带来行为上的连续性被认为是社群成员的基本责任。为了保持社群的持续，吸引新成员，留住老成员被认为是必须的；第二是指导品牌社群成员正确并坚持使用这一品牌。有时，社群成员选择产品并没有经过特别的考虑，这时候需要通过为这些后来加入的社群成员提供维修产品或者解决问题的方式来指导他们保持持有，特别是在有些问题是需要经过一段时间使用该品牌的积累后才能解决的。

### 社群规范

社会学家麦吉尔（Magill）认为："社会规范是历史形成或规定的行为与活动的标准。"社会规范具有一系列的功能。它对人们的社会行为起着调节、选择、系统、评价、稳定与过滤作用，并同时限定着人与人之间的关系。而另外两位社会学家科莫利达（Komorita）和米勒（Miller）认为，一般的社会规范包括四类：（1）社会成员共享报酬与代价的规范；（2）防止成员之间冲突的规范；（3）调节与外部联系的规范；（4）表达一个社会群体中心价值观的规范。

这四条基本上也代表了品牌社群的规范的主要类型：利益分享、群内冲突、外部联系和价值观的规范。

社群的规范是用来引导社群粉丝的行动，从而决定个人的所得利益。在此基础上，行动者也是各种赏罚措施的实施对象。而在一个相互信任的共同体内，"行动者同时参与某种交换活动，在这个交换系统内，众多行动者对商品与实践有不同程度的控制，并各自从中获得不同利益。这类共同组织中，行动者的信用为具有惩罚性措施的社会规范所保证。最常见的惩罚措施是禁止与触犯社会规范的行动者进行任何交易”。

如果无法借助外力解决资源问题，你会发现某些结合在一起的行动是实现社会最优状态必不可少的条件。控制权力的相互转让，便产生了规范。如果有行动者不服从规范，必须对其实行惩罚，只有这样，规范方能行之有效。这就意味着品牌社群必须建立有效的惩罚措施。

同时，在相同利益结构下，还要有干预性行动，才可以推动更多的热情奉献，否则就会有坐享其成的情况存在。干预性行动一般是鼓励他人的行动，它是附带行动，特点是鼓励而不是阻止某种行动。

某些权威系统总是力求使权威关系渗透于其成员生活的各个方面，比如：具有共同信仰的团体。一部分权威系统对其成员实行有限的社会控制，比如：直销组织。一般情况下，权威系统总是试图通过塑造新的自我，使成员与其实现认同。而品牌社群所涉及的诸如权威关系、信任关系和规范等，都是社会资本的特定形式。

**社群认同**

品牌社群中的人际关系比较复杂，一方面，社群人际关系是以粉丝之间的接触为主，每个人都有着流动多变的自我认同；另一方面，从品牌社群的内部来说，却是以品牌的认同作为社群的基础；同时，从社群活动的角度，又是以兴趣的同质为人际关系的基础。在这样的社群关系中，许多在现实社会中备受压抑的弱势群体，可能会凭借社交网络来获取支援和凝聚力量，因此社群成员可以自信地在所归属的团体或子群体内建立自我认同。

在品牌社群情境下，社群成员对品牌和社群更高层次的认同，会发展为社群成员所共同拥有的社群意识。社群意识是一种归宿感，即社群成员相信彼此之间及与整个社群之间都有联系，各自的需要都可以通过这种联系得到满足。社会学家麦克米伦（Mc Millian）和查维斯（Chavis）认为，当个体通过加入某一群体组织获得了成员资格和影响力，并且满足了自己的需要，同时也建立了与其他成员共享的情感联系时，他就拥有了对该群体组织的社群意识。这里的“获得成员资格”是指消费者为了成为社群成员，将自己的部分精力投入品牌社群的活动，进而在社群中占据一定的社会地位，并产生归宿感和安全感。“影响力”是指社群成员感知到社群对自己的影响，同时自己也有能力来影响其他社群成员和整个社群。“需要得到满足”是指社群成员通过参与品牌社群活动得到所需的回报，包括在社群中的地位和自我能力的提高等。“共享的情感联系”是指社群成员在借助品牌、企业形象或历史等来建构和展示自我时，彼此之间以及与整个社群之间所产生的情感联系。

在研究中，社会学家卡尔森（Carlson）等认为社群认同对于发展品牌社群感极为重要。消费者就某特定品牌社群的自我归类会对社群间各自的价值观、规范和行为带来差异性影响，这也将促进社群成员自尊感的提升，从而进一步增加社群成员的认同感。

## 案例34 “Xbox社群等级”机制

**——来源：采编自互联网**

**导读** 微软宣布“Xbox Community Level”（Xbox社群等级，简称XCL）正式启用，Xbox社群等级是设计用来追踪社群成员成就，并给予奖励的机制。

过去两年来，“Xbox Community Ambassadors”（Xbox社群大使）已被公认是相当出色的社群。虽然社群大使聚焦于点对点支援，但在社群大使之外的会员其实也相当具有活动力，所以如何将认可会员身份的规模扩大，是微软团队长期以来的愿望。在多方考量与努力之下，微软终于宣布“Xbox

Community Level”正式启用。Xbox社群等级是设计用来追踪社群成员成就，并给予奖励的机制。只要加入此机制，会员可以得到经验值（XP）、提升等级并解锁战利品。

为了启动本次方案，Xbox社群大使与Enforcement United Beta方案中的成就将获得XCL的认可。Xbox社群大使是点对点支援方案，Xbox 360玩家能借由此方案，在即时聊天与Xbox官方论坛中提供其他熟识玩家的帮助。至于Enforcement United Beta方案的相关细节可以前往Xbox Wire网站查询。加入Xbox社群大使与 Enforcement United Beta方案的会员后，XCL便会追踪玩家的参与活动情况、计算玩家的XP，升级之后玩家的玩家卡还可以获得战利品。玩家不需要主动表示参加，只要提交活动纪录或是创造一个新档案，微软就会替玩家衡量奖励的程度。

微软建构这项方案的目的，并非创造一个新社群活动，然后排挤其他社群，反而是希望 Xbox Live上的所有社群活动都能有意义地结合在一起。最后XCL会将玩家的游戏分数、所有物与名声整合在一起。微软设计这项方案是为了让社群更快成长。当微软从玩家身上学习改善社群方式的同时，也希望能整合玩家所有成就，并给予应有的奖励。未来XCL将代表玩家对Xbox贡献的回报，包括改善微软的服务、给予Xbox产品专业意见，甚至是在论坛上创造游戏指南与有用的内容，等等。

**点评** 规范和激励是促进品牌社群凝聚力的关键，通过社群等级和不同的激励机制，可以让社群成员形成一种共同的意识和责任，可以推动社群更良性的成长。

## 仪式与精神

### 仪式与信仰

最有效、最有权威的品牌社群，实际上是宗教。这是不争的事实。对于一个品牌，就是要打造成消费者的品牌社群。

在品牌社群内，消费者基于对某一品牌的特殊感情，认为这种品牌所宣扬的体验价值、形象价值与他们自身所拥有的人生观、价值观相契合，从而产生心理上的共鸣。在表现形式上，为了强化对品牌的归属感，社群内的消费者会组织起来（自发或由品牌拥有者发起），通过组织内部认可的仪式，形成对品牌标识图腾般的崇拜和忠诚。

仪式延伸到品牌社群，也有共享仪式。仪式是品牌文化的体现形式，它可以传达出为品牌社群成员共同认可的本社区特有的价值理念。仪式对于品牌社群的建立和维系非常重要，它会赋予品牌社群以持久性，品牌社群需要通过仪式来宣告它的存在，并推动其发展。通过举行仪式可以强化品牌社群成员的共同价值观，从而增强成员间的凝聚力。从制度经济学角度来看，仪式从某种程度上具有社会聚集功能，可以降低交易成本。

这里存在一个“品牌崇拜”的概念。这个概念清晰地解释了粉丝对其钟情品牌的热爱程度，这种热爱有时甚至达到了信仰的高度。品牌社群的建立即利用这种品牌崇拜来建立高度的品牌忠诚感，让这种品牌黏性成为核心粉丝的一种生活方式。将传统和仪式引入品牌社群，会极大地促进消费意识和支持仪式的共同集聚。

首先，建立品牌使用过程中的仪式或传统。社会学者厄普肖（Upshaw）提出品牌社群的经营模式中的“特殊的礼仪传统”是一个重要方面。礼仪传统是一种对品牌价值观和品牌精神的物化，而“特殊”的礼仪传统是对物化承载物的“神化”。薛新波、王新新在分析品牌社群的特点时也提出了“共同的仪式和传统”

的说法，这被运用到品牌社群中的时候，就具有了某种信仰式的特点。

世界知名的打火机品牌Zippo，其品牌使用者自发形成了各种松散型的组织，在组织中交流甚至发明各种关于打火机的玩法、产品维护方式和鉴别真伪的技术特点等。当然，对于Zippo的历史以及各种传说更是数不胜数，这些都是社群成员津津乐道的品牌传统。对此，薛新波等也提出了以“塑造生动的品牌故事或神话”来驱动品牌社群建立的方法。

其次，建立品牌使用后的仪式或传统。凯尼格（Koenig）、麦昆·亚历山大（Mc Alexander）与斯考滕（Schouten）三位学者提出了品牌社群的消费者关系模型，该模型表示核心消费者与品牌之间的关系受到“消费者—产品”、“消费者—品牌”、“消费者—公司”以及“消费者—其他消费者”四种互动关系的影响。这也意味着，品牌社群与产品、公司和营销服务人员都有非常重要的关系。尤其容易涉及售后服务、投诉建议、CRM管理等服务营销阶段。如果有一种仪式或传统将品牌使用后的这些关系利益方有效地联系起来，将会为品牌忠诚、品牌认同等创造强有力的支撑。

HOG（哈雷拥有者协会）实际上既是一种品牌使用过程的信仰组织，也是一种品牌使用后的信仰组织。哈雷的品牌使用者在购买产品前就对该品牌有强烈的品牌认知和品牌忠诚，而且这种忠诚是态度上的而非行为上的。当他们使用产品后对该产品的某些部件、某些产品精神又进行了抽象神化，建立起一种提升版的哈雷精神。同样的例子，在很多年前，国内企业海尔冰箱通过标志性的五星级海尔服务，建立起一个基于售后服务的品牌崇拜。

### 社群精神

社群精神代表了重大的社会关系进程，通过这些进程，社群的含义被复制或者在社群内外得以传播。社群精神一般是集中在对某一品牌产品的消费或体验上，所有的品牌社群都会拥有一些社群精神。这些社群精神包括精神和传统，主要功能是保持社群的文化。最典型的传统包含了对于其他品牌使用者的公共认知，这其中可能有挥手、问候、标志性动作以及询问关于品牌的东西。这些传统一开始可能是独立出现的，但后来他们的功能会渗透到共同意识里面。通过持续地同其他成员进行交流，社群以及品牌的内在含义被逐步复制。

社群精神所包含的传统和精神主要分为品牌历史的庆祝和品牌故事的分享，这些在苹果的发布会和小米的米粉节上都可以见到很多类似的情节。

一是对品牌历史的庆祝。品牌历史通过访谈和整理网页的方式进行传播，这对社群是非常重要的，而对品牌历史的了解还可以帮助区分出真正的品牌爱好者。例如一位萨博汽车的使用者以及萨博公司一遍遍地给大家重复萨博公司也在造飞机的信息，同时萨博的网页中展现了萨博制造飞机的历史图片。这就很好地体现了对品牌历史的庆祝。

二是分享品牌故事。对品牌故事的阐述是创造和维持社群的重要手段。这些共同体验的故事对于品牌的含义以及品牌社群粉丝之间的互动非常有意义，当品牌故事一遍遍地被重复时，听这个故事的人每次都会表现得像是自己没听到过这个故事一样，或者像这样说“我就是喜欢这个故事”或者是“好酷的传说”。当两个以上的粉丝聚集在一起的时候，也经常会谈论品牌故事。分享品牌故事是一个加深品牌成员之间共同意识的重要途径，在学习以及坚持共同价值的时候也经常被提及。并且，通过分享其他成员的评论，社群中的任何一个人都能从看起来还有很多和自己志同道合的人的感觉中获得更多的安全感。

一个品牌的信仰和精神，并不一定是慈善、家国天下、为人民等。其实，中国企业普遍缺少的是对自己所从事专业的信仰，缺乏乔布斯对产品和体验的极致追求。一个品牌，首先要对自己的专业有信仰，而且极致的专业精神本身就是一种信仰、一种精神。最追求卓越的专业精神，也可以获得认同，尤其是消费者的品牌认同。

## 案例35 赛百味商业模式为何独领风骚

**导读** 赛百味通过阐述一个品牌故事：“7种赛百味三明治的脂肪含量低于6克”，从而在快餐业和连锁加盟系统中独领风骚。

小贴士

案例内容请在公众号回复“赛百味”详阅。

### 社群阵地：社区

大部分品牌社群都将主要阵地放在社区，而微博、微信则为粉丝互动的主要通路。社区的主要承载形式，一是BBS论坛形式，二是移动社区形式。在此，我整理了几家典型的品牌社群的社区功能，并进行了汇总对比，希望有助于企业进行横向比较，最终选择最适合自己的社区模式。

#### 小米社区

小米社区是小米官网旗下小米手机粉丝交流的社区，旨在为小米手机粉丝提供包含小米手机学院、小米同城会、小米游戏软件下载、酷玩帮、小米随手拍、米兔大本营等众多分类内容；小米社区论坛的版块分别有：官方专区，包括小米活动、小米动态、小米爆米花等；产品专区，包括小米手机、红米专区、小米盒子、小米电视、小米活塞耳机和多看阅读等；玩机综合区，包括米粉杂谈、玩机技巧、刷机天地、酷玩帮讨论区等；手机资源分享区，按类型分为软件区、游戏区和主题壁纸音乐等；我是米粉，包括爱自拍、才艺秀、我是收藏家、跳蚤市场等；最后的活动专区，主要包括综合活动、同城会全国联赛、小米活动平台等。

星巴克星社区

星巴克创造性地搭建了这个独立开放的网络互动平台，并致力于将星社区建设成为最具价值的星巴克粉丝家园。星社区有自己的星娱中心，包含勋章库、任务项和道具店；也有星耀群组和星粉风采，进行粉丝或者群组的展示，或者观点的PK和投票；和品牌文化和产品相关的有星文化和星产品，也有星藏品与星礼品；围绕着生活方式，还有咖啡大师和缤纷人生的分论坛。星社区还支持通过QQ登录或者新浪微博登录，这样可以最大限度地吸引粉丝的社交关系网络涌进来。

OPPO社区

OPPO的风格与小米手机风格有着各自的特点。OPPO社区提供了ColorOS、O拍、O币小铺、官方商城、固件下载和专题汇总。而在论坛版块中，顶部是热帖和搜索，版块官方专区，包括N1一转倾心、在线客服、ColorOS、论坛事务所、OPPO资讯等；玩机天地版块，包括手机综合区、资源分享区、O拍、Find5、Find7、R809T等；O粉娱乐，包括娱乐大杂烩和灌水俱乐部。

目前大部分社区是基于论坛形式来构建的粉丝社区，而且以版块和同城会等主要形式进行互动和参与，随着微信、微博的快速普及，基于智能终端的粉丝社区也开始成为把握粉丝的碎片化时间和移动化社交的创新工具，比如陈坤的微信会员社区。

一个品牌社区，容纳的功能和需求很多，在PC端的社区网站已经比较丰富了，但问题在于计算机不是随身的、即时的，而身处移动社交时代，以及随之产生的移动的社交APP，却可以随时随地、碎片化、社交化地参与进来。因此，品牌社区，势必要基于移动社交实现Mobile Community，比如在微信或者手机APP/浏览器中实现品牌社区，这可以让消费者随时利用碎片化时间和社交APP如微信等进行参与、互动和分享，提高粉丝的参与度、活跃度和黏着度，从而进一步实现O2O或礼品转化的移动电商价值。

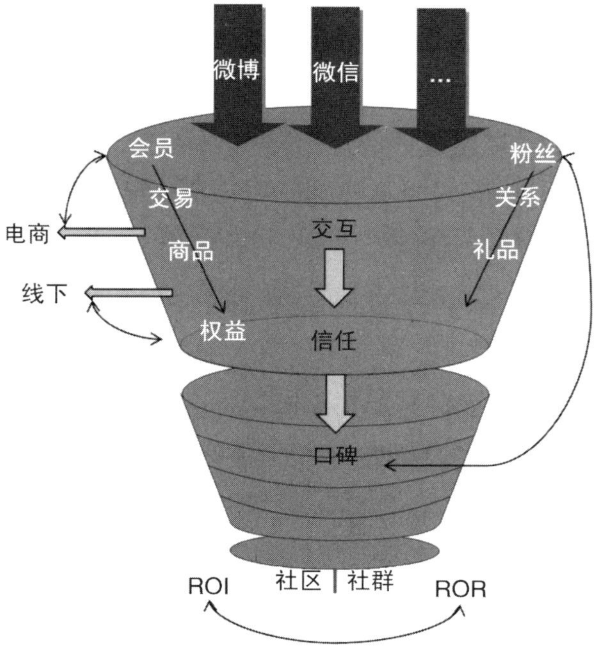


图4-3　品牌社区运营图

## 案例36　可口可乐火炬在线社区传递

**导读**　可口可乐运用年轻人惯用的管道——网络，建立与消费者互动沟通的平台“iCoke”，整合策略联盟伙伴，以丰富多元化联结年轻消费群生活型态的激情点（passion points）的服务内容（contents），提供年轻族群独特的新鲜互动体验。

小贴士

案例内容请在公众号回复“在线社区”详阅。

# 第四步：粉丝平台—口碑/数据

品牌社群发展的更高理念是将粉丝的社交关系拉拢进来，将品牌联盟的粉丝社群交换进来，从而形成一个紧密关联的小社会，并通过小社会的公民意识和身份认同，建立更大的社会责任和公益参与。在这一系列活动的过程中，其价值观和承诺已经超越了单个品牌，最终形成一种强大而联合的社会资本平台。

## 智能信任代理

在海量的信息面前，社会变革、信息合规、个人依赖等问题变得越来越严重。然而，更重要的不是信息海量，而是当前社会的淡漠和缺乏信任，使个人越来越依赖工具，这就更需要关注和加强信息的合规化和隐私的安全性。希望类似微博、微信等相关的智能代理可以让用户逐渐从社会资本和信任的角度参与到社区和社会，从而享受到安全合规下的信息服务。

### 信任代理

众所周知，智能手机的到来给我们的生活带来了极大的便利，但同时也越来越干扰我们的正常生活。大家不再习惯于打电话、发短信，而是开始语音对讲和使用微信，这样的场景总是在各个地方出现：吃饭前拍照片分享，吃饭时低头刷微博或者微信。你逐渐会发现，很多人在对着手机进行自言自语，或者是将耳机挂在耳边自言自语。当我们每次出门时，要检查钱包、智能卡、会员卡、手机、钥匙、笔记本等随身物品，试想如果可以只带一个手机，是否就可以代替其他东西呢？

面对这些海量的数据，每个人都在超负荷工作，匆匆忙忙的时间，造成了社会关系的淡漠和衰减。大家越来越倾向于让一个正能量的智能代理来逐渐成为解决问题的核心，包括社交的礼仪、事务的规则、不同情景的谈话技巧，以及对当前状态、回复用语、邀请与拒绝、再见等的管理，而不管它是否能实现我们的愿望。

这种愿望可能实现吗？我们来看一个场景。周末，连续工作了两周的刘总休假。但这两天里，可能会有两个客户的电话会议，还会有无数的电子邮件，他手下的策划部门会出第一稿的创意广告片，还有几个需要处理的word方案，这些工作都需要他来处理。刘总进了深山手机信号不好，但好在有网络可以共享出Wifi。

这时刘总就会打开微信智能代理，将Email、电话、SMS、IM等整合统一管理，形成统一的好友列表，并分级分类。然后切断所有联系，由智能代理进行处理。特别紧急的会转为电话或者微信接入进来，其他的都会自动回复，或者按规则进行协同处理。这样看来，我们的愿望是可以实现的。

智能代理不是指完全由着机器人自己学习，而是预先将一定的规则输入其中。对于个体而言，尤其是海量信息的入口代理规则，应该如何对准入的信息进行分类和差异化呢？就如同手机管家和360对垃圾短信的处理，实际上相当于手机短信的入口代理，由此看来，微博和微信也需要进行入口代理了。

入口代理的规则，可以按优先级和紧急程度分为以下五级：

· 一般筛选：最基本的开放式电子邮件、IM和一般联系人的短信；注册电子邮件、订阅信息、分类广告和大众邮件等。

· 基本筛选：正常邮件、短信的处理，基于分类和标签进行智能化处理，将信息分类到指定的微信中。

· 高级筛选：对领导邮件、家庭电话、短信来电等进行优先级分配，增加星标消息处理；并对语音进行来源识别和语音识别，形成指定的消息推送到个人。

· 紧急筛选：最紧急和私人的代码，可以最快接入。

· 隔离筛选：在关掉任何设备的时候，能够紧急地打开，建立信任通道。

在入口接入的筛选代理，意味着许可度的提高。企业与消费者之间不仅存在忠诚度的问题，还存在许可度的问题，而这个许可度，实际上是信任系数的问题。消费者对你越信任，越可能许可你将更多的信息接入他的入口代理中。

对应不同的接入级别，许可度可以体现为：

· 进入自动交互索引与导航；
· 优先进入信息，通过标签、业务情景进行匹配过滤；
· 代理自动获取和提醒；
· 承诺最佳优先接入；
· 实时云端同步服务。

智能机器人

智能代理的存在形式，可能是一个智能机器人，即Robot或Bot。字典对Robot或者“Bot”的定义是：一个有时候看起来像人类的自动设备，在人的指令或者预先编程下可以执行多样化的人类的复杂任务。在互联网上，“Bot”经常被用来描述那些类似在Google、Yahoo搜索引擎上搜索的用户代理工具，它们是网络蜘蛛、爬虫和机器人等；还有一类在线Bot是使用IM服务的，基于软件或协议赖于人们交互沟通和查找数据。

许多在线Bot使用人工智能支撑人类对话来与他们交互，或者通过不同的方法提供数据或者信息。这些Bot可以分为两类：人工智能聊天导向和服务信息导向。微博和微信的智能代理，融合了这两类工作，每天处理着上千次不同的具体工作。

当前有很多种在线聊天Bot，具有不同目的、不同形式、不同功能甚至个性化的需求。在线聊天Bot主要的界面是通过即时通讯客户端，用户可以发起一个交谈。这些Bot仅仅被设计为谈话，不能做更多的基于自然语言的假设，甚至是有限的推理和思想。

服务信息导向的智能Bot一般用来为用户已经习惯的IM方式提供信息，比如一些应用程序提供每日星座、本地天气和其他数据相关服务。这些Bot刚开始没有交谈能力，先提供特殊的信息和服务；随着科技的发展，它会学习自然语言进行对话，有能力来做更多的解释响应。

智能代理的未来是提供特定的信息和服务，特别是在企业和商业世界里，当你的消费者和员工已经习惯了使用微信或微博来进行日常协作和沟通时，这个方向会显得尤为重要。这个方向的优势如下：

· 微博和微信不需要复杂的网络或者VPN，只需要一个智能手机和客户端；

· 可以快速访问防火墙后的业务环境里的信息；

· 通过APP形式可以呈现全方位的信息，只是受限于想象空间和编程能力；

· 集中管理信息，每一个人通过客户端可以即时访问相同的实时信息；

· 一个智能代理可以为任何消费者或雇员提供无限次访问的公司信息和数据；

· 在应用程序的细节中可以加强独有的人工智能方面的个性；

· 数据可以轻易地传递到安装有微博和微信的个人电话和ipad上。

比如，棒球大联盟MLB.com发布了一个IM Bot，在网络上向棒球迷推送内容，并且销售增值服务。用户可以添加“MLB”到他们的好友列表，来收取实况比分、比赛日程表和在决赛阶段球员状态的链接。在赛季空闲期间，Bot会提供球员交易、春季训练和梦幻联盟信息的更新。由此带来该网站发展的新出路：MLB.com可以去向他们的价值客户推广付费服务，尤其是那些已经在每天的生活和工作中使用IM的人。MLB.com当前的付费内容包括：销售完整的比赛下载、实时音频广播以及与网络电视台进行主动的实时电视互动。

智能交互程序可以成为新的业务模式，这样可以提供一个崭新和有效的流程来设计、构建、验证和部署网络上的智能代理。收费模式是按使用队列的会话计算，当Bot或者最终用户开始一个聊天对话时，就意味着一个用户会话的开始；当IM窗口关闭或者聊天会话休眠超过15分钟则意味着结束。一个公司可以发布一个高流量的Bot，每个会话支付1美分或者每个月无限制会话而支付2万美元。

## 案例37　无厘头恶搞：T-Mobile通讯，松下电视和宝洁Tampax
## ——来源：采编自互联网

**导读**　视频中的虚拟王子和王妃、电视里面的无厘头小伙，以及虚拟的男子变性的故事，实际上都类似于一个虚拟的“人”的信息代理，它引起了粉丝们的认同和参与，并在其中寻找自己的身影。

在威廉王子的世纪婚礼前夕，德国T-Mobile通讯公司的YouTube推出了一个山寨版的王室婚礼，它获得了1700万的点击量。

T-Mobile是拥有1.09亿用户的世界上最大的移动电话公司之一，它在西欧和美国运营GSM网络，并通过金融手段参与东欧和东南亚的网络运营。在山寨版的王室婚礼当中，T-Mobile找到了许多与英国王室成员面貌相似的人，包括新郎和新娘，其他王室成员以及坎特伯雷大主教罗万·威廉姆斯博士。这一山寨的视频开始是“威廉”、“哈里王子”和“凯特王妃”伴着强劲的嘻哈乐蹦跳出场，伴随着20世纪90年代偶像乐队“东十七”的《爱之家》音乐，人们翩翩起舞；在威斯敏斯特大教堂的红毯上，身穿正式军礼服的“威廉王子”跳起迪斯科，“比阿特丽斯公主”、“尤金妮公主”也加入了行列，到后来越来越多的王室成员加入了浩浩荡荡的队伍。

T-Mobile这一山寨视频挑动了人们对正版世纪婚礼的好奇心，它特意让这段视频保留在非专业制作的业余层面，视频直到最后一格画面才跳出T-Mobile的Logo。据称2009年T-Mobile的销售额同比增长了52%，网络订单提高了20%，最成功的是它居然赢得了哈里王子的热捧，26岁的哈里王子将在正式婚礼中做威廉王子的伴郎，他将这个山寨视频与另外一段爱尔兰婚礼的视频一起上传到了Facebook，还故作忧伤地告诉网友，没准儿真正的王室婚礼上也会有这么滑稽搞笑的情景出现。

松下的YouTube曾经举行过一次“不可否认的电视（Undeniable TV）”的视频创意征集大赛，它为大赛制作了一个恶搞的预热视频，它的恶搞不到两天就获得了40万次的访问量。

在“不可否认的电视”的视频创意征集大赛当中，松下邀请粉丝把“某件不可否认的事情”上传到YouTube，大赛的获胜者将获得松下提供的液晶电视和手持摄像机。为了给这次创意征集预热，松下找来了一个叫杰米·肯尼迪的小伙子，让他出演了一个“如何在YouTube上飞起来（How To Blow Up on YouTube）”的无厘头视频。杰米的智商疑似处于平均线以下，但他却非常渴望表现：“嗨，我叫杰米·肯尼迪，我决定为YouTube做一段属于自己的视频。我要做的就是把自己拍下来，然后上传到YouTube上面去。”这位顶着一头“鸟窝”的年轻人单手托起一个笔记本电脑，在厨房里对着镜头亢奋地讲解着他的伟大计划；突然，他的笔记本“咣”的一声掉进了水槽，噗噗噗几声泡泡就沉到了水底，“这下我是没戏了”，可怜的杰米无辜地看了看镜头，几乎要哭出来。

2009年，宝洁Tampax的YouTube虚构了一段男人“变性”的故事，让许多女人一偿宿愿。

Tampax的视频讲述了男主角扎克·约翰逊的悲惨旅程。第一天，约翰逊起床发现自己身体发生了重要变化，他确定不是梦游之后就决定去看医生，但病情太特殊让约翰逊难以启齿，他相信这个突如其来的变化第二天会回归正常；可第二天约翰逊的女性特征越来越明显，上厕所得用坐便器，所有的卫生间都让他感觉很崩溃。到第九天的时候，约翰逊在Tampax贩卖机上买了Tampax 卫生棉，然后偷偷跑进女生厕所……

女人们总是希望男人也体验一下她们那周期性的经历，而大部分男人都无法理解女人生理期前后的感觉，不了解她们那一点点的歇斯底里。约翰逊最后究竟能否恢复男儿身已经无足轻重，重要的是宝洁Tampax让女粉丝过了一回瘾，满足了一个“女性共同的愿望”，这一视频上传到YouTube的一瞬间就获得了40,781次浏览量。

**点评** 你如何让粉丝意识到他也在里面？让听过信息、了解过数据和行为以及虚拟的人，展示出粉丝的影子，让粉丝充分感觉到认同，甚至不由自主地想参与进来，寻找自我，这不就是品牌社群所需要的吗？

## 承诺、礼品与口碑

### 社群承诺

品牌社群是一种组织，因此社群承诺的研究可以用组织承诺相关的理论作为理论基础。

关于组织承诺的研究，美国社会学家贝克（Beeker）最早把组织承诺定义为“员工随着其对组织的‘单方面投入’的增加而产生的一种心甘情愿地全身心参加组织的各种工作的心理现象”。他认为随着时间、精力以及金钱投入的增加，员工一旦离开组织，就会失去各种福利，同时在该组织学习到的技术也会失去用武之地，因此员工会最终留在组织内继续为组织服务。而萨兰西克（Salancik）认为“组织承诺是个人对某一特定组织的依赖并依此表现出来的相应的行为”。他将组织承诺视为个人的一种行为和活动，通过这些活动可以促成维持这些行为的信念的产生，并最终使其对组织产生依赖和责任。

迈耶（Meyer）和艾伦（Allen）对以前诸多研究者关于组织承诺的研究结果进行了全面的分析和回顾，并在实证研究基础上提出了组织承诺的三因素模型。他们认为组织承诺至少存在三种形式：情感承诺、持续承诺及规范承诺。“情感承诺”表示个人认同和参与一个特定组织的强度，对组织目标及价值的信念与接受，以及为组织努力的意愿及停留于公司的意愿；“持续承诺”是指个人认知到一旦离开组织将失去现有价值的附属利益，因而继续停留在组织中；“规范承诺”是指个人与组织价值的一致或对组织的责任态度。

这三种承诺的特征可以概括为以下几点：

> 对组织有情感承诺的人留在组织是因为他们自己想这样做；
> 对组织有持续承诺的人留在组织是因为他们认为应该这样做；
> 对组织有规范承诺的人留在组织是因为他们需要这样做。

麦克米伦（Mc Willam）最早将承诺引入品牌社群研究，并定义“品牌社群承诺为社群成员间对该社群所感到的强烈且正向的情感，是最直接影响品牌忠诚的变量”。国内社会学家刘新提出的社群承诺的定义为：“消费者加入虚拟品牌社群成为社群成员，当他们参与社群后，成员对社群在心理方面的依附程度，包括以下三个要素：成员对社群目标和价值的信仰与接受强度；成员为社群利益付出额外努力的意愿的强度；成员希望维持社群成员资格愿望的强度。”

研究证明，社群互动、社群认同、品牌认同、人格特质等变量对社群承诺有影响作用。由于品牌社群承诺可以借由互动的方式来达到强化的目的，因此品牌社群需要加强粉丝之间的互动以及品牌与粉丝之间的互动，尤其是通过移动社交方式进行碎片化和即时快速的互动，甚至将互动有效地通过社交网络分享出去。

奇特的“礼”

费孝通在《礼治秩序》一文中提到：“礼是社会公认合适的行为规范，维持礼这种规范的是传统，传统是社会所累积的经验。”在“维持礼的力量”上，从社会交换的角度考虑，使用“身内的良心”这一说法更能准确说明礼俗运转的动力。在“人们的记忆”上，从社会化与角色引导的角度考虑，使用“发展记忆，那是因为我们生活中有如此需要”这一说法更能充分地反映出社会化过程中的角色引导和主观能动两大机制。

礼是社会交换中的关键介质，在品牌社群内，如果过多地突出商品，则容易将社群变得太商业化，只有合理的礼计划，才更能够促进社交关系的交换。而当品牌开始更多地注重礼计划而不是商品时，会有意想不到的效果出现。从社会学角度看，赠送礼品是送礼人有意使受礼者对自己承担义务。比如在社区，某些人为他人提供帮助后，并不急于要求对方报偿，反而是那些接受帮助的人往往急于将自己从相应的义务中解脱出来。对于品牌社群也一样，当品牌社群为粉丝提供众多的礼和帮助，而且并不要求经济交换后，就会让粉丝更容易产生社群承诺和社群认同。

礼，不是简单的商品或者积分，也不是各种点卡券，而是一种权益，一种传递客情关系的礼品，一种不带经济交换（不需要购买或者积分兑换）的人与人之间的礼。它可以是品牌用来不断地激励或者刺激粉丝的助力，也可以是不断激励粉丝进行自组织互动的方法。那么，对于粉丝消费者而言，他可以拿礼做什么？一是口碑分享，二是为好友送礼，依据就是信任关系强度、生命周期和喜好。这些基本上又都是一种品牌对话和传播，同时为企业提供参考，并且会拉拢其他关系进来。

之前，企业在处理互惠关系上，更多的是依赖于促销和打折的优惠，而忽略了非交易方面的“惠”。就如同随礼，并不一定要商品或者积分，而是传递或促进感情关系的“礼”。

对于粉丝的品牌社群而言，有效的方式可以是微信做最简单、最开放的互动，品牌社群做联合或行业的沟通计划和礼品计划、口碑计划，这二者都可以开放对接各个电商平台，比如淘宝、拍拍、亚马逊、京东、1号店等，从而逐步形成电商对话—礼品关系—电商交易的生态链条，实现人—人关系和人—物关系的转化和融合。同样，微博做对话，阿里做电商，“阿里浪”（阿里和新浪）的组合也是可以实现类似的转型。

### 粉丝口碑

一个企业的粉丝社群之间必然存在一定的社会关系，如朋友关系、同事关系和同学关系等，这些关系的存在使口碑传播具有了可能性，客观上形成了粉丝的口碑传播网络。但在这个网络中是否会有口碑传播、传播的速度和效率如何，都取决于网络的结构和网络构成者的特质。

前面的章节虽然详细分析了口碑定义和口碑推荐模型，但如何落地还是需要一个口碑推荐模式。口碑推荐动作不只是“赞”的模式，而且还要有推荐的动作，这个推荐可以分为多种模式，同时也可以分为出和入两个方向。由于口碑推荐需要消费者具有一定的品牌认同和产品体验，所以在品牌社群中的粉丝是口碑推荐的最佳目标对象。

口碑推荐的出口动作即粉丝作为传播者的推送，这个动作可以分为多种模式：

一是即时推送给好友或者展示到朋友圈；

二是异步触发，需要好友网络提到企业品牌或咨询该品牌时再触发推送过来；

三是定向跟踪，出现在信息流、对话框的信息流栏并即时监测内容触发；

四是转化为可申请的礼品，由传播者赠送给接收者；

五是可以在社交网络的信息流中出现特定分类或者页面标签，口碑页、微达人、互惠热榜等。

口碑推荐的出口动作的内容大部分是粉丝作为传播者的消费体验分享、对产品或服务的点评、评级等，推荐可以结合厂家的试用、赠品、体验、试用会员、限时促销、票券、品牌动漫，和进入互惠热榜等；而在推荐推送过程中，企业会设计推荐的会员邀请码、促销邀请码、礼品，记录来自于哪个推荐者，以便最终形成闭环。

口碑推荐的入口动作即接收者的搜寻，它往往是接收者被动或主动的动作，一般也是推荐动作的触发条件。比如：

一、基于推荐引擎网站，帮助用户更高效地向朋友或者其他人征询建议。消费者在平台上互相提问，并将各自的体验放到服务器上分享，平台会从服务器中搜索相关的答案反馈给用户。

二、直接询问好友，询问朋友或社群帮助决策某个购买选择；

三、搜寻网络上的推荐和评论，并同时在购买或体验后推荐和评论自己的体验和购买；

四、为了节约时间和费用，可以搜索朋友的推荐来获得产品选择和促销。

品牌方可以在品牌社群中，尤其是自组织的粉丝社群，提供这样的口碑推荐平台以供粉丝进行自助服务和搜寻、互动，并通过瀑布流页面进行口碑推荐的展示，同时设计礼品体系和口碑推荐动作模块，以便于粉丝进行口碑推荐和礼品赠送。

### 案例38 松鼠619神话背后的秘密

**导读** 一家去年6月19日上线的互联网食品公司，到目前为止已经整整一年了，就在刚刚过去的三只松鼠619大促销，也就是三只松鼠公司一周年庆典的活动当中，以逾700万的销售业绩再次创造了行业的神话，一时间引发了不小的风波！

小贴士

案例内容请在公众号回复“三只松鼠”详阅。

## 粉丝社群平台

针对企业的品牌社群平台的构建与运营，我们选择了三个模型来进行不同维度的展开，以便更好地帮助企业来了解围绕粉丝的品牌社群平台的核心本质。

### 核心消费者模型

麦昆·亚历山大（Mc Alexander）等人提出了核心消费者模型（Focal Customer Model），该模型强调了品牌、产品、消费者、营销者均为品牌社群的重要组成要素，并将消费者与企业、消费者与产品、消费者与品牌、消费者与消费者这四类关系纳入品牌社群范畴。该模型的重要特征是突出了核心消费者在品牌社群中的联结作用。根据新产品扩散理论，核心消费者在产品扩散过程中往往会起到舆论领袖作用，他们是企业生存和发展的基础。因此企业在争取新消费者的同时，还必须注意提高核心消费者的满意度和忠诚度。研究发现，核心消费者的重复购买和在社区中的影响是企业利润的主要来源。因此，对品牌社群中的核心消费者应予以关注，这对于品牌的发展具有战略性意义。说到这个核心消费者，很容易让人想起小米的“1000铁杆粉丝”的那句经典的话。

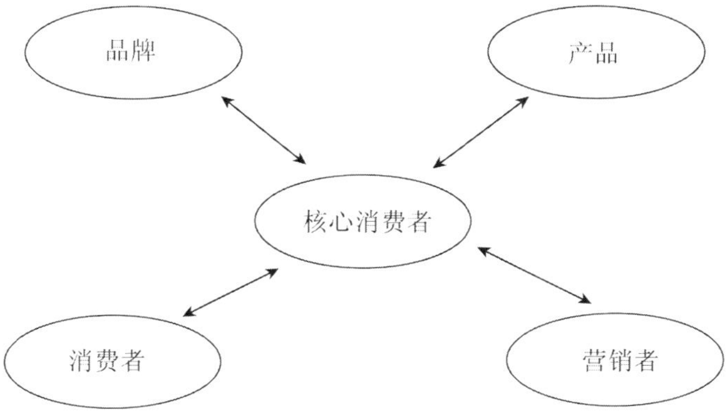


图4-4　核心消费者模型

### 品牌社群的形成因素模型

品牌社群的形成因素模型，从社会认同、信息价值、文化差异和品牌体验四个角度进行了分析。社会认同主要是粉丝的自我表达满足和品牌认同；信息价值强调在互动和交互过程中实现的价值；文化差异分析的是种族、区域、文化的差异带来的不同忠诚度；而品牌体验着重从心理感觉、品牌感受、社群质量等方面进行体验，这些影响因素形成了品牌社群的构成因素。

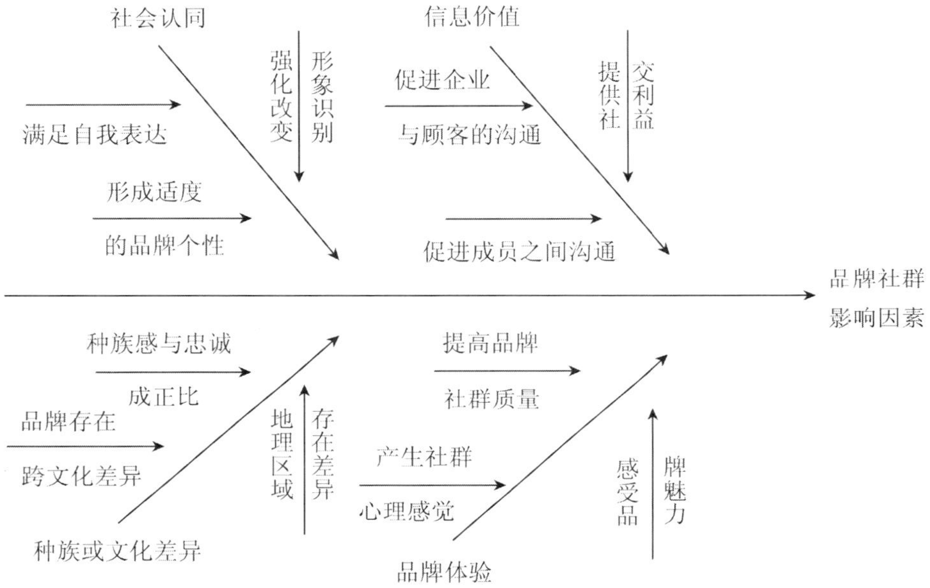


图4-5　品牌社群形成的影响因素分析

品牌社群的社会性影响模型

品牌社群的社会性影响模型比较完整地展现了粉丝社群的机制，体现了社群参与与品牌忠诚之间的影响关系，构建了品牌社群的社会性影响框架。

品牌关系质量是粉丝对品牌的满意程度，类似于品牌认同；而品牌社群认同视为粉丝与社群关系的强度，是粉丝将自己视为社群成员的标志和社群归属程度。对品牌社群的认同意味着消费者赞同社群的规范、传统、仪式及目标，希望提升社群的福利。

品牌社群认同能够促进消费者的社群参与度，社群参与度代表的是社群成员与其他成员进行互动以及合作的内在动机。同时，只有品牌社群认同才可以使社群成员感知到“社群规范化压力”，这里的压力是粉丝感知到的社群对于成员在社群中互动与合作的外在规范化要求，这些要求经常暗示或强迫成员去遵守社群的规则、仪式与目标。

社群参与度对社群的规范化压力有正向影响，对社群参与意向、社群成员推荐意向以及社群成员关系持续意向有正向影响。社群规范化压力则能带来成员的反抗力，将降低社群参与意向、社群推荐意向以及社群成员关系持续意向。

品牌忠诚意向可以用来检验粉丝与品牌之间的关系，也可以进一步从价值角度来看粉丝的品牌购买意向。

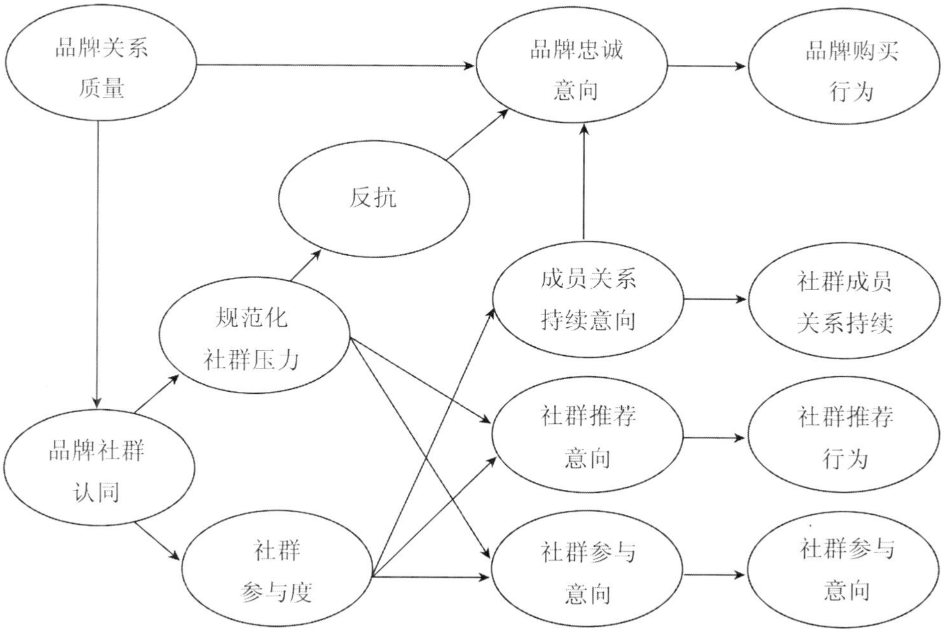


图4-6　品牌社群的社会性影响模型

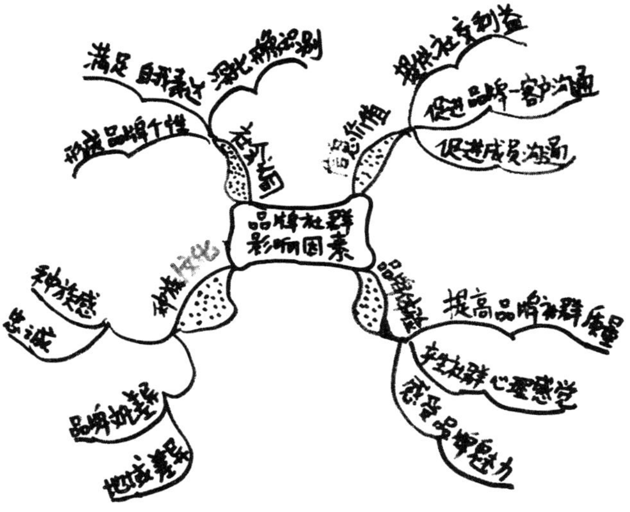


图4-7　品牌社群影响因素

## 案例39 黄太吉煎饼社群价值观十条法则

**导读** 黄太吉煎饼创造了一个神话，一家面积只有10多平方米、却在微博上有3万多粉丝、被风投估价为4000万的煎饼店，其创始人赫畅总结的社群价值观十条法则，对粉丝社群平台很有指导意义。

小贴士

案例内容请在公众号回复“十条法则”详阅。

## CPS与积点联盟

企业如果只围绕自己的消费者做品牌社群，就总是在已有的社会关系中打转，既不利于吸引新的力量进来，也不利于粉丝走出去交流。因此，品牌社群也要鼓励品牌走出去进行品牌联合，形成无竞争关系的品牌社群之间的联盟。

一、CPS联盟，建立品牌社群之间的CPS交换和结算。通过产品的售卖、口碑推荐等形式进行品牌社群之间的分享，使粉丝通过体验联合品牌的产品、活动进行互动，在互动参与中所产生的实际效果可以基于合作平台或交换数据进行识别和结算。这类似于互联网广告的按点击付费，而这种CPS联盟更多的是品牌社群之间的按效果付费，只不过“费”的形式不一定是钱。这样可以充分推进一个品牌的粉丝社群来进行另外一个品牌的拉新和互补，而又不会导致竞争关系流失。

二、礼品联盟，建立品牌社群之间的积分礼品的互联互通。粉丝会员的级别权益、积分可以共享，礼品可以通兑。而且联合品牌之间需要根据产品形态、消费者ARPU、积分礼品的财务等进行核算，确定之间通兑的汇率比例，进一步在粉丝会员系统上打通数据，从而形成礼品积分联盟。这样可以增强各个品牌社群之间的粉丝活跃度、积分礼品的兑换率和消耗频率，从而有效地降低品牌社群在礼品积分方面的成本。

三、交易联盟，建立品牌社群之间的虚拟币的自由通兑。每个品牌都有大量的代金券、折扣券、点卡和虚拟币等，可以在交易环节中使用，粉丝使用的频率和活跃度很高，而且也是品牌进行促销和激励时最常用的手段。如果在联合的品牌社群之间，粉丝可以通过互动参与、口碑推荐等获得不同品牌的点卡虚拟币，或者用自己社群的积分点卡来兑换联合品牌的点卡虚拟币，并在联合品牌的交易环节中使用，就可以很好地促进虚拟币的流动性，同时可以提高粉丝的活跃度和品牌的交易数量。当然，点卡、虚拟币等的自由通兑，需要严格的财务精算才能确定兑换的相互比例。

四、活动联盟，建立品牌社群之间的联合主题活动。两个品牌社群之间的粉丝多有交叉重复，或者粉丝的喜好和需求标签多有交叉重复，因此结合联合后的品牌社群的粉丝的需求，或者这些粉丝的自发组织，可以进行联合主题活动，包括共同活动、竞赛活动等，可以在活动过程中融合联合品牌的资源、内容和组织力量、社会关系，在不同社群之间的交流和互动，尤其是不同的品牌故事之间的交流，从而提升粉丝对品牌社群的认同和归属感。

## 案例40 邻家女孩女装联手可口可乐

**导读** 邻家女孩与可口可乐进行联手，进行粉丝的联合推广，共同分享快乐，进行品牌间的忠实粉丝的相互接受和认同。

小贴士

案例内容请在公众号回复“邻家女孩”详阅。

## 大数据与云平台

### 社交大数据

现在大数据的概念已很流行，似乎说大数据是个很取巧的话题，但是这在社交网络领域却是不得不说的事儿。百度百科里讲到大数据的特点有四个层面：第一，数据体量巨大。从TB（计算机容量单位，小于PB）级别，跃升到PB级别；第二，数据类型繁多。尤其是互联网上的网络日志、视频、图片、地理位置信息等；第三，价值密度低。以视频为例，连续不间断的监控过程中，可能有用的数据仅仅有一两秒；第四，处理速度快。最后这一点也是和传统的数据挖掘技术有着本质的不同。业界将其归纳为“4V”——Volume、Variety、Value、Velocity。

从企业的角度来看，目前的大数据一部分来源于互联网企业，比如搜索门户、SNS、微博、微信、视频网站和电子商务网站等；一部分来源于企业的消费者在物联网、移动设备、终端上的商品、个人位置和传感器采集的数据等，这部分尤其以零售行业为代表；一部分来源于部分运营商的海量数据，比如通讯运营商、互联网运营商和金融运营商，其中不只是简单地海量交易数据，还包括大量的消费者特征数据。

社交网络的数据带有几个特点：海量、非结构化和无序。企业要从社交网络运营中转化价值，关键在于对社会化数据的转化处理，其中包括相关性检索和过滤、信息结构化和智能排序。这需要企业级的应用来实现，而在微信当前的通道中，微信传递的用户数据比较简单，那么用户的数据从何而来？可以考虑从交互的索引和标签中来，也可以考虑绑定其他的社交网络账号或者线下系统的账号，进行数据的聚合。

尽管拥有数据的公司并不少，但百度的数据是没有数据库的，因为搜索引擎并不知道是谁在搜索，即使有Cookie，清空之后也会消失；而腾讯积累的庞大数据只是娱乐数据，并非具备足够强的商业价值；在这一点上，相比较下阿里的数据养料则更加充分。

在互联网和社交网络中，大数据可以分为三个主体模型：一个是人性数据，以Facebook、腾讯的社会网络为代表；第二是内容数据，以谷歌、百度的内容搜索为代表；第三是物性数据，以亚马逊、阿里的物品交易为代表。这些都可以从不同维度来聚合和展现用户的行为特征，只是物性数据大多是事后数据，但同样具有价值，内容数据可能会有需求数据，再结合人性数据的属性分类，可以进行需求预测分析。

在企业的社交网络运营方面的大数据分析有三个层次：一是初级大数据聚合后的组合复杂查询，这可以进行消费者分级分类；第二是聚类，根据不同维度和权重，对消费者进行聚类分析，进行客户细分；第三是关联性分析，对物性数据、内容数据和人性数据结合时间、空间等因素进行关联性分析。

社交网络的数据聚合，尤其是跟兴趣相关的标签，可以有效地组合成一个消费者的兴趣图谱。比如根据用户 SNS 账号、微博账号等的标签、关注、好友、评论/转发、收藏等数据，以及用户的手机、位置、使用时间等数据，同时聚合可视的（兴趣爱好等）和不可视的（文艺清新等）两大主题，以及上万个维度的数据，最终形成用户的兴趣图谱。

但是，正如前文所言，社交网络的数据需要聚合，有时候还需要绑定，才可以获取如此多维度的社会化数据。而这类似于在用社交网络上的信息对一个人进行信息画像。而这个画像的形成，最关键的是一个合适的社会化信息模型，它可以有效地聚合人的各种属性信息，并可以进行相似项和频繁项分类、聚合和关联分析的运算，同时可以设计实现即时响应和联合促销，这是社交网络的大数据的基础。

大数据会涉及数据挖掘、BI分析和大数据系统。也许这些信息对于大众而言是比较专业的，也是枯燥的，因为它可能会涉及列式数据、社会网络数据、社会网络分析、语义分析、中文分词、语音识别、情绪分析、数据可视化、聚类分析、关联性分析等细节。

汉拓科技对社交网络的大数据的主体模型进行了研究设计，提出了PSRFMS模型（基本—社会—时空—物量—惠利—情绪），并认为数据模型的维度是有层次（1层、2层、3层……）、有方向（出、入）的，同时带有即时的时间戳和位置戳。只要有一层的值不一样，就会影响下一层的值的变化和范围；每个方向的不同，会影响维度的参数和权重不同。

在社交网络运营中，需要加强对虚拟ID的管理和跟踪，尤其是利用O2O技术来跟踪消费者的社会化数据、产品的物的属性数据、零售场所和终端的地点数据、促销的活动数据等，从而将线上和线下的“人—物—促销—地点—交易”的关联关系有效地进行采集和管理，形成有关联的消费者的大数据。

### 社会资本云平台

现今社会中还存在社会资本贫乏、信任缺失的问题，所以进行信任的重构是企业和个体所必须面临的问题。在一个品牌社群或一个联合的小社会建立起社会资本和信任关系的重构体系后，增加社会资本会逐渐成为一种共识。而且，这种共识会随着企业的社会责任和个体的道德责任，逐渐地与整个社会的社会资本进行关联和融合。

如果把在社交关系中的社会资本量化成为一种积点形式，就可以建立起整个社会的社会资本量化机制，从而可以帮助企业进行社会关系的信用评估，在此基础上进行社会资本的交换，甚至社会交换中的借贷，可能到时候令人难以置信的是社会关系也可以像交易关系一样进行借入或者贷出，这实际上意味着企业在担负一种社会资本的责任。

越来越多的企业已经开始积累自己的社会资本，这包括对消费者的社会资本，也包括对社会的社会资本，前者是本书一直在阐述的品牌社群所重构的方向，后者是企业将品牌与社会的信任关系提升到社会资本的层面。其实，社会的信任关系并不陌生，现在已经有很多企业在提倡社会责任，打造一个社会企业，这本质上就是企业的社会资本。你的企业是不是低碳？是不是绿色？是不是重复利用？是不是参与公益和慈善？这些问题都是社会资本的体现。

个人的社会资本，也可以包括这两方面：一方面是对自己的社会关系的不断维护和加强，另一方面是对整个社会的参与和回报，包括道德责任、慈善公益和绿色低碳等。前者，可以通过社交关系网络来进行量化，后者可以通过相关的社会平台来进行参与和数字化。

整个社会的社会资本，可以依托在中立的第三方机构上的云平台建立社会资本的量化、交换等平台，也就是社会资本的云平台。在社会资本的云平台上，不涉及经济交换，大多是社会关系、社会资本的交换。社会服务机构或者政府可以参与进来，将社会服务或各种资源打造成云平台上的“礼”，作为激励和奖励，参与到社会资本的交换过程中。同时，引进慈善机构、公益机构等NGO（Non-Governmental Organization，非政府组织），将社会资本的积点与NGO的志愿活动、非资金捐助等结合在一起；也可以引进绿色环保组织，将企业的社会责任行动与社会资本的积点结合在一起，从而形成一个自组织的去中心化参与、量化和交换的云平台。

当初期的种子品牌、种子个人和服务机构参与进来后，通过大量的资源整合和量化模型、流程化机制的运转，逐渐开导和吸引企业和个体参与到社会资本的交换中来。比如以信任为基础的积点就是社会资本交换中的货币，当积点流动性越来越强的时候，整个社会的社会资本会得到稳固，信任关系将会增强，个体的道德责任感也会提升。

## 案例41 Reach.ly的潜客挖掘和Local Response签到的精准广告

**——来源：采编自互联网**

**导读** 社交数据无处不在，Reach.ly通过Twitter的信息流数据进行潜客挖掘，而Local Response利用目标消费者的签到状态来进行广告推送。

拉脱维亚的Reach.ly公司可以给酒店提供它们的潜客数据挖掘服务。

Reach.ly是一个基于Twitter信息流数据挖掘和整合的工具，它使用语义算法筛选出Twitter博友近期将要前往的城市，让酒店可以直接联系他们的潜在客户，Reach.ly称它未来计划将这一应用推广到租车、机票以及其他与旅游相关的垂直市场。这一应用也引起了一些争论，有人认为这会带来很多推销信息，也有人认为如果能跟酒店直接交流，对旅客还是可以有所帮助。此时酒店营销人员可以考虑提供折扣来吸引客户。

Local Response为企业提供基于它们的目标消费者的签到状态而精准推送的广告服务。

Local Response监控Twitter等社会化媒体上用户的位置签到信息，从中挖掘涉及相关企业和品牌的消费者的签到状态，接受企业或品牌的委托向他们的顾客进行及时、精准的广告发送，例如一家杂志社曾经委托他给机场误机的乘客发送广告，当误机乘客在Twitter上抱怨的时候会收到一个广告，建议大家“你的行李还要等上一段时间，不如先买本数字杂志吧”。Local Response的创始人尼哈·梅塔（Nihal Mehta）称，“这种广告的点击率很高，达到了46%，而一般的条幅广告只有0.01%”，他在2011年5月营业的第一个月就赢得了5万美元营收，亮相两个月之后，Local Response已经赢得了微软和沃尔玛等10多家大客户。当许多社会化媒体还在挖掘其营收的商业模式的时候，一些像Local Response一样的创业公司已经在社会化平台上建立了它们的营收模式，梅塔称，“从技术上讲Twitter是我们的广告网络发行商之一，应该获得50%的营收”，他在2011年5月给Twitter寄去了2.5万美元的支票，但被Twitter退回，称无法识别这笔营收，而梅塔说：“我每月还会继续给Twitter寄支票，直到他们制定出营收分成模式为止。”

**点评** 大数据是个热话题，但是在社交网络上已经布满了非结构化的社交数据，就看企业如何来识别、采集和利用，尤其是粉丝互动和参与的数据，对品牌而言更有转化价值。

## 案例42 优衣库的粉丝很疯狂

**导读** 优衣库红白相间的标志，不仅表明线上线下的O2O做得好，还表明在社交媒体上粉丝也经营得好，其活动中既有跳舞又有排队；另外还有粉丝专区，以及超级疯狂粉丝等。

小贴士

案例内容请在公众号回复“优衣库粉丝”详阅。

系统小贴士

关于微信公众平台部署和合规安全管理的图文资料请在公众号回复“平台部署”和“合规安全”阅读。

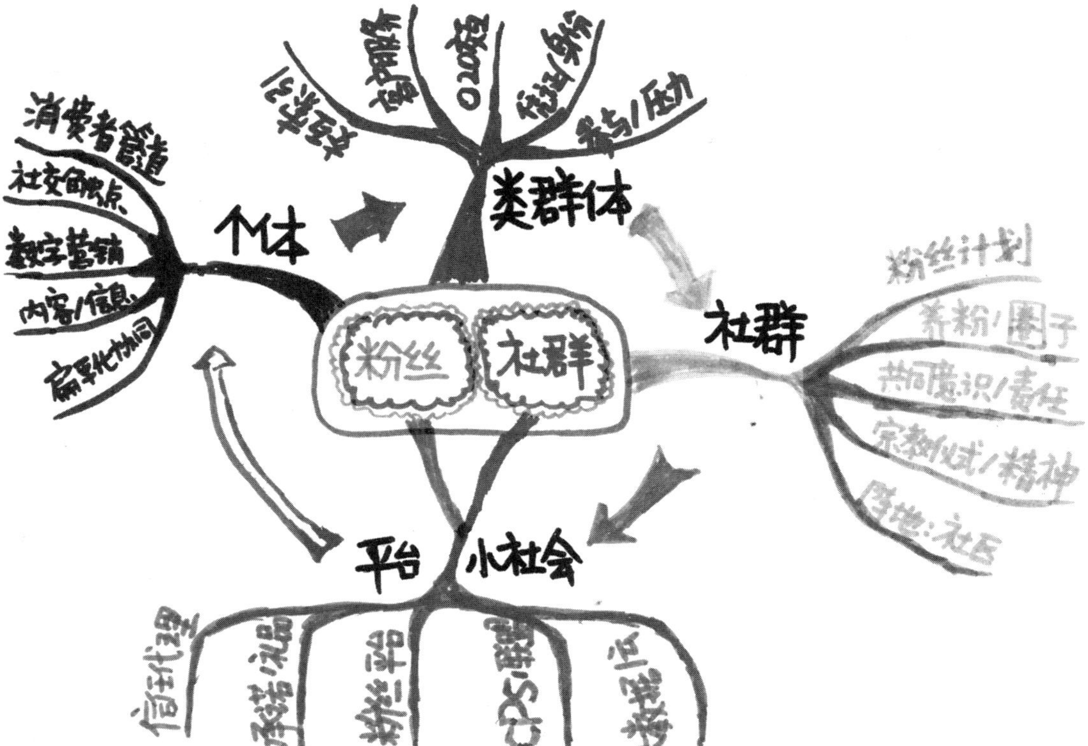
个体
类群体
社群
平台
小社会
粉丝
社群
消费者管道
数字营销
内容/信息
扁平化协同
粉丝计划
养粉/圈子
共同意识/责任
宗教仪式/精神
阵地:社区

粉丝经济的四大步骤

第5章

# 粉丝经济的四个重构

# 社会资本与信任关系

## 社会资本

社会资本原是一个社会学概念，但是在企业的品牌社群战略中却不得不提。在当前的移动数字时代，很多企业并没有将微博、微信或者品牌社群等提升到企业的资本或者资产的高度，导致其本来丰富的社会资本白白流失或贬值，这是十分痛心的事情。

社会学家林南在《社会资本：关于社会结构与行动的理论》一书中认为："社会资本是通过社会关系获得的资本，它是一种社会财产，是借助于行动者所在网络或所在群体中的联系和资源而起作用的。"

在当前社交网络中，微博上的粉丝和数据，微信上的好友和推荐，及品牌社群里面的忠诚粉丝，都是你的一种社会资本。如果你不进行维持和经营，那么它可能在一夜之间变得毫无价值。很多企业并没有意识到，在社交网络上的资源和运营可以上升到社会资本的高度。企业如果不能从社会资本的角度来对其社交网络进行定位和运营，那么可能只会停留在微博发布和微信推送的层面，而不能让社交网络的资源保值和增值。

笔者以前做CRM的时候，会引导企业重视客户信息数据，从而将其提升到数字资产的高度。从某种意义上讲，这二者的思路基本上如出一辙。

社会资本的稳定，取决于个体的幸福感，即你的消费者和粉丝的幸福感。这种幸福感，又往往来自于信任，你与粉丝之间的信任指数越高，关系强度越高，这种幸福感越强，粉丝的归属感就越强。

社会资本不仅属于企业，每个个体和个体的群组都拥有社会资本。在社会资本活动中，个体都会有所行动，只是动机不同，比如有的是要保护既有的价值资源，有的是希望获得额外的资源，有的是希望获得情感与支持。对企业而言，有的是要保留老客户，有的是要拉来新客户。

对个体而言，在获取社会资本的过程中涉及的因素有：你的社会初始位置（比如某类群体本身就可以获取更多的资源）、关系强度、关系位置的强度等。初始位置是天生的，我们没有办法改变，而关系强度却是可以改变的。

关系强度反映了关系的强烈程度、交往频率（可信赖性）、互惠和承认的义务。关系越强，越可能共享和交换资源。但并非强关系就都是有好处的，弱关系有时候也是通往其他社会圈子的桥梁，因为关系越弱，个体越可能获得不同于当前关系圈子的新资源。

通俗点儿讲，关系越熟，越只能在自己圈子里面活动，交换的都是相同的资源或者以相同条件来进行交换。而关系越弱，尤其是陌生人之间，越是可以放心大胆地交换不同的资源或者以不相同的条件来进行交换，甚至可以进行不平衡的交换，只要双方同意就可以，不需要担心关系和友情的损耗。

当然，个体在社会资本中的行动，都会有基本的原则，那就是尽量将损失最小化，保护与维持当前的关系资源；并且进一步将收益最大化，获得与扩展新的关系资源。在这个过程中，个体行动一般分为两种类型：表达性行动，用来维持资源；工具性行动，用来获得资源。

围绕社会资本，社会学里面有一些典型命题，不妨来看一下：

地位强度命题："初始位置越好，行动者越可能获取和使用好的社会资本。"这就是之前论述过的，如某类群体因为具有好的社会初始位置，就更容易获取或者使用好的社会资本，而普通大众则较难获取。

强关系强度命题："关系越强，获取的社会资本越可能正向地影响表达性行动的成功。”强关系的时候，最适合维护当前的关系资源，也就是维护存量客户。

弱关系强度命题：“关系越弱，自我在工具性行动中越可能获取好的社会资本。”弱关系的时候，个体可以通过获取新关系资源来获得更好的社会资本，也就是通过开拓潜在客户来获得新线索或者新客户。

位置强度命题：“个体越靠近网络中的桥梁，他们在工具性行动中获取的社会资本就越好。”当个体在开拓新客户的时候，多依赖于那些连接多个圈子的、属于桥梁位置的中介点，他们更适合帮你开拓新的客户关系网络；而不是某个圈子的中心点或者行业意见领袖，他们对于维护存量客户更有帮助。

位置与地位交叉命题：“对于工具性行动，网络位置（靠近桥梁）强度视桥梁所连接的不同资源而定。”在新客户开发过程中，那些能够帮你接近更多资源或更高网络位置的中介点才是重要的，其他一些中介点连接的资源可能与你目前拥有的相似，或者更低，这样的中介点作用就很小。

这些概念和命题或许有点儿难理解，接下来我们结合企业中的具体业务和情况来分析。对于社会资本，还有两个比较关键的概念，即经济交换和社会交换。经济交换是通过交易获得经济资本（资源），资源是以价格和货币的形式进行交易的，交换的效用是使交易利润最优化；社会交换是通过网络与群体的认可来获得名声，交换的效用是使关系收益（社会关系的维持）最优化。

对于企业而言，就如同客户的生命周期一样，社会交换中社会关系的维持是很重要的，短时段的交易可能并不一定是对称的或者均衡的，只有持久才可能有一定的均衡。但企业与企业或者企业与消费者之间的交易是维持与促进社会关系的手段，二者之间制造了社会信用和社会债务，并积累了社会认可，无论是企业对消费者的认知还是消费者对企业的认可。

社会学对于名声的定义，也可以借鉴到企业建立品牌声誉上来：

1.贷方维持不平等交易的能力，也就是企业的垄断能力；

2.持久的借贷关系，这是企业与消费者的持续交易关系；

3.借方通过他或她的社交网络（认可）来承认关系的倾向（意愿与能力），这是消费者在社交网络上表达的品牌倾向；

4.借方可用来传递和传播认可的社会网络（与普遍化的网络——大众网络）的规模，这是消费者在社交网络上的口碑传播。

当然还有一个重要问题：企业的社会资本是增值还是贬值，主要取决于如何定义和测量。如果没有定义和测量，企业就没有办法对社会资本进行管理和优化改进。

还有一个比较有意思的话题，在电子商务时代，社会资本也越来越呈现出上升的趋势，因为有越来越多的个体行动者参与到新形式的社交网络和社会关系中，其中相当一部分活动涉及社会资本的创造和使用。比如：个体、群体和组织可以通过建立社区、俱乐部和约束松散的团体等方式来创造制度和资本，并随着这些社群的形成，新的规则也逐渐被创造出来并得以实施，这也是一个C2B（Customer to Business，客户对企业的模式）的趋势。而这个时候，可能企业并不在其中，而是在外围徘徊，这是非品牌社群的个案现象。

## 案例43 百威英博：对品牌来说粉丝是重要资产

**——来源：采编自互联网**

**导读** 百威英博啤酒集团已经从品牌角度认识到：粉丝是最重要的资产。

百威英博啤酒集团中国数字营销总监叶心薇在腾讯智慧上海峰会上表

示，对于每一个品牌来说，粉丝是最重要的资产。百威英博啤酒集团选择合作方时，首先要看其平台上是否有庞大的粉丝数量，其粉丝是否有很高的黏性。

叶心薇指出，体育营销是百威英博在全球比较重要的策略，为将其旗下的哈尔滨啤酒打造为全球品牌，百威英博啤酒集团在2012年为其争取到NBA官方合作伙伴的机会，并且还选择跟腾讯的NBA社群合作，就是看中了NBA强大的粉丝力量。在这个过程当中，她相信也可以帮助品牌建立更好的知名度。

**点评** 大部分企业还没有这种意识，对于品牌而言，粉丝会是最重要的资产。只有认识到这点，才可能真正地去关注粉丝平台和粉丝的黏性和忠诚度。

## 信任与关系强度

社会资本包括三大要素：信任、规范和关系网络。信任是联系二者的纽带，是社会资本的关键要素，也是粉丝经济的关键。在社会学里，信任可以理解为，个人通过社会网络或社会关系（即他的社会资本）获取资源的能力。

什么是信任？罗素说，信任是建立在对另一方意图和行为的正向估计基础之上的不设防的心理状态。此定义包含两大内容：第一，信任发生在个体之间，出现在一定的社会关系之中；第二，信任是对他人的期待，这种期待应建立在共同的社会规范和价值观的基础之上。由于社会资本与信任的密切联系，在对社会资本的研究中，也会从不同的角度测量信任指标，比如公民对政府的信任指标、“社区信任指标”等。

信任与社会资本都来自社会成员之间的互动，而这些互动的基础均建立在社会共享的规范和价值观之上。如果一个群体的成员开始期望其他成员的行动是正当可靠的，那么他们就会相互信任。信任恰如润滑剂，能使任何一个群体或组织运转自如。

社会关系的持续需要信任来维持，人类的相互交往依赖于信任。如果没有信任的存在，社会本身将会瓦解。一切社会或群体都会存在一定程度的基本信任，比如我们相信医生能治好我们的病，相信陌生人给我们指路，相信家庭成员间能相互信任并一道工作，等等。

同样，信任也是企业的本质。随着消费者越来越社会化，消费者与企业的信任指数也可以在社交网络上进行量化，从而使信任成为企业的核心本质。

一个伟大的企业总是将其本质定位为trust！因为信任是交互、交易的关键，只有消费者对企业的信任到了一定程度，才可能交互；再到了一定程度，才可能交易；如果再进一步，还可能进行口碑推荐。

企业要对粉丝的信任关系进行重构和运营，就必须要对信任指数进行量化。在企业运营中，与粉丝的信任关系随着粉丝生命周期在一个长长的管道中动态变化着，这个信任管道可以分为不同的阶段，并可以进行量化和差异化。

前面我们曾经将信任关系强度分为：无关系、潜在关系、弱关系、强关系、长关系、亢关系，这同时也会涉及企业与粉丝的信任关系强度的变化和转化。

量化的前提，是要理解企业与粉丝的信任建立于交互的活跃。因此，企业量化粉丝的信任关系，关键是要通过交互和活跃这两个要素。同理，当量化之后，还可以根据不同阶段的信任关系强度进行对应的差异化和个性化，比如沟通计划或者沟通模板。

在《找工作》一书中，作者格兰诺维特认为，信任关系强度可以通过关系久暂、互动频率、亲密程度和互惠内容来进行衡量。当然，基于社交网络进行的量化，还要根据企业的社交网络策略和数据模型进行详细的设计。

汉拓科技基于社交信任关系的特点设计了PSRFMS模型（基本—社会—时空—物量—惠利—情绪），从两个有时序性和关联性的维度来进行建模和评估消费者的信任关系强度。

P是基本属性匹配，比如年龄、性别等；

S是社会属性匹配，比如所属群组、行业职业等；

R是时空属性匹配，比如关注时间长短、最近互动时间、实际距离等；

F是物量属性匹配，比如互动频率、信息流方向、互动质量（相关性）等；

M是亲密程度匹配，比如亲密话题（标签）、行为类型的亲密度、互惠内容等；

S是情绪匹配，主要指互动中的情绪指数。

通过对信任关系强度的量化，可以实现对粉丝的分类，基于关系强度的不同再对其进行差异化。当粉丝关系强度的升降及其活跃度存在变化时，都会体现在粉丝关系相应的生命周期，从而能够让企业来维护或保持一个持续性的社会资本。

### 案例44 印第安人棒球队的信任大使

**——来源：采编自互联网**

**导读** 印第安人棒球队推出社会媒体信任大师，请粉丝们进行观看，并提供独家信息，让粉丝成为最佳的传播源。

2009年赛季之后，克利夫兰印第安人棒球联盟队推出了它的社会化媒体信任大使计划，这一计划的实施让它在新赛季的收入增加了174%。

2009年赛季结束后，印第安人队连续两个赛季颗粒无收，加上经济衰退，它更迫切地需要把球迷团结起来，它的传播（公关）高级总监柯蒂斯·克里夫兰说：“我们需要影响力。我们的球迷们活跃在社会化媒体上，我们必须成为他们的一部分，必须有所作为。”印第安人为此实施了一个社会化形象大使计划：它邀请网上的粉丝作为球队的大使观看新赛季的所有主场比赛；它在赛场左侧送出了10个形象大使的免费无线上网座位，同时给形象大使提供媒体记者的待遇（除了不能采访运动员和球队官员），向他们提供独家信息，鼓励他们发表更多的线上评论；为了让他们更好地享受比赛，印第安人给每个受邀大使提供了两张球票，让其带着自己的朋友（也是互联网的活跃分子）一起观看比赛；印第安人许多球队的主题活动也会邀请社会化形象大使，并会让他们带着孩子或宠物一起参加。

印第安人的每一次比赛和活动都会分别邀请不同的粉丝成为形象大使，它是在职业棒球联盟第一个推出社会化形象大使的球队，经由媒体报道之后，印第安人的每一次比赛或者活动都有许多粉丝（其中包括许多ESPN的电视观众）申请成为它的形象大使。在2011赛季中，印第安人的形象大使更名为“印第安人包厢”，因为如果遇上太阳太大或者刮风下雨的情况，在露天座位很难使用笔记本和智能手机的屏幕，所以印第安人把形象大使的座位升级为包厢。除了形象大使之外，印第安人同时还在Facebook 和Twitter等社会化媒体上大范围推出折扣球票，并向那些跟朋友分享最积极的粉丝提供更特别的票价折扣。印第安人队的社会化形象大使计划还包括开设运动员和球队官员的Facebook和Twitter账号，它在社会化媒体上面有“有我们的总裁，我们的经理，我们的球员，我们的办公室，甚至我们在Twitter的吉祥物”。

印第安人队社会化媒体信任大使计划的实施让它的Facebook的粉丝增长了214%，Twitter的粉丝增长了699%；球队官网来自Facebook的流量增长了403%，来自Twitter的流量增长了112%。在2011赛季，它几乎每场比赛都可以在社会化媒体上面出售1000多张折扣票，整个赛季的球队收入增加了174%。

**点评** 印第安人队的社会化媒体信任大使计划充分体现了粉丝信任的力量，粉丝的自媒体和口碑传播，比品牌的广告营销更加有力。

## 自组织网络与口碑推荐

### P2P的自组织网络

由社交信任所形成的社会圈，会有强关系的熟人社会，也会有弱关系的半熟人社会，还会有无关系的陌生人社会。在这些社会圈中的人，因为信任的强弱而形成不同的社会群落，并不断演绎着“陌生人—弱关系—强关系”的变化过程。

我们从微信、微博、手机QQ和陌陌等社交网络中可以看出来，在其基础上形成的社会关系会受到新技术的影响，比如摇一摇、附近的人、扫一扫等，这些功能可以快速联系到陌生人，也可以让线下的强关系很快成为线上的强关系；比如漂流瓶可以基于一个传播路径来串联很多陌生人的关系；比如邀请制的群组，可以由强关系的人自发组织，并成为不断扩大的自组织网络。

对于企业而言，我们可能要考虑的是，有传播路径的漂流瓶是不是可以成为一个口碑推荐的信息流？邀请制的群组是否可以成为粉丝自发组织和扩大的会员群体？一个基于促销活动临时发起的闪圈是否可以成为一个营销事件的聚集地？

如果摇一摇可以摇到正在值班的企业小助手呢？如果附近的人可以查看到附近的企业呢？当这一切成为一种社会关系形成的入口时，我们突然发现，对于信任的度量越发重要。你们之间的信任关系，是怎么样的？无论是个体与个体，还是个体与企业，都存在信任关系的强度问题。

### P2P网络的特点

P2P网络，即对等网络（Peer to Peer，P2P），也称为对等连接，是一种新的通信网络模式，在其网络中的每个参与者具有同等的能力，都可以发起一个通信会话。它的特点是点对点，而且是基于会话，因此与微信等基于消息类的移动社交类应用是很相近的。

在P2P网络中，首先是点对点的连接，然后延伸到下一个连接点，最终会形成一张社会网络，因此也涉及以社会关系为中心的社会资本。而社会网络中的社区纽带，即社会关系和公共物品（如信任、规范和网络），同样也可以借鉴到微信网络中。

《社会理论的基础》一书的作者科尔曼概括了社会资本的四种具体形式：互惠义务与期望、建立在信任基础上的信息渠道、社会规范和组织成员关系。

如果我们对比微信，可以看到影响微信社群的一些因素：

1. 微信关系网络的封闭性（即强关系的相对封闭性），可以维持彼此间的相互信任；

2. 基于手机通讯录和QQ好友建立的微信社会的结构相对稳定，使微信社会组织比依赖于个人订阅的微博组织更加稳定；

3. 朋友圈、群聊等微信的群组与集体主义的意识形态有利于社会资本的形成；

4. 基于微信好友之间的信任，其成员可以获得有用的信息和减少借贷方面的风险；

5. 微信这种相互信任的网络和组织的参与者，可以更易于达成集体的决策和进行集体行动。

有专家曾经论断P2P中的P是人（people），而人类现实社会生活中的经验也确实已经有很多被应用在网络上，如B2C、B2B都是将现实世界中人们习惯的工作方式、贸易方式移植到互联网上。从人的角度来讲，人类社会存在着一些诸如区域自治、自行管理、社区联防等管理策略。

现实社会除了具有小世界、无标度等特性外，还具有社团结构（community structure）这一重要特性。社团结构是指整个网络是由若干个“群（group）”或“团（cluster）”构成的，每个群内部的节点之间的连接相对比较紧密，但是各个群之间的连接却比较稀疏。研究社团结构对合作关系的影响是很有意义的。因此，对P2P网络的社群协作和自组织形成机制的研究，有利于分析微信协作的应用模式。

我们可以想象一下，目前一些粉丝群体是以无数个微信群组成的，这就是个典型的社团结构。比如，一个由100～300人的微信群构成的群体，每个微信群内部连接比较紧密，但是各个微信群之间的连接是比较弱的。

### 自组织的模式

很多人在追着要微信百人群、500人群、千人群的权限，其实他们自身并不清楚自己的核心目的是什么，也不清楚多少人的群才能更有效地控制和管理。这是个很有意思的问题：一个人到底可以管理多少好友？一个自组织模式的群体到底适合多大规模？

英国牛津大学的人类学家罗宾·邓巴（Robin Dunbar）曾提出一个著名的“邓巴数字”，即150定律（Rule Of 150），该定律指出：人类智力将允许人类拥有稳定社交网络的人数是148人，四舍五入大约是150人。

邓巴实际上给出的是一系列数字范畴，这些数字限制了人际圈子的无限扩大。他认为一个人最核心的圈子可能有5~7人，他们都是这个人最亲密的朋友；然后是12~15人，这些人去世的噩耗会给人带来重创；然后是50人，邓巴在其著作中写道：“50人通常是大洋洲和非洲土著居民等狩猎采集型社会中，集体在外过夜的人数规模。”至于50人之外则有一些更大的圈子，举例来说，狩猎采集型社会的部落平均有1500人，他们讲同样的语言或方言。

在好友名单中，人们经常联系的好友非常少，但是相对稳定。好友之间联系得越活跃、越亲密，这个群体的人数就越少、关系就越稳定。平均拥有120个好友的男性，一般只会与其中7位好友通过图片、状态信息或留言板进行联系。而个人社交网络主要增长的并非核心网络，而是人们被动且偶然联系的人数，尽管有些人拥有最多的好友，但他们只与其中一小部人联系。人们可能更有效地宣传自己，但一如既往，他们仍然只拥有同样少量的亲密朋友。

那么，我们的通讯录里面有成百上千的联系人，是不是需要建立7-15-50-150的分级管理目录？我们的微信群、QQ群的数字是不是要考虑不超过50或者150人？看来，这事儿并不是越多越好。

类似微信群这样的自组织协作的群组，是因为各种不同种类的动机结合在一起，彼此相互交织，进而产生集体行动。因此，如果想揭示自组织集体行动的个人动机，就不能只分析某类单独动机，混合动机才是需要了解的真相。这些动机之间也是紧密相关的，某些动机可能是其他动机的催化剂。

群组的动机包括很多，就自我实现这一方面来说，既包括社会关怀和社会理想，譬如对社会公平、公共价值、公共精神的渴望，也包括个体目标和需求，譬如自身能力的提升、社会阅历的积累、社交网络的拓展等。对团队的归属感和身份认同的满足也是自组织成员追求的重要意义，消费者越来越看重草根性、自主性和自愿性，他们对组织文化和团队氛围有着更强的期待和归属要求。

微信群的邀请制和自愿退出功能，体现了自组织的非强制性和自愿性的特征，决定了自组织不能像其他组织一样采取自上而下的控制措施和手段来实现行为整合。英国作者罗伯特·罗茨认为，自组织意味着一种自主且自我管理的网络，自组织网络是建立在信任与互利基础上的社会协调网络。政治学者俞可平指出："总有一些问题使人们认为自组织治理是一种最自然的协调方式，有些相互依存形式不适合以市场机制或自上而下发号施令的方式进行协调。"

微信群就不是用企业OA的那种管理方式来发号施令的，而是扁平化、去中心化、自主管理的方式。在这里面，信任是联结人与人之间的纽带和润滑剂，是维持组织效能和维系组织生存的重要因素。

信任可以来自于制度规范、理性计算以及社会认同，也可来自于个人因素。可以设想，在一个缺乏信任的组织内，人们很难真正参与到组织所开展的公益事业或互益事业中去，集体行动也难以存续。因此，信任可以赋予组织凝聚力，增强组织为实现目标而共同行动的能力。由于信任增进了凝聚，强化了认同，有利于消除组织内的沟通障碍，从而大大降低了集体行动的成本。

那种无利害关系的网友或者企业粉丝自发组织形成的微信群，就是建立在组织成员之间的信任关系上的，信任为合作提供了基础。组织内的成员只有在相互信任的基础之上，才会产生合作的愿望与动机，从而主动在行动上与他人取得一致。作为一个自主治理的群体，尤其是一个出于自愿而没有强制的自组织，必须在没有外部强制的情况下解决组织成员的行为整合，这就决定了自组织与其他组织运作机理的根本不同。以自组织形态出现的群组本质上是一种非控制的组织，它用人们之间自由自觉的合作关系取代了以往组织成员之间被动的分工协作。

在这些群组中，组织成员的个人理想和自我价值的实现，以及服务于社会的需要的满足，都经由合作成为现实。组织的目标与个人的目标相互联系和依赖，这会在组织内部产生一种共生关系，并构成组织成员互助合作的基础。对组织成员而言，合作并不止于大家一起工作产生某种最终的结果，而是从中产生一种协调有序的行为方式。

企业需要认真考虑，如何基于微信的点对点对话关系及粉丝的社会行为特征，来形成粉丝的自组织社群和自组织协作。

## 案例45　《超市特工》命悬一线 粉丝自发举行拯救行动
### ——来源：采编自互联网

**导读** NBC电视台的电视剧《超市特工》的粉丝自发组织起拯救行动，这也是粉丝的自组织行动的一个案例。

美国NBC电视台的电视剧《超市特工》（Chuck）已经播完了第二季，虽然第二季收视率略降，但基本保持稳定，平均每集600多万观众，18~49岁年龄层收视率在2.4%～6%之间。不过NBC仍然没有预定第三季的消息。于是该剧的忠实剧迷们发起了购买Subway三明治，拯救该剧的活动。

Subway餐厅连锁店是《超市特工》的置入广告商，剧迷发起的活动是在4月27日（本季大结局播出日）在Subway餐厅购买5美元的三明治，同时在餐厅意见箱内投送拯救《超市特工》的建议书。剧迷们此举也是希望主要广告商能给NBC压力以续订该剧。《超市特工》的男一号扎克瑞·莱维（Zachary Levi）亲自带领400名粉丝到Subway尽自己的一份力，并且通过Twitter和Facebook等社交网站进行呼吁，同时也有不少平面媒体表达了关注。

NBC电视台目前还没有透露第三季是否续订的消息，正式消息将在5月初发布。

以往美剧到续订未卜的时刻，总有一些粉丝会振臂高挥，呼吁同好向电视台表达续订之情。以往的一些战绩如下：

2000年，科幻剧《罗斯维尔》（Roswell）的剧迷寄了6000瓶辣椒酱（剧中主角选择的调味品）到华纳兄弟公司。结果这部剧获得了第二季续订，同时还换了一个新时段。

《浩劫余生》（Jericho）的剧迷给CBS电视台寄送了约20吨花生（来自剧中一位演员的台词“Nuts”），之后这部剧获得了第二季续订。

在《恶魔猎人》（Reaper）剧迷向CW电视台寄来无数双袜子后，该剧获得了第二季续订，不过该剧第三季看来没希望了。

科幻剧《4400》的剧迷给USA电视台寄来了数袋葵花籽，取自剧中角色的片段。

《美眉校探》（Veronica Mars）的剧迷在该剧要被取消时除了雇佣飞机横幅和寄送2美元假币外，还在CW办公室外积聚了上万个玛氏巧克力架。

《时间旅人》（Journeyman）的剧迷寄了旧金山的盒装谷物产品Rice-a-Roni给NBC电视台高层。因为该剧是在旧金山拍摄的。

**点评** 粉丝自发组织起来的力量有时候也会影响品牌，甚至增强品牌的影响力。品牌从现在开始应该正视自发组织的粉丝行动，甚至能够放弃部分利益和成本而满足粉丝的需求。

## 口碑推荐

粉丝给品牌的最大价值是口碑推荐。

在互联网时代，广告赢利模式主要以CPC、CPM和CPS（按营销效果付费）等方式为主。而在社交网络中，基于好友的关系网络和一对一交互的情况，口碑推荐将成为一种新的广告模式，这种CPP（Cost Per Promoter）与CPC和CPM有类似也有区别，它更适合于微信等P2P关系网络。它不是那种口头的、人对人的口碑传播，而是基于好友关系和对话的P2P的口碑推荐动作。

### 口碑的定义

美国口碑市场营销协会（Word of Mouth Marketing Association，WOMMA）把口碑定义为消费者向其他消费者提供信息的行为。它是以消费者为主导的信息交流渠道，口碑信息的传播者和接收者并不受商家的干预。

一般意义上，口碑指的是消费者对企业的看法，口碑传播指的是将这种看法传递给其他消费者的过程，口碑营销指的是以口碑传播为途径的营销方式。

口碑介于没有任何商业目的的交流者与接受者之间，是消费者对公司或组织的产品或服务的非正式的人际交流和信息传递，参与口碑传播的人共同构成一张巨大的传播网络，人与人的关系强度是这个网络结构中基本的决定因素，信息在这张网络中通过参与者自觉或不自觉的信息交流而逐步扩散。多数研究者认为，在影响消费者态度方面，口碑传播与大众媒介及企业的市场营销活动同样重要。口碑营销与其他营销方式的最大不同在于，相对于大众传媒，它利用的是人际传播渠道。人际传播不仅可信性强，而且富有活力，便于记忆，因而对消费者影响较大。

口碑因为关系网络的强度不同而带有不同的特征。弱连接的口碑信息是被接收者去搜寻的，而强连接的口碑信息是由发送者发起传递的。弱连接的口碑信息带有一定的媒体属性，可能会引发传播；强连接的口碑信息带有一定的一对一属性，可能会引发购买动作。

口碑传播在强连接中，接收者的行动往往是决定要不要购买，而不是继续进行传播，这意味着口碑传播的动作大部分是一次性的，而不是呈几何级数的传播增长。而在弱连接的口碑信息搜寻中，消费者在网络上的海量信息中搜索到的口碑信息大多是来自于陌生人，其数量更多，更加客观专业，也更容易对网络环境下的购买意愿产生影响。

弱关系的搜寻方式大多是：点评、评级和推荐，而强关系的发送动作一般是好友间的口碑推荐。我们进一步对比当前的社交网络来看看：点评网，是星状网络，完全是陌生人关系，所以消费者在点评网中更多的是搜寻口碑信息；微博，是带有部分媒体属性和好友属性的弱关系，在其网络上可以实现一对多、多对多的关系链式传播，因此在上面既有消费者对口碑信息的搜寻，也有粉丝对口碑信息的传播；而微信则是一对一的强关系网络，更多的是品牌的粉丝向好友发送口碑推荐的动作。

口碑信息的主动搜寻（Actively sought）可以看作消费者努力寻找并最终获得相关信息的一个过程。感知风险（Perceived risk）是指在产品购买过程中，消费者因无法预料其购买结果的优劣以及由此导致的后果而产生的一种不确定感。因此，为了减少感知风险，消费者会更加主动地搜寻关于该产品或服务的一些口碑信息。那些有着高感知风险的消费者，比起那些低感知风险的消费者来说，会更加主动地搜寻口碑信息。

### 口碑效应的要素与模式

口碑传播和其他传播形式之间最核心的区别在于传播方为消费者，而不是商业机构或第三方机构。尽管不同定义的口碑概念的侧重点有所不同，但都反映出口碑作为典型的人际沟通方式所具有的共同特点：从口碑传播主体来看，口碑是消费者与消费者之间进行的信息传播，非商业性是其突出特点；从口碑传播的客体来看，产品、服务、组织及其员工、事件等都可以进行口碑传播；从口碑传播的内容来看，通常包含介绍、体验的描述、判断、评价和建议。口碑的内容可以是正面的也可以是负面的，由此形成对正面口碑和负面口碑的相关研究；从传播过程来看，不仅是传统意义上“面对面”的传播，由于各种通讯技术的发展，特别是移动通讯和互联网的繁荣，使得口碑的传播方式表现出借助新媒介的非面对面的传播。

一些实证研究结果发现，消费者和信息发布者的关系强度，消费者对于网络口碑传播平台的依赖程度，消费者感知的网站有用性、风险程度和信任倾向都会显著影响消费者的网络口碑可信度和口碑效果。

口碑推荐，当前的研究和实践都将其分解开来，一个是口碑，来自于对口碑的监测和响应；一个是推荐，来自于对消费者的需求和标签的分析，并进行产品或关联推荐。其实还有一个核心的方向，那就是这个口碑的推荐动作，从发出方发出推荐动作，到中间人传递，再到接收方接收推荐动作，涉及推荐奖励、品牌参与、互惠机制等因素。

而在这期间，主要影响口碑推荐效应的要素有：关系强度、信任关系、感知风险、产品涉入度、网络涉入度和专业性等，它们与传播者和接收者共同形成一个口碑推荐模式。

口碑传播者与接收者之间的关系强度是影响口碑传播效率与质量的关键因素之一。

在对网络购物和网络忠诚领域的研究表明，信任不但在关系营销中扮演重要的角色，在电子商务中也成为企业获利与否的一项重要指标。在信任的基础上，消费者在自主性与高涉入的信息交流模式下产生的行为与评价上的改变，可以有效地降低认知风险、减少不确定性。

在网络口碑营销中，感知风险是影响消费者行为的重要因素。网络口碑的匿名性，非面对面沟通等特点都加大了消费者的风险，对于网络口碑的接受有直接影响。

当消费者认为某一项产品对自己很重要时，就会处于高涉入状态，这时消费者会积极主动地搜寻产品的相关信息，从而做出最符合自己需要的决策，也会更倾向于向别人继续传播口碑信息。

网络涉入表示消费者对网络的熟悉程度和借助网络搜集信息的主动性，也体现了互联网对消费者的重要性。网络涉入的高低能够影响消费者利用网络的能力和对信息质量的判别能力，并对其行为意愿有影响。消费者网络涉入程度深，则对网络操作更熟悉，有助于增强网络口碑的感知有用性程度，对网络信息的辨别能力也会增加，从而增强了网络口碑传播效果。

在网络口碑传播中，传播者是行为的主体，其传播意愿和传播能力是影响传播效果的主要因素。口碑信息是具有专业性的，而接收者的专业性不仅会影响其购买决策，也会影响风险的认知及口碑搜寻的态度。影响口碑接收者的接收能力的因素主要有接收者的个性特征、受教育水平、专业知识等。

图5-1　口碑推荐效应

推荐奖励计划

口碑推荐模式中涉及的品牌方奖励，即推荐奖励计划（Referral Reward Program，RRP），是企业给予现有消费者物质奖励，激发其向新消费者发送口碑推荐的新营销策略。

与自然口碑相比，奖励推荐口碑复杂的发送动机会影响接收者对其的评判。基于信任和关系范式理论，奖励推荐口碑对接收者态度和行为意向的影响研究数据发现：

> 奖励推荐口碑对接收者购买意向的积极影响总体小于自然口碑，原因是接收者怀疑口碑信息的可信性，并且不能接受推荐者因获得奖励而推荐的行为；
>
> 口碑沟通双方的关系强度影响奖励推荐口碑的作用，相同奖励额度下强关系奖励口碑对接收者的购买意向有积极作用，而弱关系奖励口碑作用不大；
>
> 增强推荐者专业能力和改变奖励分配方式，对改善奖励推荐计划效果具有积极作用。

RRP可以有效增加消费者向弱关系（Weak tie）推荐弱品牌（Weak brands）的可能性。而且，奖励分配方式也很重要，对于弱品牌和弱关系情况，奖励推荐人效果更好。在强品牌和强关系情况下，把部分奖励分给口碑接收者会提高发送者推荐的可能性。

但也有实证分析认为，物质奖励在朋友和熟人之间原本“纯净”的关系中注入了物质动机，会伤害接收者对发送者真诚的感知，从而降低RRP口碑的效果。此时，对接收者隐瞒RRP，或者当发送者和接收者处于交换关系范式（如弱关系）时，这种副作用会减轻。但他们并没有研究接收者的品牌感知和购买决策。

“接受奖励进行推荐”这一行为本身可能遭到接收者的排斥，从而降低RRP口碑传播的影响。由于物质奖励因素的存在，RRP口碑传播被归类为交易关系范式下的行为，这在一定程度上会被平等匹配（口碑沟通双方的关系强度较弱）或相互分享（口碑沟通双方的关系强度较强）关系范式中的消费者所排斥。

而“同时奖励推荐者和接收者”，可以有效提高RRP口碑信息的可信性，并改善接收者对推荐者行为的接纳程度，从而增强RRP口碑对消费者的积极影响。

进一步的实证研究表明：在做推荐奖励计划设计时，对推荐数量、奖励力度、奖励对象和奖励物形式四个方面的设置，会影响消费者的推荐意愿，而且消费者意见领袖倾向的调节效应不明显。

推荐奖励计划这几个方面的设置对推荐意愿的影响，是通过两条中介机制实现的，分别是消费者的感知奖励价值和感知社会风险。其中，奖励物形式通过感知奖励价值影响推荐意愿，而推荐数量和奖励对象通过感知社会风险影响推荐意愿。

企业需要慎重使用推荐奖励计划，并根据业务情景和客户需求进行详细地推荐奖励计划的设计和部署。

## 案例46 Etsy礼品网站和亚马逊的“赞”绑定

**——来源：采编自互联网**

**导读** Facebook的“赞”按钮被Etsy礼品网站巧妙利用，而亚马逊的“赞”与Facebook的账号绑定在一起，二者有效地将口碑赞和社会关系网络结合在一起。

在2011年的F8开发人员大会上，Facebook推出了“赞（Like）”按钮。Facebook用户如果对某一个内容感兴趣，他可以点击“赞”，让它显示在他自己的Facebook上。“赞”是Facebook最有影响力的一个应用工具，这个应用推出不到一个月就被10万多家其他网站链接绑定，

Facebook可以给企业或机构提供Facebook用户对“赞”点击的匿名数据，包括用户使用“赞”的“印象数（impression）”、点击数和点击后到达其他网站的次数。在这些数据的背后，是无数的真实存在的用户，体现了这些用户对朋友圈的影响力；根据统计，到后来有250多万家网站整合了Facebook“赞”按钮的数据应用。

电子商务的Etsy礼品网站推出了一个“礼物推荐”应用，它通过绑定Facebook的“赞”按钮来帮助人们选择礼物。

只要用户点击了“礼物推荐”的按钮，Etsy就会为用户自动扫描出他所有Facebook好友的“赞”清单，帮助用户分析他的好友可能感兴趣的礼物。Etsy会给用户提供一个列表，列表一边是好友头像，另一边是推荐好友可能会喜欢的礼物。对一个“赞”了关于英式橄榄球信息的好友，Etsy的用户可以考虑送他一个英式橄榄球作为圣诞礼物；对另一个喜欢跑步的好友，送一个运动器材也是不错的选择。

Etsy用户的Facebook好友不会知道有人在扫描他们的“赞”，Etsy的这一应用不会出现在用户好友的Facebook页面上。

而亚马逊推出了一个“社会化推荐”，它的“社会化推荐”可以让用户把他的亚马逊购物账号跟Facebook账号直接绑在一起。

购物也是一种社交活动，亚马逊的这一“社会化推荐”旨在提升用户的购物体验，让用户在购物时能发现兴趣相投的朋友。人们在线下购物时经常有机会遇到自己的邻居，可以与朋友闲聊，得到朋友的帮助。但网上购物很难做到这一点，人们逛网上商城的时候极少有熟人帮忙，如果拿不定主意还得联系好友。有了“社会化推荐”之后，亚马逊的购物者可以把他的亚马逊账号和Facebook账号关联绑定，亚马逊会根据用户Facebook的“赞”和其他的活动记录向他推荐商品。

亚马逊的社会化推荐还会显示一个Facebook页面，让用户提取Facebook

好友对商品的评价。如果一个用户喜欢Radiohead乐队，亚马逊可以让用户看到他还有哪些Facebook好友也喜欢这个乐队，它还会提醒用户有哪些好友即将过生日，根据好友在Facebook的“赞”和在亚马逊的“心愿清单”，给出礼物赠送的建议。亚马逊称它的“社会化推荐”不会与Facebook分享用户的购物信息，用户的购买历史和账号信息不会出现在Facebook上。

**点评** 每一个“赞”，都是消费者的一个口碑，而这个口碑是否能有效地通过社会化网络分享出去？有没有被好友关系接收？这是企业在社交媒体上真正应该关心的，而不仅是品牌传播和广告营销。

## 互惠关系与消费者驱动的C2B

粉丝经济的创收性商业经营，不再是通过传统的售卖，而是基于互惠关系和粉丝驱动的C2B而来的，比如预售、团购、粉丝特卖和个性化定制等方式。

### 互惠关系

互惠关系主要指经济交换或交易方面的，它既不是强关系，也不是弱关系，而且其中又涉及利己和利他的因素。对于社会化电子商务而言，互惠关系是一个核心要素。而对于品牌社群，互惠关系则是一个微妙的要素，这是粉丝经济的关键。

### 关系类型的区别

社交网络从关系类型上共分为三种：人—内容的关系，比如谷歌、百度和具有部分媒体属性的微博等；人—人的关系，比如QQ、微信、人人和具有部分社交属性的微博等；人—物的关系，比如淘宝、亚马逊和京东等。这三种类型的关系很难直接转化，而且互为异质性。

微信电子商务则涉及两种类型的关系：一个是微信的人—人的社会关系；一个是电子商务的人—物的基于交易的互惠关系。因此，这二者很难直接融合或者简单融合。

微博早几年的微商城、微卖场等，最终都做成了流量的链接跳转，后来几乎销声匿迹了，这是人—人的社交关系在电子商务方面的尝试；而淘宝的SNS做了很多年，一直未能成形，这是人—物的关系在社交关系方面的尝试。这两次尝试基本上都以失败而告终。

阿里系也是动作频频：旺信明摆着是在模仿微信；阿里入股新浪微博，使微博电商或者美丽说的话题重新成为热点；手机淘宝的微淘几乎就是在模仿微信公众号，但同时又进一步，它可以分享、收藏和购物下单并支付。

微信上的电商，不管是最早的美肤汇，还是现在的凡客等，都让消费者感觉到比较痛苦，因为微信属于人—人的熟人关系，所以电商无论是通过图文消息进行促销，还是直接在微信客户端嵌入电子商城网页，只要涉及人—物的内容，就马上掉“粉”，最后只好回归到基于微信的加强互动和一对一的个性化营销。

我们可以拿日常生活里的现象，来解释一下人—人的社交关系和人—物的互惠关系，比如我们在菜市场买菜，就是为了便宜和新鲜，你根本不可能与小摊小贩去谈什么社交关系。但是，这两种关系又不是完全不可以转换的。比如，当我们在百货商场选购衣服等商品时，品牌促销员会跟你聊天，记下你的电话，还会经常发短信介绍一些新品或者优惠活动，甚至会发送节日问候等信息，这里面已经有了初步的沟通和对话，但人—人的关系还是比较薄弱。如果你是一个高端化妆品的粉丝，你可能会成为这个品牌的会员，同时会和你常去的品牌专柜顾问成为好朋友，她会教你怎么护肤，怎么化妆，有新品体验或者优惠礼品装会定期送给你，有好玩的会员权益活动会邀请你，甚至会邀请你一起逛街，这时候就有了一定的人—人的关系。品牌社群中的粉丝就是这样的一种关系转换。

### 互惠关系的转化

互惠关系可以有两个变化：一个是不断设计人—物的互惠关系，即持续吸引消费者对“惠”的追求，形成互惠模型，建立持久的经济交换关系；一个是通过初次的经济交换，建立对话模型和沟通计划，转化为人—人的社会交换关系。通俗点儿讲，一个变化是你不断地通过促销把“惠”做持久；一个是你开始与消费者对话，在对话中逐渐建立社交信任。

这就涉及社会化电商的核心：对话。对于阿里浪的结合，社会化电商的核心不是微博的流量对接阿里的电商，而是阿里电商的所有互动和售后服务都用新浪微博代替旺旺。如果能够做到这一点，那么阿里浪才能成为社会化电商，人—物的关系才可能和人—人的关系进行融合。

虽然阿里浪很难实现这种转化，但是微信可以，只要微信团队一直保持微信的简单和开放性，从而使其成为各家电商平台能够接受的和消费者对话的渠道，即使电商有旺旺和webIM，但他们还是会同时使用微信的。

当所有电子商务都使用简单、开放的微信和消费者对话的时候，这本身就是微信电子商务，所以，商业化其实也很简单，其价值就体现在通讯通路上。

粉丝的互惠关系并不是那么容易建立的，人—物的关系转化为人—人的关系需要很长的路。一种方法是在交换的基础上，通过持续的对话、互动和个性化的沟通，形成人—人的社会关系；另一种是通过礼品，包括会员礼物，即通过经济交换向礼物交换的转变，从而最终形成信任的社会关系。微信的对话只是其中一个方向，这还远远不够。品牌社群的商业化，体现在粉丝互动基础上的增值服务就是“礼”。

为什么“礼”会成为经济交换向社会交换转化的基础呢？大家可以想一下，中国传统的人情关系都建立在什么基础上？都是建立在随礼和送礼上，而随礼和送礼都无一不跟商品或经济交换有关。

企业可以通过电商对话—礼品关系—电商交易的生态链条，实现人—人关系和人—物关系的转化和融合。

### 案例47 国外研究报告称每个Facebook粉丝约值136美元

**——来源：采编自互联网**

**导读** 据社会化媒体监测机构Syncapse的研究报告，各品牌的Facebook粉丝的平均价值约为136.38美元。

据国外媒体报道，社会化媒体监测机构Syncapse日前发布了一份研究报告，称各品牌的Facebook粉丝的平均价值约为136.38美元。

对于擅长社交媒体营销的公司来说，粉丝的价值更高；而对于不精此道的公司来说，粉丝也有可能价值全无。比如，对于可口可乐来说，每个粉丝的价值是316.78美元，远高于平均的136.38美元。

如今，越来越多的公司希望在Facebook上设立“粉丝”页面，就是寄希望于能联系消费者或潜在消费者，并加入他们所在的网络社区。但这些粉丝对于公司到底有多少价值？人们对此问题有不同的看法。

Syncapse 调查了Facebook上前二十大品牌的4000名粉丝，这些品牌包括诺基亚、黑莓、维多利亚的秘密（内衣厂商）、阿迪达斯、耐克、可口可乐、星巴克和麦当劳等。问题包括“为什么选择成为这些品牌的粉丝”“过去和今后的购买行为是怎样的”等。Syncapse再根据调查结果估算每个粉丝的支出对公司价值的影响，以及拥有该粉丝带来的长期价值等。

这份报告的一些发现包括：

平均而言，某品牌的粉丝愿意为自己喜欢的品牌多掏71.84美元，不是该品牌的粉丝则不会。

粉丝持续使用某特定品牌的可能比一般人要高出28%。

某品牌粉丝向朋友推荐该品牌的可能比一般人要高出41%。

这或许说明了为什么Facebook宣称其广告主数量较去年翻了一番。不过，Syncapse同时也在报告里指出，每个粉丝的价值通常相隔甚远。普通粉丝每年购买和向他人推荐某品牌的次数分别为10次和1次，而活跃的粉丝的这一数字分别是30次和10次。这些行为上的差距对粉丝价值有着显著的影响。

麦当劳的粉丝购买该公司食品的平均支出是300美元，而普通顾客在麦当劳食品上的花费不超过150美元。星巴克粉丝在该咖啡厅的平均支出是普通顾客的两倍以上。

**点评** 研究报告的数据显示：各品牌的Facebook粉丝的平均价值约为136.38美元，这为企业对粉丝的社会资本进行估值有了一个相对标准。如果你有100万粉丝，就意味着其社会资本可能为1.36亿美元。怎么样？是不是会带来很直观的冲击呢？！

## 消费者驱动的C2B

品牌社群具有的粉丝主导和粉丝参与的特点，造就了粉丝经济里的C2B模式，因此，C2B模式强调的是粉丝店铺而不是品牌店铺。对这个现象的理解，可能还得从微淘、旺信和微信的电子商务说起。

### 微淘的先天不足与旺信的迷失

一则来自淘宝的消息称，从2013年4月中旬内测以来，微淘2个多月内累计访问用户数已经突破6000万，通过邀请机制吸引的淘宝卖家、导购达人和媒体公众账号已经突破3000个，一些商家因为开通了微淘公共账号，移动端成交额达到了整体销售额的30%~40%，成为了移动电商的全新“样板”。但是，这个数据可能会有些水分，原因有如下两点：

一、微淘模式的问题

微淘就是淘宝商户的微信公众平台，它可以对商户的信息进行媒体传播。正因为如此，很多人很看好微淘，认为淘宝和阿里虽然走的都是典型的技术路线，但是这次复制微信的媒体属性的策略却很成功，而且还将基于淘宝的互惠关系扩展到购物支付阶段。

但可惜的是，微淘的入口在手机淘宝上，手机淘宝的定位就是淘宝业务的移动终端应用。在手机淘宝底部栏的“首页”和“生活”之间，就是微淘。微淘首页是消费者订阅的商户公众账号发布的消息，点击可以收藏和评论。

消费者可以通过添加账户，来关注你的商户账户，只是目前商户账号没有好的分类和查询机制。这里可以选择点击关注加入微淘关注，或者通过左上角的发现按钮中的“扫一扫”扫描二维码关注商户。

每个商户的广播基本上与微信公众平台的图文消息是一样的。微淘产品的图文消息可以带价格，并可以展示宝贝的详细情况。在详细页面，可以看到宝贝的价格、图文详情、评价等淘宝类信息。并可以选择底部栏的几个动作：赞、评论、分享。点击分享，可以将微淘的这个广播内容分享到新浪微博、来往、来往动态和短信。

而现在旺旺和旺信已经在手机淘宝和微淘上完全消失了，只是在分享那里可以分享到来往。由此基本上可以判断的是：手机淘宝、微淘、来往以及之前的旺旺和旺信不是阿里一个颠覆变革式的战略级产品，而是不同部门的部门级产品。

二、旺信的尴尬

如果看完了微淘，再来看旺信，也会有些不知所措的感觉，看不懂阿里到底想把入口放在手机淘宝还是旺信；另外，对消费者的出口是在微淘还是旺信？入口和出口不统一，而且入口是对话模式，还是APP模式？出口是消息模式，还是APP模式？这都让人有些捉摸不透。

旺旺和现在的旺信采取的是店铺账号和店小二账号的多账号互动模式，而微淘是一个独立的品牌账号，这三者之间的整合和协同明显不同步。如何实现公众号、店铺和店小二的统一管理和无缝协同呢？

旺信的整个模式是怎么样的？

旺信的界面与微信很相似：底部导航栏为“消息”、“联系人”和“我”三项，右上角为与微信类似的发起聊天、扬声器、扫一扫等功能。在旺信联系人账号中，出现的是三个不同类型的企业账号（品牌微淘号、店小二和店铺）。

微淘公众号的图文消息模式，也显示在旺信里面。“联系人”里添加好友的方式有按照账号搜索、手机通讯录、附近的人、摇一摇、扫一扫，与微信基本类似，只不过扫一扫的功能相对简单些，不像微信最新版，还可以扫描封面和街景等，但是摇一摇很好玩。在“我”的界面里，有我的淘宝、摇钱树、物流小助手等功能。

这里面有一个核心问题，旺信和微淘的核心功能是推送、对话，还是微淘做推送、旺信做对话？在这个模式下，对手机淘宝与旺信又如何进行定位？

结合这些问题，我们来做进一步的详细分析和比较。

微淘的优势非常明显，以至很多人对其纷纷看好，甚至在不了解的情况下，也进来做微淘公众号。在这里也简单地列举一下微淘的优势：

* 微淘的受众本身就是交易对象，所以适合促销，消费者进淘宝或者微淘本身就是为了买卖和参加促销的，所以微淘的内容对消费者毫无压力；

* 微淘可以品牌和价值诉求为主导，建立一个天然的美丽说，形成微淘导购和店铺售卖的售前售中的模式；

* 通过手淘、支付宝等直接打通购买链，可以使消费者进淘宝收藏，或进支付宝购买支付；

* 围绕消费者的热点和需求来驱动和组织内容，一旦内容不符合消费者需求则会不断退订；

* 可以做成移动购物的助手或者移动电商的搜索、导流入口；

* 可以通过多种形式进行产品或交易的分享推荐；

* 可以建立起品牌和商户的激励机制，吸引更多的内容。

但是微淘也有天然的劣势，这不能不重视：

* 微淘目前是嵌入在功能性APP（即手机淘宝）中，功能性意味着它是只有买东西的时候才会去用的APP，这类似酒店APP，消费者不会每天都没事儿地就去打开用一下；

* 什么工具与用户的黏着度较高呢？就是互动或通讯类的工具。而微淘目前没有和消费者的互动，手淘不是对话APP；

* 微淘与手机淘宝、旺旺和旺信等多个相关产品没有无缝整合，总体感觉比较乱；

* 手机淘宝、微淘和旺旺的账号体系不清晰，品牌公众号、旗舰店、店铺、店小二账号层次、分类和定位有些混乱；

* 目前微淘只关注品牌或商户的导购，只关注导流或交易，那么与消费者的互动和关系如何处理？如何利用消费者的关系网？

* 因为没有利用消费者的关系网络，所以口碑推荐就很难做起来；

* 微淘的金币没有做通用积分或点券，没有建立起消费者激励机制；

* 目前没有消费者的自内容，全部是品牌或商户内容。

那么，微淘的机会点又在哪里呢？

* 类微店，不仅是淘，要进行售前售中售后一体化管理；

* 类微信，微淘的公众号+旺信的微信模式；

* CPP机制，建立起基于口碑推荐的广告激励模式；

* 微淘后面的互动、关系等扩展为SCRM；

* 基于微淘进一步形成消费者社区/群组。

针对这些问题，让我们不得不反思微淘：微淘建立在电子商务交易的互惠关系基础上，如果要建立起持续的关系，一定要基于互动和沟通，而不是单向的图文推送，尤其是推送的全部是产品展示和促销活动内容。

进一步讲，笔者更倾向于微淘的定位有错误：微淘不应该放在手机淘宝上，而是应该放在旺信里面。公众号的图文消息和沟通互动及店小二的客服互动，才是可以持续的模式。否则，没有实时的互动沟通，就没有营销推送，更不会重构客户信任。

### 微信和旺信的C2B的微店模式

微淘的核心问题在于，这还是商家的店铺，而不是粉丝的店铺。这句话怎么理解呢？单从微淘的现状来看，转化率的确比较高，关于产品促销的图文信息也适合消费者。但是，微淘还是商家向粉丝推送内容的店铺，而不是粉丝用来订阅和寻找口碑内容或导购的店铺。

还是理解不了？好吧，我们继续问问题：

微淘的内容是推送，还是订阅？别因为微淘账号是粉丝订阅，就直接说内容也是订阅的而不是推送的了。

微淘的内容是广告，还是对话？我们要清楚广告是一次性的单向传播，而对话是多次的双向的互动。

微淘的内容是图文，还是消息？图文就是变相的DM广告，消息是什么？是某个账号好友，可能是品牌、店铺、朋友或商圈中的某个具有同喜好的陌生人，跟你对话的消息。

如果你要理解粉丝的店铺，你需要理解一下C2B。C2B的核心类似于亚马逊的心愿单，但又不一样，因为心愿单只是一个人的店铺，粉丝的店铺则是一个朋友圈或商圈里面的无数个收藏、交易或积分的商铺。

对于电子商务的消费者而言，基本上可以分为下面几种情况：已经有需求来购物的；已经有具体购物需求的；想买但是没有需求的；纯粹逛逛的。大家可以来想一下购物的情景。首先，购物不是一个人的事儿；其次，购物不只是购买，还包括购买前的搜寻、咨询、对比，以及购买后的分享、体验等；最后，拼货们可能还要拉上一两个或者数个好友一起去血拼，甚至在商圈内找同喜好的陌生者进行咨询。所以，说起购物，这些人不在逛街的路上，就在找人逛街的路上；不在一个人掏钱包，就在询问和邀购。

所有这些行动都离不开对话。因为购物需要在朋友圈和商圈进行互动，没有互动就只剩下黏着度不高的功能性购买。只有对话才可能将整个购物场景拉得够长够频繁。

“微店”是我在2013年年初时按微淘和旺信的场景设计成的一个消费者的店铺。

微店首先突出的是“对话”。对话是消费者与品牌、店铺商家、朋友、店小二、购物小秘书进行沟通的窗口。切记，这里没有图文广告和推送，有的只是对话，虽然对话的内容可能有时候会是图文消息内容的，但也是因为对话触发或者订阅的。你会发现，消费者所有关于购物的前前后后的对话内容，都在这里面，这就意味着活跃度和黏着度不再是购物的那一锤子的事儿。

其次是“朋友”。朋友的特殊性在于不仅是常规意义上的朋友，还有商家、品牌的公众账号，而群组关键在于会有朋友圈，会有位置相近的商圈、同类喜好的促销圈等。你可以因为常规的朋友关系进行互动，也可以因为经常逛某个商圈，比如可以因为经常参加或订阅欧莱雅的促销活动，从而加入欧莱雅促销圈等。

这里需要想一下消费者的实际购物环境是什么？虚拟购物环境是什么？购物前后所活跃的社群和社区有哪些？是不是有经常去的商圈，固定的购物朋友圈？

再次是“我的微店”。消费者的微店归集和聚合自己的消费记录、心愿单、优惠券、会员卡、商品扫码、积分等。这里面会将需求、卡券、积分、交易等整合在一起，再将参与和订阅的商圈和促销圈结合在一起，成为消费者的购物大数据。

消费者的真实需求是什么？他对哪些商品或者促销感兴趣？他经常出入的是哪几个商圈？他收藏了哪些实际的票券和会员卡或打折卡？他又在实际使用哪些卡券？如何实时进行管理和提醒？这时候，商家和品牌如何参与进来？是不是对话的触点？

最后是“逛一逛”。逛一逛我是直接把Pinterest的瀑布流拿过来了，只不过顶部做了一个分类，分为个人的、朋友圈的、促销圈的和商圈的商品内容、促销内容和口碑内容等。关键在于内容一定有消费者自己的或者朋友的推荐分享。

是不是应该强调购买后的对话和讨论？每次看好某个商品或者促销时的评论，实际上是一个很好的互动触点，一旦分享出去可以成为我想逛的店来邀请朋友或者商圈内的人成为购物朋友。

另外，购买后进行口碑分享的时机在哪里？如何触发？如何进行激励？如何将某次购买的优惠，转化为一个很值得的礼品让消费者转赠给朋友？这实际上是我在互惠关系中提及的“礼”的设计场景，可惜懂的人真的很少。

小贴士

详细的微店原型图请在公众号中回复“微店原型图”获得。

总而言之，我更倾向于微淘的定位有错误：微淘不应该在手机淘宝上，而是应该在旺信的基础上构建“微店”模式。这个微店，就是C2B模式，即粉丝的店铺。

那么，我们还需进一步思考：微信的电子商务的模式到底是什么？是微支付直接支撑的微信电子商城，还是基于对话的微店模式？

### C2B的商业模式

C2B的全称是Consumer To Business（消费者对企业），是指消费者聚集起来进行集体议价，把价格主导权从厂商转移到自身，以便同厂商进行讨价还价。这种商业模式对于公司提供给消费者产品或服务的传统商业模式来说，简直就是180°大转弯。

C2B模式的核心是，通过聚合为数庞大的用户形成一个强大的采购集团，以此来改变B2C模式中用户一对一出价的弱势地位，使之享受到以大批发商的价格买单件商品的利益，淘宝、易趣、拍拍等网站上的团购业务都属于C2B这样一个基本范畴。

我的观点是，淘宝的团购和预售机制并非真正的C2B模式，如果只是单纯地通过大群体的影响力争取到合适价格，那么也只是B2C或C2C模式的一种补充，或者是一种新的营销手段。只有对消费者的内涵进行扩展，才能够使C2B作为一种模式独立发展；而C2B模式因其新颖的模式和具有的创新性，一定会具有不可限量的发展前途。

C2B的核心是需求，也就是汇聚消费者的需求。问题在于消费者都是个性化和差异化的，那么你是汇聚所有消费者的需求还是让一个个消费者建立自己的需求汇聚？汇聚需求是为了更低的价格，还是为了更好地满足消费者的个性化和差异化的需求，提供更个性化和差异化的产品服务？

按需定制和按单生产真的很难，但不是不可以做到，这是在产品和服务的标准化和颗粒化后，消费者根据自己的需求定制自己的产品和服务，而不是通过大群体的影响力获得低价或同一款定制的产品。

或许，相对于工业时代"大生产+大零售+大品牌+大物流"的一整套体系，基于个性化营销、互联网零售平台、柔性化生产以及社会化供应链的高速发展，C2B模式有了越来越坚实的支撑，而最关键的是吸引消费者成为粉丝，掌控主导权，建立粉丝的微店！

## 案例48 优衣库"更多围脖，更低价格"的C2B团购

**——来源：采编自互联网**

**导读** 优衣库是C2B的鼻祖，其"更多围脖，更低价格"的C2B团购被国内的微博、淘宝等引用并发挥得更加淋漓尽致。

2010年9月，优衣库的Twitter举办了一场"更多围脖，更低价格（More Tweets，Lower Price）"的C2B秒杀团购。

这一场C2B秒杀团购的目的是配合优衣库英国购物网站重新上线。Lucky Counter是这一C2B团购的活动网站，优衣库在上面展示了10款服装，每一

款服装限量100件，作为秒杀团购的标的物。在9月9日英国购物网站上线之前，优衣库的Twitter粉丝如果在Lucky Counter网站点击一款服装，网站就会帮他写上一段文字（或者让他自己写上他想说的话），点击“Tweet”按钮发送，之后Lucky Counter就会提示“在你的努力之下，价格又下降了”。对优衣库的粉丝们来说，每Tweet一次他心仪的衣服，这件衣服就会降一次价格，它的价格可以一直降到最低的三三折。Lucky Counter网站会告诉粉丝这件衣服目前有多少条微博，折扣是多少。

动一次鼠标就可以让自己心仪的衣服降一次价格，这一“更多围脖，更低价格”的秒杀活动激起了许许多多的粉丝的热情，优衣库甚至允许同一账户的粉丝反复进行点击，他们的每一条微博都在Twitter上吸引了大量的围观者和参加者，到最后，不少的衣服都被秒杀的粉丝点击降到了最低的三三折。所有参加了“更多围脖，更低价格”秒杀的Twitter粉丝都有机会在邮箱里收到优衣库的优惠码，在优衣库英国购物网站上线的当天，粉丝可以用优惠码以被他们降到最低的折扣购买自己当时心仪的衣服；优衣库对每款服装限量提供100件，它对没有获得折扣优惠码的粉丝也有回报，优衣库在每六条微博当中产生一位幸运粉丝，送出其他的奖品。

**点评** 关于定价，在4C时代已经不再是品牌的定价问题，而是消费者定价的问题。消费者在参与和体验过程中，进行定价和预购的C2B动作，让品牌的模式更加多变和即时。

# 社交对话与虚拟自我

粉丝互动和参与的核心是社交对话，社交对话中隐藏着大量的信息和数据。粉丝在品牌社群中的社会归属感和身份认同，实际上就是一种虚拟自我的实现。

## 社交对话

对话是双方或者多方彼此间交换信息的一个过程，是指人们之间进行信息及思想的传播，它也是建立粉丝信任的一对一的有效途径。

微信团队一直低调地表示微信很简单，简单到就是对话。如果从人的现实生活来看，社交的核心是交谈，口才好的人的社交圈子就比较大，相反，口才差的人，其社交圈子相对会很小。如果再从商业角度来看，最伟大的销售员的口才往往都是最好的；MBA商科里的推销教材强调有效沟通是销售的关键；最受欢迎的销售方法SPIN（顾问式销售技巧）也强调销售时说话技巧的关键；还有火爆不衰的电话销售，更是强调说话技巧在电话销售中的核心价值。

由此可见，对话是最简单的，也是最关键的，同时也是最复杂的沟通方式。

现在已经有多方势力在尝试和鼓吹微信电子商务，对此我一直不太看好，除了前面所提到的互惠关系的问题，还因为电子商务首先需要进入商城页面，然后再通过微支付形成购买，消费者的购买是有一定过程的，这个购买过程有一定周期，不一定全部都在一个时间点或渠道上完成。比如消费者对产品的知晓是通过电视，了解是通过谷歌搜索，点击和比较才可能通过电子商城，支付还需要跳转到支付宝或电子银行，这些环节分不同阶段，也可能分不同时间。在微信上挂一个电子商城的网页或者产品网页，即使打通微支付，也很难形成有效的直接购买。

对于电子商务的消费者而言，大致可以分为：已经有需求来浏览的、已经有具体购物需求的、想买东西但是没有具体需求的，以及纯粹逛逛的几种类型。但是平台的页面及其跳转只能实现静态展示和展示的切换，而不能解决消费者的动态变化。

但是，微信可以解决销售过程中最关键，也是最缺乏的一个因素，这就是对话！在对话中，商家可以进行交互索引，引导客户进入适合的品类目录；也可以进行对话搜索，通过语义分析进行智能匹配搜索，从而可以一边同消费者对话，一边输出合适产品的图文链接；还可以通过预置的销售说话技巧进行导购，了解消费者的需求，并产生标签，然后在合适的时机转接到人工店小二那里，进行最后的促购或逼定。

当然，商家还可以通过说话技巧的机制，邀请好友进行评价和分享，或者邀请好友进来团购。在基于对话的基础上，商家可以进行社交，包括品牌与消费者的社交、品牌的粉丝与消费者的社交、同时购买或分享的消费者的社交、消费者自己与好友一起逛店购物的社交等，最终基于对话形成消费数据和行为特征的聚合，作为实时促销的触发因素。

对话可以实现品牌与粉丝的互动，也可以推动粉丝向互惠关系的转化，下图显示了这种通过对话向互惠关系转化的模式：

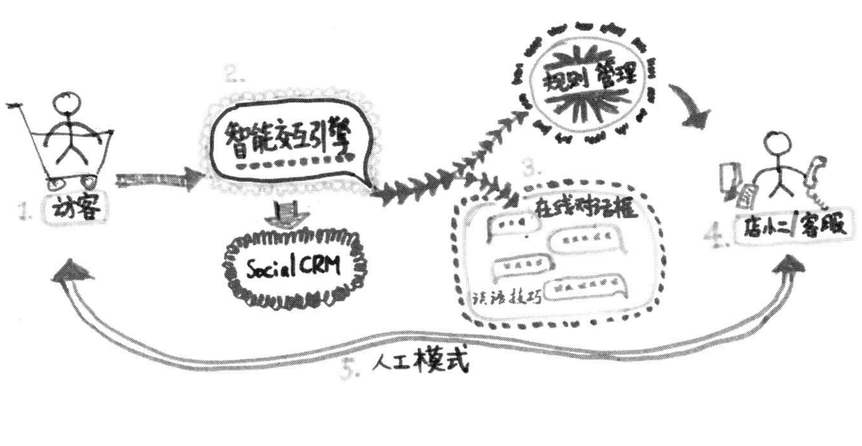


图5-2 社交对话

可能很多人会怀疑对话在销售过程中的价值，但是真正在一线卖过商品的老销售自然清楚销售时说话技巧的重要性。电子商务也是一样，国外专门有一种Upsell销售说话技巧（追加销售），对电子商务网站的业绩有很大提升空间。其实，电子商务网站也是一样，沟通能力强的店小二就会比沟通能力弱的店小二的业绩高出很多。

如果每个行业都能将其销售经验总结为销售说话技巧的模板，同时进行业务情景和节点的设计，并设计成熟的知识库进行智能代理，最后在关键时刻设计人工促进，那么这是可以极大地提升销售成功率的。

## 案例49 美国糖业协会吸引妈妈粉丝

**——来源：采编自互联网**

**导读** 美国糖业协会的官方微博和Facebook通过对话和评论，吸引了众多目标群体：妈妈粉丝。

2011年5月，美国糖业协会的官方微博和Facebook举行了每周一次的粉丝评论抽奖活动，从而吸引了许多妈妈粉丝。

美国糖业协会的主旨是促进消费者对于纯天然糖的更多认知，它的目标受众是25~47岁的妈妈，这些妈妈们掌握整个家庭的营养标准，对健康、营养和食品有浓厚的兴趣。对糖业协会来说，社会化媒体是一种近乎完美的推广工具，但它的“官微”和Facebook在2011年年初，只有不到200个追随者。该协会主席兼首席执行官安德鲁·布里斯科（Andrew Briscoe）认为，“我们需要做一些事情，除了增加我们的追随者，还要确保我们的受众是真正对我们的内容感兴趣，并会参与对话的人”。从2011年5月12日到8月11日，美国糖业协会每周一次的粉丝评论抽奖活动一共持续了12个星期，它把价值200美元的维萨食品支付卡作为每周抽奖的奖品，凡是“赞”了糖业协会的Facebook主页或者回应了它的官方微博的粉丝，都有机会抽到奖品，跟奖品一起寄出的还有关于健康和食品营养的资料。除此之外，它每周还设有一个500美元的特别大奖，大奖获得者可以在维萨支付卡、笔记本或平板电脑三个奖品当中选择。

这一活动开始的前两个星期，美国糖业协会用200美元在Facebook主页投放广告，然后用官方微博和Facebook持续公布包括最新获奖者名单的抽奖信息。糖业协会把活动产生的流量都吸引到其Facebook的顾客栏和另外一个关于这次活动的专门按钮之上，它邀请粉丝点击这一栏目或者按钮，然后使其邀请好友也来参加活动；点击者每发送一个好友邀请可以再获得一次抽奖机会，他们还可以通过顾客栏和活动按钮在粉丝墙发布他（她）参加了抽奖并且邀请了好友的信息。

在这次活动中，美国糖业协会最后一共获得了7899个Facebook的“赞”，1035次Twitter的回应。有67%的活动参加者都点击了它的Facebook的顾客栏和活动按钮，这些点击者一共发出了3100个邀请，有8.38%的被邀请者参加了它的粉丝抽奖活动。通过这次活动，美国糖业协会的Facebook粉丝和Twitter粉丝分别增加了7899个和1035个，而它之前只有176个和167个，电子邮件用户也增加了3395名，而原先只有923名；在这些增加者当中，有73%是女性。

**点评**　针对目标受众开展有针对性的对话，从而吸引目标粉丝来进行评论和赞，这就是通过社交对话形成精准的目标受众定位，这是品牌所需要学习的。

## 虚拟自我

### 社群中的虚拟自我

“虚拟自我”（virtual self）是自我利用技术手段在虚拟空间中的存在方式、状态及体验。在现阶段，虚拟自我更多的是指人们以互联网为技术手段建构的自我。虚拟自我的产生与人的本质欲望和内心的深刻需求息息相关。人们在虚拟空间中的探求其实就是对自我的一种探求，是一种对生命本质意义的追问。

粉丝所参与的基于社交网络的品牌社群，实际上就是一种虚拟社群，它是虚拟自我的群体性的存在，是社交网络技术手段下抽象的人的联合体。在虚拟社群中，粉丝们依据自我和团体之间的关系来定义自我，并进行具有团体倾向的自我呈现与建构。

虚拟的品牌社群成为了人们在网络空间聚集的基本形式，是由一个又一个有着某种共同身份的“角色”集合而成的。个体自我在虚拟社群中承担着不同的角色。粉丝的自我呈现是由自定的网络名称或代号、签名档的内容、角色的扮演以及交流中的自我表达所规定，个体成员的虚拟身份在长时间的交流中不断调整，发展为与社群特征相适应的身份特征，使自己获得“集体自我”的对应感，并实现身份的确认。

“在真实生活空间中的社群中关系联结越少的时候，人们对其的需求也更为强烈，虚拟社群的关系展现了更多的可能性。”在虚拟社群交流中，新技术并不改变交流的实质，它只能增减一些交流的形式。虚拟社群可以突破地域与身份的限制，并克服成员身体的缺席，所以，虚拟社群更能凸显社会交往和关系的本质。虚拟社群为虚拟自我建构中的个体自我、关系自我、集体自我提供了新的框架性的结构。

虚拟自我的呈现与建构是对于技术和互动手段的利用，持续长久的利用使虚拟自我可以更为彻底地追求自我统一性及连续性的感觉，获得在虚拟社会的认同

（digital social identity）。“虚拟社群产生于人的本质需求与科技的深刻互动。”在原始社会，人类因为实际生存的需要而选择了群居。在网络虚拟世界中，源自于人本身的孤独感依然宿命般地存在着，人类还将群居下去。只是这种群居离开了时空的局限，并且越来越与生产协作脱离开来，借助新的技术的发展，来到了一个新的层面——虚拟社群。人们通过虚拟社群交换信息并生活在其中，当这些交流与现实生活的界限越来越模糊时，一个个“虚拟自我的建构与呈现”正是人的本质需求与科技更为深刻的互动。

### 虚拟自我的智能代理

在微信上，企业可以有公众号和智能交互规则，那么我们个人可以有什么呢？微信给了我们一个启发：随着机器学习和大数据的发展，基于数据模型而进行智能学习的“人”成为可能，这个“人”正是一个虚拟自我，类似于个人微信号的智能代理，或者社交信任代理。

人的信息存在一个agent（代理），企业的营销沟通平台也存在一个agent，所以相当于四个变化：人与企业的面对面沟通，人与企业营销平台的agent（智能的信息整合体，可以称之为企业的IM Bot），人的agent（个人的智能的信息整合体，我称之为人的IM Bot）与企业的沟通，人的agent与企业营销平台的agent的沟通。在这个变化中，Bot将成为一个虚拟的人的化身和虚拟社会网络与现实网络的出入口。

对于消费者而言，随着许可增加也会逐渐形成海量的信息，因此进行入口索引也成为关键，但个体的入口索引一般可以采用智能代理（Smart Agent）的形式，通过个人信息智能代理，来收听所有订阅的消息，也可以按照个人的授权设置进行信息的搜寻和索取，并对这些消息进行分类。

在此情景下，企业对消费者的促销或者推送信息，可以先推送到个人的智能代理商，消费者在合适的时间登录，根据需要从代理那里获取信息，订阅和搜寻的信息都会在那里。而企业的智能代理也可以智能地处理消费者的订阅和退订，对消费者的标签分类，并进行自动的差异化营销，然后再根据个人的标签和分类进行个性化消息的设计和发送。

机器人是不是可以自我学习？它可以智能学习吗？基于信息和自学习模式，智能代理是不是可以完全模拟一个个体？这些问题就像一个人与机器的科幻课题。

但不可否认的是，我们可以基于大量的信息和数据，建立个体的消费模型、生命模型、许可模型和关系模型。只是我们需要考虑的是，个体是如何通过直接的人际关系互相影响的？而个体的智能代理Bot是否可以实现这样的人际影响？同时，在某一个决定上，是谁影响了谁？人是决策者还是Bot是决策者？或者，哪些因素塑造了“影响者”？

对于这些问题，微信Bot已经证明其是可行的，比如垂直行业的智能机器人已经面世，它们可以进行咨询、体验、预约、订单等业务处理，甚至可以进行差不多有点儿智商的人机对话。何况，还有类似语音提醒、搜狗语音助手等Bot，难道我们能够否认这种已经在路上的智能代理吗？

如果从企业应用角度出发，在微信或易信呼叫中心，可以首先通过虚拟客服坐席交互，即通过微信机器人进行自助服务和智能问答服务。当出现机器人不能解决的问题或者客户体验开始下降的时候，再智能地切换到人工坐席服务。

如果从消费者的体验角度出发，由于消费者已经厌烦了直接推送的营销广告，智能代理可以在对话中结合当前谈论的话题，或者消费者感兴趣的标签，推送出产品内容和链接，它的点击率可能远远高于那些推送广告和电子邮件列表。因为这些内容不仅是基于当前讨论的话题进行相关性触发的，而且还是由消费者自己决定要不要去点击的。此外，消费者往往对此类推荐更具有冲动和临时信任。

在当下社会，我们每个人都越来越忙碌，这就更需要一个小秘书。而随着社交网络越来越与现实社会关系融合，个人的智能代理就成为可能性。它可以预置我们设定的规则，并能够学习我们在社交过程中的特征、喜好和习惯，然后进行信息过滤、整理和建立索引，并提醒和排程，还可以替你进行日常的问候和致谢等。

企业智能代理

对于企业，智能交互式代理也可以称为机器人，它通过即时通讯（IM）或者MSIM进行服务。智能代理是通过微博、微信或其他文本信息服务——比如webIM（及时消息系统）、Live Chat（及时语）等——与消费者进行交互，智能代理Bot最主要的目的是从事简单和标准化的工作，实现智能代理下的自助服务。

比如医疗的Bot，可以实现远程会诊，即患者通过微信进行预约，医生Bot会询问症状描述，然后指导患者发送照片、语音和视频。当需要医师人工交互诊断时，它会呼叫医师过来，然后开具电子处方。此外，它还会进行服药提醒，甚至有复检到期提醒和康复回访等服务。

我们还可以想象那些微信的出租车预约Bot、微信一小时快送服务Bot等，它可以让那种冷冰冰的菜单交互变得更加智能和人性化。比如还有理赔智能代理，可以和消费者通过微信或微博私信进行交互对话，当消费者有小额特定的保险理赔时，它就可以在对话中快速实现自助理赔代理。

当然，企业智能代理最好能够建立一个卡通或者拟人化的形象，因为这样可以有效地建立消费者与智能代理进行对话的接受程度，既让客户意识到是在与智能代理对象联系，又能够减弱那种和机器人对话的冷冰冰的体验。

企业智能代理的核心是运营知识库和业务规则，以及智能算法和分词库。对初期的客户服务，企业智能代理主要依赖于知识库和分词库；对后期的核心业务，企业智能代理则主要依赖于业务规则和智能算法。

对于一个行业而言，现在存在一个垂直服务的机会。行业服务商或核心系统运营商，可以借助智能代理部署和运营，建立起统一的行业智能代理模式，并批量生产可定制化的机器人，从而代替整个行业内的核心业务和人工处理的事情，形成标准化和量化的业务管道。

行业智能代理的业务模式为管道流量，即基于通道（比如微信、微博、短信等）建立起核心业务运营的管道，在管道中根据处理流量或处理次数进行收费。同时，在运用管道的过程中，可以进行业务信息采集和建立索引体系，对消费者的需求信息、对话信息和业务信息进行结构化处理，形成行业大数据的基础。

在管道流量的基础上，还可以衍生出行业智能代理的代运营服务，即在智能代理之外还提供标准化和规模化的转人工服务。由于行业的业务规则和核心算法、知识库等都已经提炼成功，并不断完善，因此人工坐席的服务也可以趋向于标准化和规模化，从而降低成本，提高服务效率和顾客满意度。

从这个角度来讲，只要有信息的地方，就可以有机器人，它可以进行机器学习，也可以进行自学习，最终它吞吐的信息将成为结构化和有序的大数据。

## 案例50 可口可乐用“3D Mini Me”再造粉丝的虚拟自我

**导读** 可口可乐用3D打印模型来制造粉丝的虚拟自我，粉丝面对一个3D打印的Mini Me，会忍不住在社交媒体上进行分享与传播。

小贴士

案例内容请在公众号回复“3D打印”详阅。

## 案例51　网页+手机+社交媒体+数字营销=星巴克的转型

**导读**　在当今的数字化时代，传统产业备受挑战，似乎已经不能适应当代社会的发展，转型迫在眉睫。看星巴克是如何将传统的零售业打造成现代“科技范”的公司，就会知道传统企业转型的急迫性了。

小贴士

案例内容请在公众号回复“数字星巴克”详阅。

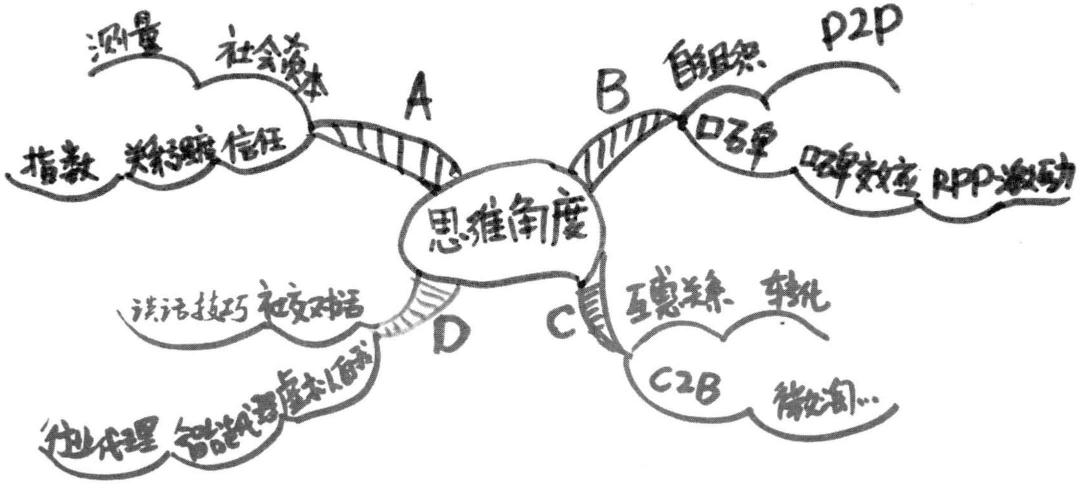


重构粉丝经济的四大思维角度

第6章

# 粉丝经济的四个新思维

企业的粉丝经济构建，没有任何可以借鉴的经验和案例，传统的运营管理、客户管理、会员积分、数据分析等将面临新的挑战，因为如今的消费者已经成为社交粉丝，粉丝经济的构建就意味着我们要有新的思维模式和思考方向，而这些都不拘泥于旧思维的创新尝试和探索。

## Social CRM

互联网、社交网络和移动智能手机给我们带来了巨大的变化，彻底改变了企业和消费者之间的关系。因此，企业需要关注“做什么”，而不是“用什么来做”，比如对于微博和微信这两个平台，企业首先要做好规划，然后再选择不同的渠道进行个性化营销，而不是盲目地纠结于是该使用微博还是微信。

在这个客户和粉丝主导的新媒体时代，移动互联网和社交网络让粉丝有了更多的选择和更大的权利，尤其是融合了移动互联网和社交网络的智能手机，更是让粉丝取得了前所未有的控制权，可以说，现在已经进入了前所未有的Social CRM的世界。

## 核心本质

### CRM的误区

要了解Social CRM，首先要从CRM的本质入手。这两年CRM又开始火爆，越来越多的人在谈CRM，但很可惜的是，大部分人说的CRM其实已经不是CRM！这绝非危言耸听，现在的CRM离真正的CRM其实越来越远。

CRM的核心是站在客户的角度思考每一件事情和每一个问题，或者说是由客户来驱动每一件事情和每一个问题。

CRM的第一要素是让客户驱动，站在客户的角度思考问题。

CRM的第二要素是客户细分，要基于客户的级别、类别和群体，来对其进行差异化和个性化。

CRM的第三要素是聆听和学习。在社交网络中，如果想进步，就要不断地聆听、学习、参与和互动。

CRM的第四要素是客户体验，要通过个性化、人性化的交互来传递给客户更好的体验。

CRM的第五要素是要对企业的评估标准进行变革，传统的销量、市场份额、品牌知晓度等标准，要让位于客户的社会资本，包括客户信任、客户关系强度、客户活跃度、客户平均贡献等标准。

传统的CRM一般基于客户细分来进行差异化，而客户细分的终极目标是一对一，也就是每个人都是一个细分群，这又很难获得技术上的支持。但是，在以个体粉丝为主导的社交网络中，就可以实现一对一的细分，而且可以在每一个实时的客户交互点上，进行信息的采集和响应。

现在的CRM逐渐要转变为CMR，也就是从客户关系管理转变为客户管理关系。所谓客户管理关系，就是你要让客户知道你在哪里，并且让他们主动来联系你。在这种情况下，当你及时地将相关的产品服务或者资讯告诉他们时，他们就会积极响应。这实际上是在强调：跟粉丝打交道，最核心的是信任。想想我们日常的人际交往，信任是我们的第一要素，没有信任就没有交互。信任是靠持续的交互、沟通和互惠互利建立起来的。而且即使你已经获得了对方的信任，仍然要诚实和礼貌，因为一旦信任被破坏了，就很难重建。

说到底，品牌要成为一个粉丝的企业，要由粉丝的需求来驱动，因粉丝而生产和传播。这样你就可以随时随地连接粉丝，或者粉丝可以随时随地连接你，甚至于品牌和粉丝都可以在一个社区或者社群里面密不可分，浑然天成。此时，你会忘记这个企业原来的所有者，而只记得现在是粉丝的。

## Social CRM运营体系

Social CRM突破了传统CRM的以客户为中心的概念，而是开始以粉丝为驱动，以社群为中心，以信任关系为核心，以参与和互动为主要手段。这意味着企业要转变为消费者的企业，要使品牌通过多种渠道连接消费者，并要求其社交网络和物联网络不断采集大数据。

这种变化，对于大部分人而言很难接受，但它确实又是存在的。所以，企业的问题，不在于Social CRM是什么或者怎么实施。最关键的是管理者怎么想。在传统的组织结构、习惯和既得利益面前，破冰很难顺利进行，尤其是通过消费者进行自下而上式的颠覆。

Social CRM的核心是信任关系，整个系统也会基于消费者的信任管道来展开，对于消费者和粉丝在跨渠道上产生的数据，尤其是社交大数据，系统要进行实时的管理和响应，从而实现“客厅—圈子—社区—社群”的交互发展，最终形成一个复杂而统一的品牌社群。

在这里，消费者是产生内容、消费内容的人，而以前的商品现在成为了资源、礼品和赠品等，传统线下的终端店不再只是销售终端，而是开始充当体验中心、活动中心和异地接待中心等角色。随之消费者带来的价值更多的是社会资本和口碑推荐。

运营体系

Social CRM的体系与传统CRM体系不太一样，主要体现在以下几部分：

1. 跨屏幕和跨媒体：

跨屏幕（传统电视、计算机、手机）和跨媒体渠道（传统媒体、短信电话、微博微信、SNS等）的互动与沟通计划，可以将微博、微信和QQ空间等回归到渠道的本质。

2. Social凭证

通过点、券、码实现经济交换和社会交换之间的社交凭证的管理。点，对应积分和虚拟货币，可以交换、信贷和转让；券是促销活动和权益的凭证，可以发放、接收和使用，甚至转让、买卖等；二维码作为整个平台的识别核心组件，将完成识别个人、产品、商户和活动等任务。识别个人，主要指消费者用微信二维码作为会员卡识别或是进行品牌方会员注册；识别活动，则是指参与促销活动或兑奖活动时，发微信二维码作为优惠券或促销活动的识别；社交凭证的运营，包括管理、跟踪、状态、条件、动作、激活、失效、注销和完成等状态。

3. O2O运营

O2O的本质可以从互联网到线下的基础上更进一步，并结合企业的业务运营精细化，实现O2O的Point to Point，即从某个接触点/消费阶段到某个接触点/消费阶段的跳转。传统企业跟互联网企业不能比线上的流量和入口，而是要从线下的流量和入口切入。线上最大的流量是搜索，是基于位置、内容、商品的搜索；而线下最大的流量是扫码，是基于人、产品、店面、商品和活动的切换。

4. 养粉：粉丝互动与参与

养粉指通过与粉丝的对话和互动，逐步建立信任，并鼓励粉丝参与到产品服务或者粉丝活动中，培养粉丝的责任感。养粉的阵地不是通过微博、微信、线下、会员门户或者电子商城，而是通过社区或社群。微博、微信和线下等，都是粉丝互动和参与的渠道，而不是养粉的主阵地。

5. 社区/社群

这涉及客户社区和渠道社区等，也涉及品牌社群的大概念。它实际上是Social CRM的一个组成形式。大的社群对应总的粉丝，而社群中的子组织比如同城会等，是一个主题活动的对象和沟通互动的客厅。社区是自愿参与，粉丝是自组织形成的，这就像一个游戏化世界，里面会有目标：级别、任务；也会有规则：闯关、限制、激励、反馈系统；还会有团队结盟、组成社群，从而持续化成为一种粉丝的习惯。

6. 口碑推荐

社交网络上，消费者粉丝最大的价值不在于重复购买，而在于粉丝的口碑推荐，及其带来的社会资本的提升和经济交换的增加。粉丝将自己的体验分享到社交网络，他的好友接收口碑推荐，并在设定的规则或条件下使用这个口碑推荐的内容，品牌方可以同时对发送方和接收方进行激励。

### ROI与ROR

一旦涉及企业的运营，就不能回避回报的问题。在众多的演讲和咨询中，我被很多老板问及："我投在微博和微信上的营销可以带来收益，可以降低成本，可是我在微博和微信上进行信任重构和粉丝社区建设，可以有什么样的回报呢？"

达人和粉丝不是围绕交易活动的，而是围绕企业在社交媒体上与消费者之间的社交信任的重构活动的。既然是信任，那就意味着信任关系是最核心的，就不能再用传统的ROI来衡量达人粉丝模式的回报。这时候，企业不仅要考虑ROI的问题，还要考虑ROR的问题，即关系回报，特别是社会化关系的回报。

信任关系很难衡量，但并不代表它就不能衡量，就像外太空或者微观世界的物质，我们不能认知，但并不代表它们就不存在，这就需要我们去探索和定义。在社会学角度，现在已经存在对信任关系强度进行量化的模型，那么对于企业而言，衡量信任关系的回报就不存在绝对的不可能。

我们尝试着给出一个ROR衡量的公式：ROR=（相关性+相近性）×信任系数。ROR可以用此公式来衡量企业的社会化关系状况：相关性，指与产品服务的相关性，体现价值；相近性，指关系路径的距离，体现时效；信任系数为粉丝的活跃程度和信任强度。

因此，ROI是针对定量的体系，ROR是针对定性的体系，它不是去替代而是补充，或者引导企业去关注非金钱或数量可以衡量的部分，尤其是在信任关系方面。

也有人说：ROI是面子工程，是做给老板看的；ROR是社交媒体的实质，是给自己看的，用于了解营销的真实效果。

ROI的关键是跟踪潜在客户转化率，而不是衡量最直接的生产收入的比例。客户终身价值（CLV）是收入，客户开发成本（CPA）是会花费多少钱获得一个新的客户，当你将线索转化为客户的时候，你就获得了明显的、实际意义的投资回报率。

所以，对社交网络中的达人和粉丝社群，不是衡量能卖多少产品或服务，而是要看信任关系的强弱和内容的相关性和相近性。没有正确的衡量方式，很难真正地做好达人粉丝模式。

## 案例52 魅族：信任的力量

**导读** 在模仿中渐渐抹去别人的痕迹，通过精准捕捉本土消费需求，在产品及商业模式等方面做出一些创新，倾听粉丝声音并建立起粉丝的信任，魅族依靠粉丝的力量铿锵前行。

小贴士

案例内容请在公众号回复“魅族信任”详阅。

## 社群思维

未来的商业一定离不开社群，无论是社区营销还是粉丝经济，本质都是社群经济。社群经济建立在粉丝自发组织的社区平台，也可能建立在融合了多个粉丝社区或者品牌社群的小社会/社区营销体系。在其间会产生社会资本、经济交换和商业运营等内容。

### 一切皆可为粉丝社群

一说到粉丝社群，很多人就容易想到BBS论坛，因为目前一些企业的粉丝俱乐部都是基于论坛扩展的。其实，社群与论坛的区别还是比较大的。社群以人为本，是围绕人打造的互动和关系维护的体系；而论坛则以帖子（内容）为本，是围绕帖子的类型和主题进行聚合和组织的体系。另外，论坛是就事论事，因帖子而起，因帖子而终，看重的是事儿；而社群是因粉丝而起，聚合人的内容和关系，让粉丝进行持续互动，看重的是信任关系。

粉丝并不一定就只是消费者，还可以是企业内部员工或合作伙伴的员工。因此，粉丝社区也可以包括消费者社区、合作伙伴社区和企业内部社区，等等。

消费者支持的论坛是一张面向普遍大众消费者的社交网络，如果企业有一个相对稳定的用户群，那么就可以建立一个真正的社区，比如VIP会员社区，这是很有必要的投资。

对于企业而言，可能有些活动是面向大众消费者的，有些活动是面向部分特定客户的，而这些特定客户又是相对稳定的群体，你需要对你的品牌、产品或者服务有针对性地进行强化和差异化，还需要创建一个特定的客户社区。而且，通过特定的客户社区的准入协议，就可以与客户在某些方面达成共识，比如信息采集与应用等。

客户在客户社区中的建议、投诉等可以暂时在社区范围内传播，而不是在社交网络上公开传播，这对企业是很有利的一点。但是问题在于，企业可以用什么样的资源和价值吸引消费者进入客户社区而不是公开的社交网络呢?

所以，企业需要有一个前瞻性的计划，再去启动其他方案，否则会因为准备不足而造成对消费者或者受众的伤害。

客户社区可以进一步想象为每个业务的接触点，可以连接企业的业务数据，并加以利用的多功能的社区平台，在这里可以创建吸引客户的社区销售、服务、市场营销或任何粉丝想要的内容。如今这个时代，消费者越来越主动，他们希望与最喜欢的供应商和其他消费者分享经验，以及从任何移动设备上便捷地访问资源。

企业需要深化社交网络上的客户关系，了解快速变化的客户需求，并且直接将业务流程与客户连接，而客户社区的建立是为了解决这些需求。客户社区超越了门户网站的概念，加入了社会协作、品牌推广、内容建议和移动接入，同时保留了企业的安全性和业务流程的无缝集成。

一般而言，一个客户社区需要结合社交网络的力量与移动终端的参与，作为一个网上协作平台，它可以充分实现员工、客户、合作伙伴、供应商和分销商之间的合作。企业组织可以创建完全品牌化的公共或私人的社区，让参与其中的成员彼此直接连接，以及分享相关内容、数据和业务流程。

客户社区的一个关键功能就是自助服务，企业可以通过社区提供一系列专业的客户服务经验，甚至可以为客户提供付费支持计划，最终实现更快的响应时间和更高的客户满意度。

客户社区还可以参与到市场营销中，通过平台渠道进行营销推广和活动管理，使品牌传播以社区的方式进行驱动和加强，同时企业还可以基于社区凝聚员工、专家和外部机构的知识，实现更高的转化率和回报率。

客户社区可以提供丰富的协作、移动接入和统一的品牌传播，除了服务社区，类似的合作伙伴社区也可以提供更强大的业务流程的协作关系，以及基于角色的不同组织团队进行数据的共享等。而更高一层的协作是，合作伙伴社区为合作伙伴提供更多的可访问的业务数据，让整个客户社区更具有伸缩性。

与传统的门户网站相比，客户社区可以实现更多的增量效益：

1. 社会协作成员可以互动，通过合作的目标和形式组来获取他们的利益；

2. 公司可以设计自己的社区，以满足品牌和网站的外观和感觉；

3. 会员可以创建和协作更社会化的业务流程，实现社交网络支撑下的新的销售转化和营销活动流程；

4. 移动性，会员可以随时随地从任何移动设备访问社区。

## 社群——社交关系的商业价值载体

社交客户关系管理是基于客户关系管理（Customer Relationship Management）和社交网络（Social Networks）而发展的。粉丝经济需要考虑的是社交网络中能够产生商业价值的主要载体——社群（Community）。

### 终极目标是价值而不是娱乐

社交网络从娱乐起步，其最初的主题大多数是交友。六度理论强调，人与人之间的链路不超过6个人，但这种以个体娱乐为起点的模式的价值前景不明。

Social CRM从商业起步，其最初的主题是将每个人的社会关系形成网络，最终为个人或企业不同程度地共享所用，即关系网。关系网开始强调将个人的社会关系与企业或者组织结合在一起，创造社会价值或者商业价值。

在娱乐性的社交网络中，社群即俱乐部，是一个新进入的网络人在没有接触点的时候，首次寻找到的与自己相近的群体，通过这个具有共同爱好的群体，展开自己的交友链路。而Social CRM的社群是娱乐和价值的结合体，它有效地整合了多个角度的资源，从而能够更多地体现价值而不是娱乐。营销的目的是吸引和保留客户，而社群是吸引和保留住受众的最佳平台之一。社群的内容可能是娱乐的，但其结果是不断吸引新的受众和保留老的受众，从而体现信任关系的商业价值。

### 商业价值模式

Social CRM在关系网的层次是强调一对一的，即作为一个起点无论是搜人还是搜公司，终点也是一个，这种定位过程是精确的而不是模糊的，受众也是一个点。但在一对一的模式中，有一个最大的问题，就是很多企业或者个人并不知道需要去吸引或者影响的是哪一个点，或者本来就希望去吸引或者影响的是多个点。其实，大部分营销在吸引阶段并不会精确地知道目标受众会是谁，而且营销的目标受众大多是模糊的而非精确的。

Social CRM在社群的层次是强调一对多的，即作为一个起点影响的受众是一个社群或者多个符合营销目标的社群，这样的受众是模糊的，但可以通过一对多的模式与社群中的受众进行互动，并寻找到符合营销目标的多个个体受众，从而又回归到与个体目标受众的一对一模式中。

结合关系网和社群，Social CRM将网络受众有效地组合成一个个具有强信任关系的忠诚群体。在忠诚社群中，Social CRM的商业价值模式将会变得可以实现且易于实现。

### 网络上的客户细分

社群的分类是一个学问，这实际上是网络中的客户细分，网络上的大多数消费者都有共同的特征，比如可以将许多购买方便面的消费者细分为一个单身汉社群。

当突出娱乐性时，社群（俱乐部）的分类大多会以娱乐主题为细分要素；而当突出价值时，社群的分类一定要以网络上的需求和行为为细分要素。这也对应着客户细分的两个层次：娱乐性是以人口属性或者最简单的需求来细分不同的俱乐部，比如旅游、读书等；而价值性是以网络上的消费需求和行为来细分不同的社群，比如超级车迷、全职妈妈等。

虽然有时候这两种分类看起来是重叠的，但是其体现的内容是不一样的。比如全职妈妈社群在娱乐性方面，突出的是交流做妈妈的经验；在价值方面，突出的是对婴幼儿用品、婴幼儿咨询等商业元素的兴趣。而商业价值的体现就在社群里的商业需求和行为，只有基于价值的网络客户细分，才可以将社群变为商业价值的载体。

**社群的客户许可和忠诚度**

在一个社群里存在两个主要问题：一个是许可，一个是信任忠诚。

社群的客户许可意味着该社群中网络受众的层次是不同的，同样是在一个社群中，有的受众是完全许可，比如许可定向促销、电子邮件、分析行为等；而有的受众仅仅许可电子邮件。客户细分是多层次的，在社群分类后，还可以根据客户许可的程度和范围等方面进行有效的互动或者营销。

社交网络的信任关系和忠诚度是一个关键要素。一个受众在这个社群的时间、频度、行为以及口碑宣传等方面，直接形成了信任忠诚要素，它会影响整个社群的价值。如何有效地吸引和保留受众，并能够不断地获得和增加价值，是维系信任忠诚所必须关注的。

积分计划是社群提升受众信任关系忠诚度的有效方式之一。基于社群的积分可以超越个体受众积分的限制，比如社群积分共享、积分合并或者交换等，这比单纯的客户俱乐部有着更高层次的意义，它在于强调个体和社群的互动，能有效地提高个体受众和整个社群的信任关系忠诚。

基于社群的网络营销

社交客户关系管理，从商业价值的角度讲，就是营销，主要指社交网络中一方对另外一方或者一个社群进行影响、销售或者服务的过程。营销的范畴不仅包括产品和服务，还包括人、思想、观点和体验。

一般的营销都是先影响模糊受众，再通过与受众的互动，识别具有意向的个体受众，从而继续对其进行跟踪和影响，最终通过个体受众影响群体受众的意向。在这个过程中，建立社群是社会关系网络影响模糊受众的主要手段，而具有最终意向的群体受众又会形成一个新的社群，这个社群有着共同的需求和消费行为，极可能会产生商业价值。

建立社交关系管理的关系网和社群，需要有庞大的网络受众基础，否则对这种模糊受众进行影响的价值就很小。最适合Social CRM模式的是互联网企业或者具有大规模消费者的传统企业，它们具有庞大的网络受众或者消费者基础，可以让每一次网络营销活动轻易影响数十万、数百万人，其社群都可以超越万级、十万级的门槛。

随着现代社会越来越多的网络化，或者被网络映射，以前基于人情世故的关系也开始演变为社交网络，而这种社交网络既可以娱乐，也可以创造价值。如何有效地利用社交网络进行价值再生是一个长远的话题，基于Social CRM的社群和信任忠诚将是社交网络时代的核心发展元素之一！

## 构建企业的社区营销体系

一个企业进行社区营销，绝不仅是跟某个社区合作就可以进行的，这需要一个完整的、可跟踪的体系。在这个体系中，社区与企业的应用应该无缝地融合在一起，并在企业的社区营销策略下有效地推动企业和消费者以及消费群之间的沟通互动。

### 会员营销与社区营销

在进行社区营销的同时，企业往往会发现，利用社区来进行网络化的会员管理和会员营销是一种有效的方式。会员营销和社区营销不只是线下和线上的区别，二者在营销核心策略上是不同的。

在传统的会员营销方面，大多数企业关注的是发现和分析客户的消费倾向，从企业想卖出的产品和服务来定位客户。他们所做的会员营销活动（例如积分、激励兑奖等）只是为了提高客户的消费额，奖励客户的购物行为。很多企业的会员营销仅仅做成了一种会员卡营销，培养的只是会员对卡片的忠诚。

在社区营销，企业需要强调的是充分发挥社区的个体主动性和自发聚集性，要以单个客户作为对象，从而发现和分析客户群的需求，甚至找到个体客户需要的产品和服务，为潜在客户提供体验，使客户的生活更加舒适，从而培养起众多个体客户对品牌和关系的忠诚。

企业的社区营销架构不仅是在构建一个网络社区，而且要围绕企业的应用，将其与营销活动充分结合起来，包括企业的CRM系统、消费者门户、社区以及交易交换平台等。这个架构体系会充分融合“网络社区/SNS网络（消费者/个体）+移动电子商务（个体模式）+社区品牌体验店（实地）+Social CRM平台（企业用）+社区媒体交互终端（类似可以交互的信息终端）”，从而逐渐形成一张商业化的社会网络。

在通过众多方式与消费者进行沟通的同时，我们应该看到企业对企业（B2B）和企业对消费者（B2C）实际上都是个体对个体（C2C）的行为，即企业的个体对消费者个体。如此一来，企业营销的根本就是个体与个体进行沟通互动，而社区则成为了个体与个体沟通互动的重要阵地。

### 社区营销的基础——社群

社群，正在成为社交网络时代最具深度的个体关系的聚合。与个体的沟通对话，更需要了解社群的重要性。由具有共同兴趣的个体组合而成的社群，有助于形成一种多中心的虚拟中心感，其发展演变通常是个体自发组成的，但是企业通过对个体的细分和推动，可以对群体进行分析和推动，从而推广与企业价值吻合的社群不断扩大。

社区作为这样一个个体社群的平台，不仅存在企业与个体的互动沟通，还存在着个体之间的互动沟通，甚至多向的沟通、联系和分享体验及信息等。这个社群不仅可以是娱乐的社区，还可以成为有价值的一部分。

在这个社群（类似目前的社区）中，无论是天涯、猫扑，还是QQ，都是彰显以个体娱乐为主调的社群，群成员有共同的爱好、行为和心理，当娱乐与企业应用合二为一的时候，就开始形成一批忠诚的个体。在自发形成的社区中，个体成员互动并传播着与企业相关的内容和体验，最终成为企业的一个社会社群，从而从一个个体圈子转化为商业圈子，或者说这个个体圈子因为个体的内容和体验从而成为商业圈子。娱乐与商业本无界限，关键在于主动的是个体还是大众，商业本可以娱乐，娱乐也可以商业。

### 社会正在网络化

社会逐渐网络化已经成为不可避免的趋势，无论是虚拟人生、虚拟社区，还是游戏甚至互联网加点都带给我们巨大的冲击，越来越多的社会生活和工作都逐渐渗透到网络，这也形成了一个逐渐自发形成规模的网络社会。在这个网络时代，不仅社会在网络化，网络也在社会化。无论是社区还是虚拟人生，都在逐渐形成基于网络文化的独特的社会。

在社交网络中，个体作为一个主体成分，其意义不仅是生存或者娱乐，更多的是在社会中体现出的价值。个体在社会网络中的价值，更多的是他的关系链度、关系强度的权重价值。个体的传播度有多广？个体对社会的影响力是多大？个体是否可以成为一个媒体？个体媒体是强中心还是弱中心？虽然在日常生活中，个体只是一个平凡的人，但并不妨碍他在网络社会中成为一个有力量、有社会价值的存在。

这就是草根的力量，社区的中坚来自于草根粉丝，而不是明星。虽然强中心意味着这个个体是一个影响者，但是大多数时候流行文化是通过人际关系网络传播的，那些容易被影响的社会个体，都是被其接触到的关系网络中的个体所影响，而开始尝试进入社区网络的。所以，影响者和易受影响者，与易受影响者关系网络中的个体，都会成为影响者，而不仅是名人才有极大的影响力。也就是说，每一个人都是影响者。所以，我们可以关注是谁影响了人们，但重要的还是要关注人们怎么被影响。基于如何被影响的研究，我们可以分析出哪些是影响者，哪些是可以更有利于造成影响的结构和方法。

社区营销的核心，在于研究网络化的社会关系，把握住这个核心，会驱动多个个体成为传播的多中心，并将其无限级地传播出去。但是企业往往习惯于大众营销，通常以一个中心辐射出去营销，导致其还需要时间来适应这种看似中心化的实则多中心化的传播。

### 社区营销的未来——社会营销

社区营销，并不是简单地构建一个网络社区或者现实的社区俱乐部就可以了，而是要让个体与企业对社区营销体系能有确切的认知和认同。

目前众多的企业往往利用社区，构建属于自己的会员或潜在客户的网络社区俱乐部，进行企业会员关系管理。这就属于大体系，小切入。企业如果想获得收益，并增强继续深入的信心，就应该从实际的会员管理入手，先将其拓展为会员关系网络的营销体系，也就是以企业会员为基础，围绕潜在客户或者会员及其好友的关系网络。

但是由于每一家企业的资源是有限的，当一个行业有相关的整合力量进入的时候，可以在基于客户资源集中或者服务意识强烈的行业，建立行业的客户联盟，从而构建整个行业的社区营销，这样就能形成一种客户大联盟效应，同时又借助不同企业的核心竞争力和客户不同的定位，各自切分自己的会员关系。

在未来的理想阶段中，整个社会就是一个大的社群社会，小社会里面有众多的子社区，当一批种子企业和行业的关系体系构建起来，并让整个社会的主流个体融合进这个体系后，个体便成为中心，其他大批的企业和行业也会主动参与进来，这样就会形成一个社群网络体系化的社会，也就是社会营销体系。

## 案例53 汪星人的《狗日报》

**背景** 垂直专注在宠物狗领域，通过情感来吸引宠物汪星人，用“汪”一下来做粉丝互动，用私人定制来做服务，《狗日报》是一个典型的粉丝社群的小而美的电商案例。

《狗日报》的创始人猛小蛇（严文波），是互联网资深人员，他曾在MySpace从事互联网社区运营管理，在华为从事移动互联网运营管理，在盛大从事移动互联网创业管理。猛小蛇在2002年见证了方兴东和王俊秀共同创作和发表的《中国博客宣言》后，回家就把自己的个人网站“十八摸”改成了博客形式，这也是国内最早期的博客之一，《狗日报》就是其中的一个固定栏目。

第一期《狗日报》于2002年10月8日出版，它是猛小蛇献给第一个狗儿子严九缪（雪纳瑞）的一岁生日礼物，这一天也恰好是他的第二个狗儿子严九艾（拉布拉多）出世的日子。

《狗日报》曾经获得2004年度德国之声世界博客大赛全球唯一“最佳博客奖”，2005年由上海文汇出版社出版了同名纸质书。2013年3月7日，《狗日报》开通了微信公众号：gouribao，继续其粉丝经济的步伐。

## 《狗日报》运营现状

《狗日报》打造的是带自定义菜单的订阅号，栏目设置有：狗日报、狗知乎、狗东西。其中：

· 狗日报：资讯类，以猛小蛇充满狗情感的原创文章为主，偶尔会推荐一些与狗相关的好文章。周六是固定的“今夜我们关心汪星人”主题，周日是“今夜我们关心地球星人”。

· 狗知乎：一个微知识社区，主要是关于犬种知识以及狗狗健康的小问答。

· 狗东西：就是将来会卖的与狗相关的零售及相关用品，还包括与狗狗相关的周边产品，比如自家狗狗图案的T恤衫。

同时，《狗日报》订阅号通过与SCRM系统的对接，对粉丝进行细分，针对不同标签、圈子和属性的粉丝提供差异化、专业化的服务（care），基于此进一步打造其核心产品：私人订制的盒子（box）。

目前《狗日报》有数万粉丝，其中约80%为狗主人，20%左右为喜欢与狗相关内容的人，而这20%的读者群一旦条件成熟，也会成为狗主人。按性别看，女性粉丝接近60%；按地域分布看，粉丝基本是按经济发达情况来分布，北上广用户超过总订户的三分之一，再加上浙江、江苏接近总数的一半。《狗日报》的目标粉丝群体基本上是一线城市的有一定条件的女性。

## 汪星人的互动

作为定位明确的垂直社区类的微信公众号，《狗日报》的粉丝互动率很不错，汪星人是他们的统称。虽然运营者猛小蛇作为职业奶爸精力有限，无法保证一一回复，但粉丝依旧不断增长，其中的秘诀之一，就是根据品牌定位进行个性化的互动。

2013年平安夜，猛小蛇因参加活动无法及时更新《狗日报》公众号，就用手机录了一声狗叫向粉丝表示歉意，当作当天的公众号群发内容。当夜回到家登录公众号后台时，一看吓一跳：读者纷纷学狗叫！一小时之内，有600多人语音留言学狗叫，24小时内超过了1000人。

这一声狗叫，掀开了《狗日报》新的篇章，使其开始真正打造和形成它的粉丝社区。

## 粉丝经济的摸索

《狗日报》以前尝试过几次媒体广告，包括硬广告和植入广告等形式，但与粉丝经济还不沾边。此后，围绕狗的品牌形象，猛小蛇与吻合《狗日报》品牌的小狗电器进行了合作，在2013年光棍节为小狗电器设计了定向广告，并提供三台小狗吸尘器作为粉丝互动奖品。

《狗日报》还对粉丝数据进行了整合，它围绕粉丝进行定向数据调查，比如《关于汪星金毛人口普查启动》，猛小蛇请粉丝手写答案并拍照上传，从调查结果来看，两天内近百人回复了答案，抽样统计出金毛犬年消费数据，基本上一线城市都是万元以上，二线城市6000元左右，没有低于3600元的。这个粉丝数据直接决定了《狗日报》的狗东西的定价策略，同时类似的数据服务也可以提供给宠物用品公司加以借鉴。

圣诞节期间，《狗日报》和Emie合作，在线销售一款萨摩耶犬造型的移动电源，一周之内《狗日报》的销量超过了Emie官网一个月的销量。但也有粉丝提出：为什么不卖狗零食或者狗用品？后者才是狗的日常必需品，这些他们更感兴趣。

2014年，《狗日报》会进一步通过O2O模式和移动电商转化价值。汪星人和地球人一样，消费形态分线上线下、家里家外；商品方面，狗粮和日常用品可以在家收货；专业服务比如代遛、临时寄养接送、美容和健康等服务方面，汪星人又要到现场，等等。这些都是可以设计的O2O场景，而且通过微信二维码、DM、订制周期购、微支付等构建移动电商。

《狗日报》是一个典型的小而美的粉丝经济，但这种模式又带有深深的个人烙印，这就是其创始人猛小蛇。他爱狗如子女，而且有多家互联网公司的运营背景，这也是《狗日报》粉丝经济的一个核心基础。

## O2O新模式

很有意思的是，O2O模式虽然来自于国外，但在国内的发展远远超过国外。这是因为国外的信息比较透明，经济环境和消费信用比较成熟，O2O更多的是从线上到线下；而国内的经济环境和消费信用比较复杂，信息也不对称，零售业态更为复杂，加上从一线区域到三四线区域差异跨度很大，所以国内的O2O绝不是从线上到线下这般简单。

大家会发现，除了从线上到线下，很多企业开始从线下到线上，但无论是何种方式，最后消费者都会感觉到客户体验的缺失。那么，企业如何实现远离价格这个敏感问题，而提供更好的客户体验的O2O模式呢？

### 核心本质

国内O2O的发展可以简单地分为以下几种模式：

· 信息点评类，如携程、大众点评网为中国最早的O2O 模式；
· 导航导流类，如地图导航、垂直网站、生活导航和优惠模式；
· 支付类，如团购、支付、预付、预约、点卡券模式；
· 二维码类，如产品二维码、品牌二维码和促销二维码模式。

这四类O2O有个共同的缺点：它们都是信息的传播，或者是信息和物的传播，而缺少人的传播，缺少人就意味着缺少了客户体验，没有人和客户体验的O2O实际上是一种静态的O2O，没有生命力。要考虑人和客户体验，就要考虑消费者的消费状态、生命周期阶段、接触点等过程，比如消费者在结账时看到桌上有二维码，他扫了之后就能打八折，这实际上是在同一个接触点上的同一个消费阶段，毫无意义。而如果从消费阶段或者接触点出发，就可以在消费者结账时打印出来的水单上设计个二维码，让他们扫描并在朋友圈分享此次的交易，如果截图回复公众号就可以获得××元现金券，这就是从一个交易到口碑分享的阶段变化，也是从线下交易的接触点跳转到线上分享的接触点，这就很有意义。

也有很多企业认为O2O的核心就是二维码，从而为了二维码而二维码。其实，O2O的核心是企业基于品类管理的数字化和营运能力的精细化，而实现电子商务或O2O的实时促销。

比如餐饮企业的O2O如果不涉及具体的菜品就毫无意义。如果我们到每个餐饮企业的餐前会上听听，所有的促销、推荐和任务都是跟具体菜品结合的，比如中午两条苏眉鱼要尽快推销出去，增加××菜品的推荐，对老年人群主推××菜品，以及对部分客户进行新品赠送等，而如果能将这些设计到不同的O2O活动中，才是真正与餐饮企业的具体运营相结合，企业才可能愿意付费和主动应用。

企业实行品类数字化，就要求每一项服务或产品都有数字凭证，信息和数据都要实现网络化，而且还要管理物与物之间的关联关系。运营能力的精细化，就意味着对商品、服务、价格、促销、人员、渠道等内容进行精细化管理，然后才可以在O2O中对各种细分后的元素进行组合，形成真正的O2O实时促销。

O2O的“to”的传播本质可以从三个阶段来剖析，即信息—物—人。第一阶段是信息的传播，包括：点评、产品、导航、时间、空间和价格等信息；第二阶段是物的传播，包括：产品、卡片、券以及“信息 + 物”的融合；第三阶段是人的传播，包括：人的消费状态、消费阶段、接触点、关系强度以及“信息 + 物 + 人”的融合。而只有第三阶段，才是真正体现客户体验的O2O，前两阶段大多是围绕信息对称和价格的O2O。

## 新模式实战

企业实现O2O新模式不是一天两天就可以完成的，从汉拓科技目前参与规划和部署的O2O 项目中，可以总结出4个实战步骤：

**·020基础阶段**

门店数字化

订单数字化

导购数字化

库存数字化

供应链融合

会员融合

促销融合

**·精细化运营阶段**

客户分级分类

产品分级分类

服务分级分类

权益分级分类

渠道分级分类

人员分级分类

- **客户体验阶段**

客户接触点

消费状态

生命周期

个性化需求

现场体验

- **口碑推荐阶段**

体验内容

口碑内容

粉丝自媒体

推荐动作

O2O的“O”已经不单纯是“Offline”to“Online”，可以是“point”to“point”，也可以是“Open”to“Open”。相对于当前比较简单的扫码或者卡券的O2O而言，只有结合客户接触点、客户生命周期阶段和消费状态分析，并能够从交易价值延伸到信任关系，进一步结合客户生活方式分析，或者结合联合品牌或者联盟商家，设计的O2O情景才是真正深入企业运营的O2O，而那大多是结合了发起、传播、接收和使用（转化）的多个点的情景，未来或许我们可以称之为“O2O2.0”。

## 案例54 苏宁O2O

**导读** 苏宁是中国商业的领先者，是中国最大的零售企业，有近2000家店面。苏宁在2013年3月改名为苏宁云商，同时调整了相关的组织架构，此举主要是让公司进行战略转型，并提出了以“O2O购物节”为起点的O2O模式。

小贴士

案例内容请在公众号回复“苏宁020”详阅。

## 自媒体

智库百科对“自媒体”的定义是：“自媒体是指私人化、平民化、普泛化、自主化的传播者，它是以现代化、电子化的手段，向不特定的大多数或者特定的单个人传递规范性及非规范性信息的新媒体的总称，也叫‘个人媒体’。”自媒体包括BBS（电子布告栏系统），Blog（博客），Podcasting（播客），Group Message（手机群发）等。

美国新闻学会的媒体中心于2003年7月出版了由谢因波曼与克里斯·威理斯两位联合提出的“WeMedia（自媒体）”研究报告，里面对自媒体下了一个十分严谨的定义：“自媒体是普通大众经由数字科技强化、与全球知识体系相连之后，一种开始理解普通大众如何提供与分享他们本身的事实、他们本身的新闻的途径。”

到现在为止，自媒体可能还要加上微博、微信订阅号、来往公众号、新闻客户端等新的渠道。那么，在这些新的自媒体面前，企业如何进行有效的利用呢？之前那种品牌广播的模式是不是要颠覆呢？

## 品牌自媒体

在当前个体主导和消费者声音为主的时代，企业的品牌媒体该如何定位：是继续由品牌主导和控制传播，还是由消费者发声？消费者的声音有好的也有坏的，负面声音怎么办？面对负面的声音，企业是逃避还是严防？

传统企业的市场营销部门进行的传播和广告，都强调以品牌为主导，以“推”的形式进行品牌传播，这在网络时代已经很难调动起消费者的关注和参与，而且显得冷冰冰的。如何才能让一个企业的品牌故事更加具有人性化、个性化和鲜活的调性？

现在的企业品牌面临的，不再是传统媒介，而是以人为本的社交媒体和以智能终端为介质的移动互联网，其具有反传统的碎片化、移动化和社交化的特点，而且即时即地发生，时间和空间的特征也迥然不同。在这个时候，如果企业还是通过传统的传播流程、传播规范、审批发布模式和企业发言人机制的方式来进行品牌传播，就不能适应这种新媒体的节奏。

什么样的模式和组织结构更适合新媒体的节奏呢？或许，企业的品牌要考虑放权，不再是大一统的集权决策，而是下放到体现某个品牌特性或者主题的小团队，甚至是员工个人，由他们形成全员参与的新媒体，建立更具个性化和更鲜活的品牌形象。当然，这样做很难控制，容易有风险，但是固守和僵硬只会让品牌在新媒体中越来越像一只笨拙的大象，最终被消费者遗忘。

全员参与，是以不同的个体角色或者团队出现，这种品牌自媒体需要一种扁平化的协作机制。从高管到主题小团队，再到员工个人，形成一个品牌自媒体的梯队，并能够分别从不同的维度去阐述一个共同的品牌故事，描绘一种共同的生活方式，又把自己所有的具有人性化、个性化的内容充分地发挥出来。这样的品牌自媒体组合是可以在浩渺的新媒体中，让企业的品牌发出自己的声音的，企业可以用这种个性化、中性的声音中和或淹没一些不和谐的声音。

品牌自媒体不能只依靠品牌部门的策划团队，团队在新媒体上的行动是有限的、被动的，不如让品牌的全员有序地参与进来，构建一个品牌自媒体矩阵，遥相呼应，形成一个多维度的品牌故事。

## 粉丝自媒体

企业还有一块自媒体阵地就是粉丝自媒体，从传统角度来看，消费者的自媒体似乎很难形成对品牌的传播和分享。但由于目前企业构建了粉丝社区平台，就可以有效地鼓励消费者在平台上进行自组织的活动来发展，从而可以进一步构建粉丝社区平台上的自媒体机制，激励消费者参与到粉丝自媒体的体系中。

粉丝自媒体可能会分两部分：一部分是达人消费者，走专业的路线；一部分是草根消费者，走长尾的路线。达人粉丝本身就是一个相对比较成熟的消费者，其图片文字和分享都比较专业，经验也比较丰富，很容易转化为自媒体；而草根消费者，可能在图片文字方面并非其擅长，而且内容生产周期比较长，转化为自媒体比较难。但是，前者会显得稍微专业了些，而后者会显得更加鲜活真实。

很多企业不理解为什么要建立粉丝自媒体，认为品牌已经通过粉丝社区与粉丝建立了关系，而且粉丝的社交关系可以通过社区的分享和邀请来建立。这是个很有意思的话题，粉丝自媒体的关键在于，一个是让粉丝能够UGC（用户产生内容），这些粉丝生产的自媒体内容，更具有真实的体验和口碑推荐的力量；再一个可以增强粉丝之间的互动，在粉丝社区建立一部分自媒体机制，前者是粉丝的好友社交关系，后者是粉丝的相对陌生一点儿的订阅关系，这两者可以形成很好的粉丝关系网络的拓展，也可以为企业的品牌社群拉新。

粉丝自媒体的机制是建立在企业的粉丝社区的基础上的，当粉丝在社区里分享的图文内容达到一定级别的时候，就可以升级成为自媒体，并拥有自己的主页和自媒体后台。企业可以提供平台和激励机制，让粉丝的好友社交关系参与订阅，社区的其他粉丝也可以订阅，甚至社区之外的消费者也可以订阅，从而形成一种多层级的负责关系的网络。

企业可以拓展品牌的线上线下资源，作为消费者自媒体的传播渠道。同时，部分广告媒介可以开始有步骤、有计划地采取粉丝代言人和粉丝自媒体的内容，在线下的渠道设置粉丝自媒体区域或者屏幕终端、媒介载体，比如传统的海报、桌牌等，进行粉丝自媒体内容排行榜的滚动更新。甚至在线下渠道也设置粉丝自媒体的内容和订阅触点，消费者可以在门店看到优秀的粉丝自媒体内容，拿起微信一扫码就可以关注到粉丝社区的粉丝自媒体，这样就让粉丝自媒体和新的消费者建立起了订阅关系，形成消费者之间的互动和订阅，而品牌获得的是基于粉丝平台形成数据的积累和不断扩展的社交关系和订阅关系的交叉合集。

企业需要建立激励机制，来鼓励粉丝和达人的自媒体，对自媒体的内容、订阅关系数量、互动活跃度等用虚拟货币进行激励。而这些虚拟货币，又可以在小范围进行流动。品牌在粉丝社区平台提供礼品和福利，让粉丝自媒体可以用虚拟货币来兑换，从而发起对订阅用户的活动和激励。

粉丝自媒体的关键特点在于，它更多地体现了粉丝的消费者体验，而且用个性化、生活化的方式呈现出来，同时比较生动鲜活地展现了一个围绕品牌的生活方式，而且不断延续着自己粉丝网络中的口碑推荐。

## 案例55 WeMedia自媒体联盟

WeMedia是微信自媒体第一联盟，目前联盟公众账号传播、覆盖超过

1000万人，主要为中高端人群。

WeMedia联盟由一群具有互联网精神的资深媒体人、投资人、移动互联网研究者、创业者和生活达人组成，覆盖科技、生活、时尚、汽车、财经、文学等领域。

他们通过微信公众账号，遵循自由、开放和分享的理念，提供垂直细分的内容和原创精品，对热点事件进行一线观察，坚持独家解读行业的动态，致力于改变数字世界的人类体验。

自媒体联盟会每月举行两期的WeMedia开放日沙龙，每期会有一个行业话题，让实战策略与行业观察融合，媒体视角与业界观点碰撞，同时还为企业提供培训、咨询和品牌建设等服务。

### 联盟成员介绍（部分）

ZTalk@青龙老贼（z_talk）

运营者：朱晓鸣（青龙老贼），微信FM创始人，WeMedia联盟发起人，曾担任新浪地方站产品技术总监，传媒梦工场战略发展部总监。

粉丝描述：产品经理、移动互联网创业者、投资者。

内容定位：移动互联网行业研究，产品设计分析，微信创业观察。

### 狗日报（gouribao）

运营者：猛小蛇，互联网老兵，曾经在MySpace、华为、盛大从事运营管理工作，现为职业奶爸。

粉丝描述：成年铁杆狗主人，不断有新的年轻爱狗人士加入。

内容定位：跟狗相关的一切，包括生老病死、衣食住行、天文地理、科技环保、政治军事、娱乐八卦。

### 叶开（yepoint）

运营者：叶开，汉拓科技创始人，Social CRM创导者，作品有《社会化媒体运营》等。

粉丝描述：企业经理人、客户管理者、社会化媒体管理者、IT总监。

内容定位：客户管理、微信行业解决方案，Social CRM系列和O2O系列连载。

其他成员介绍可以关注WeMedia公众号（ID：wemedia2013），并可以在“成员专区”获得更详细介绍。

### 自媒体推广案例：步步高Vivo Xplay手机

Vivo Xplay 是步步高最新的旗舰智能手机，于2013年5月7日在水立方正式发布亮相。了解普通大众在硬件参数要求不是很高后，步步高非常清楚仅仅突出影音播放、产品质量以及用户体验等方面的宣传，很难在手机混战中突围，基于更广泛有效的传播效果考虑，步步高与WeMedia联盟，尝试通过自媒体人的独特视角和强大的影响力来推广品牌。

2013年年初，WeMedia联盟有各类微信自媒体公众账号30余个，包括科技、生活、美食、旅游等行业，订阅用户高达50余万，能够覆盖的人群超过100万（截至2013年年底，已经有自媒体公众账号130余个，覆盖人群超过1000万）。

步步高选择WeMedia联盟的原因主要是联盟账号集中在科技和新媒体领域，订阅者大多为数码尝鲜者、职场新鲜人和中高层管理人员，他们正是Vivo Xplay的主要客户群。

WeMedia联盟目前的广告形式主要有硬广展现、文字推荐、互动活动等，以推广品牌影响力为主，凭借微信公众账号的高到达率和高互动性，以及WeMedia联盟的自媒体人自身影响力，实际广告效果非常理想，受众的反应活跃，主动转发和咨询购买的欲望强烈。

整个自媒体推广的投放时间段为5月27日，二十余个账号在其间各发送一次软广告和硬广告形式。联盟自媒体人对Vivo Xplay 的评论有20多篇，引起订阅者的共鸣，口碑的传播和主动转发更是多达7643条。好东西总是会引起不自觉的扩散。

步步高对本次广告投放效果非常满意，而且主动表示还要再次合作。WeMedia联盟通过这次合作再次证明自媒体人的巨大影响力和其蕴藏的巨大商业价值。

小贴士

案例详细效果可以通过WeMedia公众号的“广告刊例”栏目下的“广告案例之步步高”查阅。

系统小贴士

详细的“Social CRM与粉丝社区”的图文资料请在公众号回复“PSCRM”、“MSCRM”或“粉丝社区”获得。

推荐语

粉丝经济是企业在虚拟世界中品牌价值的体现。随着移动社会化媒体在经过微博微信的发展后，越来越多的用户参与其中，现实生活和虚拟生活已经密不可分。企业已经逐步意识到这其中蕴含的价值。并且我们看到一些先行者已经尝到甜头，未来谁能掌握这些用户，谁能用好这些用户，谁就能成为移动时代的行业领跑者。这也是本书所要传递的。

WeMedia成员：青龙老贼

微信公众号：Ztalk@青龙老贼（ID：Z_talk）

---

叶开老兄的应景之作，一口气读完。对关注移动互联网的人来说，甚是解渴。强烈推荐之。这是一本帮你了解移动互联网的书，叶开给我们提供了一个分析移动互联网的方法论和思维框架。在这里，你能一次性读懂移动互联网。谢谢叶开！

WeMedia成员：南方周末记者谢鹏

微信公众号：新闻观止（ID：xinwenguanzhi）

---

《粉丝经济》重构品牌价值、企业价值，这是一本从理论到实践的关于“粉丝”的实用书籍，适合从事品牌营销、市场营销和网络营销等行业的人士观看。当然，远观哪有“实操”更有乐趣呢？因为信任，所以简单，这不就是根本吗？

WeMedia成员：郭静

微信公众号：郭静的互联网圈（ID：guojingdequanzi）

---

作为自媒体新兵、传统媒体老将，阅读叶开老师的新作《粉丝经济》有醍醐灌顶之效，令人大呼过瘾！叶开老师通过翔实生动的案例，犀利地抓住了“粉丝经济”的灵魂和脉络，并且用最直白的语言把他的领悟和读者分享。叶老师对互联网经济直击本质的体悟，来自他多年来在移动互联网第一线的思考和实践。我向每一个希望理解“粉丝经济”，享受“粉丝经济”或希望参与到其中的朋友推荐这本佳作。

WeMedia成员：春晓

微信公众号：晓有所得by李春晓（ID：xiaoyousuode）

---

叶开老师是国内少数几个能将O2O系统理解的专家，在《粉丝经济》一书中，O2O被摆在了非常重要的位置。叶开老师认为传统企业未来的转型重点将不再是电子商务，而是O2O移动电商；O2O是粉丝经济中实现企业目的的手段：一个是实现交易的转化，一个是实现关系的递进。想理解目前火热的O2O，叶开老师的这本《粉丝经济》绝对值得深读。

WeMedia成员：黄渊普

微信公众号：普及社（ID：puji-she）

---

这是一个重构信任的时代，这是一个个体的时代，这也是一个粉丝经济的时代。叶开老师的《粉丝经济》一书首次系统地从粉丝个体到经济体系做了介绍，语言直白，案例生动，无论是个人还是企业都值得阅读，这是叶老师作为一线实践者的思考和感悟，保您不虚此读。

WeMedia成员：战士

微信公众号：复古时尚（ID：fugucom）

---

话说在全民都有话语权的时代，粉丝经济应运而生。君不见电影票房靠粉丝、唱片销量靠粉丝，连写本书要想畅销也得靠粉丝。所以小八认为此时学点儿粉丝经济学，正当其时。作为O2O领域的专家，叶开老师向来乐于与人分享自己对粉丝经济的理解。就像这本新作，他用最直接的方式告知你粉丝经济的本质，以及企业如何利用粉丝经济实现目标。反正小八读了之后体会尤深，所以向大家特别推荐。一句话，这本好书，你值得拥有！

Wemedia成员：井婷婷

微信公众号：财经八卦阵（ID：shyjingsa）

---

叶开是一个治学严谨的人，这本书他准备的时间很长，拿到书稿一看，确实比市面上大部分的微营销类书籍更加扎实、更加体系化，从事市场营销工作的人值得看一看。

WeMedia成员：许维

微信公众号：THE ONE @许维（ID：xuwei0418）

---

微博上有个未经认证、但是有158万粉丝的账号，虽然只发过8条几个字的微博，但单条评论的最高数值，是惊人的3,370,292条。这个账号疑似韩国艺人鹿晗的小号。

这能窥见粉丝支撑起的娱乐业，但粉丝只属于娱乐业吗？从亚历山大大帝东征到纳粹横行，再到美国大选，粉丝的巨大力量无不体现其中。

叶兄这本书所用的“粉丝”一词，不过是当下的流行词汇，100多年前的勒庞曾提出过另一个词汇。不同的是，勒庞试图探讨的是形而上的大众心理；而叶兄则通过与当下案例紧密结合，为大家展现了粉丝经济的种种可能和方式，如果运用合适，再对照勒庞那本名著，一条“成功之路”跃然纸上。

WeMedia成员：周周

微信公众号：吹牛装靦涨姿势（ID：MrDS200）

---

移动互联网时代是分众化的媒体时代，《粉丝经济》告诉你一个秘诀：打动你的粉丝用户，让他们忠实于你，取决于你如何使用社交媒体，以及你对他们的态度和温度。

WeMedia成员：雷中辉

微信公众号：投资观察（ID：tzguancha）

---

张小龙以用户体验的极简主义打造出的微信，雷军以“小米的尖叫”俘获无数米粉缔造出的互联网成功营销，其背后无不秉承着用户至上的原则，其本质就是粉丝经济。当《来自星星的你》成为所有企业搭车借势营销的话题时，早已有之的粉丝经济再度被放大。移动互联网时代，你需要看看叶开的《粉丝

经济》一书，让叶开老师给你讲述粉丝经济的新“玩”法。

WeMedia成员：李瀛寰

微信公众号：李瀛寰 （ID：yinghuanlee）

---

读过叶开老师的书以后发现，关系为矛点的突破，发生关系才有机会再续前缘地进行情感营销，关系本身是一种落地的行为习惯，情感除外还有传播和社群，优质的东西就会形成好的口碑。电商实质也是这样，从价格电商到视觉电商到效率电商到品质电商和品牌电商。欢迎大家选读——《粉丝经济》。

WeMedia成员：陶小开

微信公众号：陶小开（ID：microtxk）

---

“有用户无粉丝、有产品无品牌”是许多企业的现状。粉丝，是客户心智的最高境界，全世界也只有苹果等寥寥几个公司能做到。小米凶猛，与雷军直接做粉丝的战法息息相关。汉武帝打匈奴，要骑最快的马用最好的刀！《粉丝经济》，就是你驰骋移动互联网时代的必备武器之一。

知名IT经理人、WeMedia成员：王冠雄

微信公众号：王冠雄 （ID：wang-guanxiong）

---

拿到叶开老师的《粉丝经济》试读版，一气看完试读部分的60页，大量的粉丝案例，展现了基于社交网络、移动互联网背景下的粉丝世界。粉丝互动的四个特点：快速、碎片、信任、平台，是移动互联网的粉丝经济的升华，期待看到完

整版的面世，能更深入地解读与建构。

产品经理、WeMedia成员：兰军

微信公众号：BLUES （ID：bluemidou）

---

粉丝又被称为粉条，绝佳的羊肉伴侣，是我国各族人民喜闻乐见的食品之一。粉丝不能进行跨国贸易，价格也会因诸如房租、劳动者薪水等非贸易的本地成本的巨大不同而受到影响。基于此，叶开老师经过复杂推演，终制定出粉丝价格与人均GDP的正线性关系，经济学界把这个理论称为“凡斯—叶开效应”！精读此书，见微知著！

WeMedia成员：三表

微信公众号：三表龙门阵 （ID：sanbiao1984）

---

为何粉丝经济得以勃兴？原因有二：一是移动互联网时代的信息传播加速至少100倍；二是用户参与互动成本大幅降低。两者相交最终导致品牌商将无法控制自己的品牌营销，继而只能转为引导与影响。在移动时代，“工具+社区+电商”的混合模式是终极杀器，放到粉丝经济的话题上，叶开老师提出的“社交运营+粉丝社区+O2O”三段论可视为最有借鉴与实践意义的模式探索，期待新书大卖！

WeMedia成员：刘琪

微信公众号：刘琪的商业观察 （ID：liuqi-guancha）

---

在这一波互联网思维的浪潮中，苹果、小米、微信通过对用户需求的有效解决与品牌塑造的结合，无疑是把粉丝经济扩展到了极致。在这个互联网与粉丝经济相结合的时代，粉丝数量已经逐渐成为考量你的影响力甚至决定你的经济价值

的因素了，你有信心成为下一个玩转粉丝的高手吗？赶紧打开叶开老师的《粉丝经济》吧，你一定会找到你要的答案。

WeMedia成员：筱瞧来了

微信公众号：筱瞧来了（ID：xiaoqiaolaile）

---

我从2009年进入游戏行业以来，一直做的都是为从业者服务的游戏行业媒体。从工作关系和社交关系上，应该说都是比较符合叶开老师书中“粉丝经济”的特点的。但遗憾的是过去几年并未注意到这点并将之实践。我以个人的经历郑重向您推荐叶开老师的这本书，没错，你一定会有收获！

WeMedia成员：宋鹏展

微信公众号：游戏日报（ID：Gamedaily）

---

这个时代是最好的时代，因为每个企业和个人都有选择的可能，这也正是中国改革30多年来，社会经济变革最真实的写照。我们经历了计划经济、市场经济、注意力经济，现在很有可能迈向基于移动互联网和社交网络的粉丝经济，整个社会的价值和信任体系正在被重构，而这本《粉丝经济》，或许能帮你解开个中谜题。

WeMedia成员：catwalk

微信公众号：跳跃的catwalk之正能量生活（ID：catwalk_23）

---

山东青岛被誉为“东方瑞士”，1898年被德国人占领时，还只是2万人的渔村。沧桑百年，青岛已是中国品牌之都，很多商业学者公推青岛是有“企业家精神”的城市。品质和务实是这座城市商业的标签。叶老师是青岛人，他的产品和

作品有极优的品质。叶老师的新书终于出版了，我们都是他的粉丝。

炭岩科技CEO WeMedia成员：杨健

微信公众号：牛智超（ID：nzhichao）

---

2005年那一届超女算是“粉丝”这一概念诞生并迅速风靡的标志性事件吧。那一年没有微博，更没有微信，但已有了“玉米”和“盒饭”。“粉丝经济”在当年最直观的体现在于短信投票平台，运营商赚得盆满钵满。“造星运动”和“粉丝经济”完美合体，从此一发不可收拾。而随着移动互联网的飞速发展和自媒体的出现，粉丝经济的定义进一步扩展，形态也越来越多样化。叶老师的这本著作，将这一现象进行了新背景下的系统梳理和全新解读，推荐阅读。

WeMedia成员：晓影

微信公众号：Hi，森林系女生（ID：sennvxi）

---

曾以为“粉丝经济”、“互联网思维”和“自媒体”等流行词汇一样也是新瓶装旧酒的概念炒作，然而读罢叶开老师的《粉丝经济》一书，方觉自己认识肤浅。原来从微博到微信，从小米到罗胖，从《纸牌屋》到《来自星星的你》，无一不是建立在粉丝这个王国之上的。是的，粉丝经济已经被他们玩熟玩滥玩坏了，那么，且让叶老师带你一道重构粉丝文化，助你开启移动互联网时代粉丝经济新篇章。

WeMedia成员：望月

微信公众号：望月的博客　（ID：wangyueblogging）

---

粉丝经济是21世纪互联网上的一门大学问，它就像一座高山上的宝藏，无数人都知道其蕴藏着财富，但却只有极少数人握有开启宝藏的钥匙。叶开兄是国

内为数不多的粉丝经济研究者，他的《粉丝经济》以实战为特色，洞察人心与人性，抓住粉丝经济的最新发展动向，是一本不可多得的好书!

WeMedia成员：信海光

微信公众号：信海光微天下（ID：gongzhonghao001）

---

《粉丝经济》深入浅出地介绍了在互联网爆炸的时代社交营销的核心方法和关键路径，通过有层次的品牌营销案例，生动而又翔实地分析了各个标杆领域的互联网营销方法。特别对于我们在尝试和摸索互联网营销的日语教学企业有非常大的借鉴意义，有一种前人指路、豁然开朗的感觉。非常感谢叶开老师的《粉丝经济》，我们向更多希望借力社交营销的传统行业的朋友郑重推荐。

WeMedia成员：娜娜

微信公众号：娜娜的日语教室（ID：nanaclassroom）

---

十年前我刚进入娱乐行业的时候，见证了选秀时代粉丝团的巨大能量；如今我跨到互联网行业，也正好撞上将这种粉丝对于偶像的非理性行为，移植到自己的商业产品上的浪潮。

如何能获得这种蛊惑人心的能量？这本《粉丝经济》会从大众行为原理到实际操盘要点，给你一个系统翔实的答案。

爱梦娱乐大数据CEO WeMedia成员：雷鸣

微信公众号：IT怪兽（ID：monsterit）

---

伴随传统企业热火朝天扑腾电商到被电伤，互联网思维的普及，小米从异类到主流，粉丝经济的崛起，企业经营者们开始意识到：没有粉丝的品牌就是屌丝，

再不进行O2O的线下实体企业不会有未来。叶开老师既有学者的思考深度和观察高度，也有为知名企业服务诊断的丰富经验。这是他去年的研究总结，值得一读！

WeMedia成员：方雨

微信公众号：方雨007 （ID：fyweiyingxiao）

---

从超女到苹果再到小米，粉丝们靠投票、靠口碑、靠真金白银的消费，展现出拥有人格魅力的品牌会获得明星般的号召力。在移动互联和社交网络连接一切的当下，从“罗辑思维”会员可独享“霸王餐”开始，粉丝经济的魔力才刚刚展现出冰山一角。叶开老师的《粉丝经济》会带你完成一次系统梳理，凭借全面的洞见和思考，无论你是建立企业品牌抑或个人品牌，都将颇有助益。

WeMedia成员：王子乔

微信公众号：东乔西看 （ID：Princeqiao）

---

当国际汽车的大佬们在中国市场迷失在对CRM的探索中时，不如从底层的“粉丝经济”中来获取赢得客户的灵感，而在此之前，无论是奔驰宝马还是保时捷，托起他们豪华品牌基层的正是无数仰望且忠实的粉丝。

WeMedia成员：速度周刊

微信公众号：速度周刊 （ID：speedweekly）

---

新媒体时代，粉丝是什么？粉丝是内容的关注者及传递者，分享满足需求，需求刺激传递，没有粉丝互动的新媒体传播，就是瞎忙活！粉丝也是内容的制造者，高手自在民间！重视粉丝的需求感受及社群力量，相信粉丝的六度

社交空间，能延展至任何可感知的领域！这些，在叶开老师的书中均有鲜活案例，未来会有更多印证！吸引粉丝，善待粉丝，用好粉丝，你就可能成为新媒体里的王！

WeMedia成员：苏苏

微信公众号：苏苏下午茶 （ID：greensuesue）

---

不管你在任何领域，只要你需要粉丝，这本书就会给你极大帮助。反正看了这本书，我知道了怎么样才能黏住我的粉丝。当然，或许你以为你已经知道了，哪个领域都有些自我感觉太良好而倒在沙滩上的先辈。

WeMedia成员：方瘦兽

微信公众号：全球摄影人档案 （ID：sheyingdangan）

---

在当前信息大爆炸的时代，互联网和移动互联网的高速发展以及迅速普及，让信息无处不在，无孔不入。在这样的背景下，每一个人都是信息的接受与发布者，如何让整个信息链互动并产生价值属于知识范畴。所谓“获得信息可以靠告知，而获得知识只能靠思考”。叶开老师的《粉丝经济》从理论到案例无不充分体现了这一原理，值得阅读与思考。

WeMedia成员：互联网金融

微信公众号：互联网金融（ID：iefinance）

---

移动互联网时代，Apple传奇席卷全球，形成了一个新兴圈子；在中国，小米同样制造了小米疯潮，粉丝无数。君不见每逢新产品推出，排山倒海等着抢购的粉丝潮；君不见盼着和疯潮产品挂钩、联结的产业，拥有疯潮产品的一丝血脉就

是商机的保证。如今，任何一个产品都在试图追求成为创新型商品、美学体现，甚至是心之所寄，以制造奇迹。奇怪的是，我们能掌握苹果的细胞，为什么无法引爆苹果粉丝的灵魂?

如果你以为勾引粉丝就是在玩噱头、玩投机、秀下限，那是大错特错！其实，玩粉丝就是玩价值、玩趋势，有严谨的步骤和方法。学它，读叶开老师的《粉丝经济》吧！

WeMedia成员：商业无死角

微信公众号：商业无死角（ID：businesswusijiao）

---

或许你没意识到，这已经是个符号消费的时代了。在购物、阅读等活动中，其实人们某种程度上是在消费某种情感和价值观。所以，他们不再是简单的消费者和读者，而变成了粉丝这个鲜活的带有情感的族群。所以，企业产品的设计理念和传播营销，都要为此而改变。得粉丝者，得天下，叶开的这本《粉丝经济》不仅会颠覆你的旧观念，还会传授一套玩转粉丝经济的方法。启发很大，强烈推荐。

WeMedia成员：花边社

微信公众号：花边社（ID：Gossip-Agency）

---

当移动互联网到来的时候，粉丝经济也就来了！

移动互联网带来了整个社会与经济的解构与重构，阿德哥在一个演讲中这样分析这个时代特征：产品正变成服务，信息黑箱正趋向信息对称，边际效应正让位于大数据。

叶开说，微信与微博正在改变这个时代的生活方式，信哉斯言。

如何在这个时代保持独立与清醒？推荐您看一看叶开新作《粉丝经济》！

WeMedia成员：余德
微信公众号：IT老友记（ID：itlaoyou-com）

---

这是一部饱含着真诚以及信任的作品，正如书中所述，粉丝经济的核心是品牌社群，叶开老师以丰富新鲜的例子，结合专业详细的解说，为读者构造出一幅以粉丝自主自发行为为导向的新概念CRM蓝图。左林右狸推荐阅读。

WeMedia成员：左林右狸
微信公众号：左林右狸（ID：left-right-007）

---

生活在过度消费的时代，消费在过度消费的年代。因为所处职业，个人也偏执地认为“互联网思维”和“粉丝经济”是两个被过度消费的词语，而老叶选择了这个作为标题，其实开始读是抱着一种试试看的态度，阅读完毕，突然就有一种“粉丝就是用来消费”的感觉。

WeMedia成员：李岩
微信公众号：李岩（ID：liyanboss）

---

本书内容思路开阔、触觉敏锐、逻辑缜密、文字流畅，经过多次与作者的碰撞交流，我受益良多。特推荐《粉丝经济》一书。

WeMedia成员：董江勇
微信公众号：金种子创投基金（ID：donglivc）

---

什么是粉丝？什么是粉丝经济？对粉丝卖萌好还是耍酷好？经营好粉丝，经营好你的“衣食父母”，在这个粉丝经济时代，叶开替你拨开迷雾，教你玩转粉丝。

WeMedia成员：申江一姐

微信公众号：申江一姐（ID：shenjianglj）

---

狗日报从一声“汪”开始了汪星人的粉丝社区，每天的互动，到粉丝分享狗的照片，以及推荐与狗相关的好玩的产品和服务，这里成为一个有感情、有归属、有家的感觉的社区，而这个社区，正是叶开的《粉丝经济》里面描述的场景，突然间找到了爱的感觉，于是世界就有了！

WeMedia成员：猛小蛇

微信公众号：狗日报（ID：gouribao）

---

你复制不了Apple，因为你不是乔布斯；你复制不了小米，因为你不是雷军；你复制不了WeMedia，因为你不是青龙老贼，这就是粉丝经济的力量！叶开老师这本书为您做了详细讲解，如果你也想成为下一个粉丝经济的成功者，强烈推荐本书！

WeMedia成员：契约

微信公众号：移动互联网（ID：sjydhlw）

---